자본의 미스터리

THE MYSTERY OF CAPITAL

자본의 미스터리

왜 자본주의는 서구에서만 성공하는가

에르난도 데소토 지음 | 윤영호 옮김

세종

신념을 지킬 수 있는 방법을 알려준

마리아노 코르네요와

별을 보며 항해하는 지혜를 가르쳐준

던컨 맥도널드에게.

추천의 글

2017년 4월, 우크라이나가 블록체인 회사 비트퓨리 그룹Bitfury Group과 손잡고 국가 기록을 블록체인화하겠다고 발표했다. 조지아(옛날의 그루지야)와는 이보다 앞서 비슷한 협약을 맺었다. 구 소련 연방에 해당하는 나라들인 조지아와 우크라이나가 자국 국민들의 재산과 신분 정보를 블록체인에 심는 프로젝트를 진행하기까지, 페루의 경제학자 에르난도 데소토의 노력이 컸다는 보도가 있었다.

내가 그의 책 《자본의 미스터리》를 읽은 건 2006년도였다. 그러니까 2017년에 에르난도 데소토와 블록체인에 대한 기사를 읽을 때는 그때로부터 10년이 지난 시점이었지만, 나는 조금도 놀라지 않았다. 왜냐하면 데소토가 블록체인을 접하면 나와 같은 관점에서 이 혁신 기술을 접근하게 될 것이라고 생각해왔었기 때문이다. 블록체인을 공부하면서 쭉 느껴왔던 것이다. 한 마디로 그와 블록체인의 만남은 필연이었다. 데소토는 블록체인의 발명을 경제학적 관점에서 예견하고 있었다. 이 책의 어떤 문장들을 다시 읽어 보면 블록체인의 핵심 기능을 이미 알고 쓴 것 같아 섬뜩하다.

블록체인은 소유권을 명확하게 할 수 있는 기술이다. 그뿐만이 아니다. 그 소유권을 토큰화해서 극소단위로 분할하므로 거래를 매우 원활하게 해준다. 쉽게 말해서 비트코인과 블록체인은 경제의 포용성을 극대화하므로 훨씬 더 많은 인구를 지구적 공급사슬망으로 끌어들일 것이다. 다른 경제학자들이 비트코인과 블록체인에 대해서 대체로 부정적이라는 사실까지 고려한다면 데소토와 그의 책 《자본의 미스터리》의 가치는 더욱 돋보인다. 어쩌면 후학들은 그가 경제학의 체면을 그나마 살려주었다고 안도할지도 모른다. 주류 경제학자들은 비트코인과 블록체인이 등장한지 10년이 지난 지금까지도 혁신기술로서 블록체인의 역사적 가치를 인지하지 못하고 있기 때문이다. 책에서도 몇 차례 강조했듯이 서구선진국의 경제학자들은 현실과 역사에 대해서는 별로 관심이 없어 보인다. 그들은 오직 자신들의 두뇌에서 창조한 깔끔하고 수학적인 가상의 세계만을 탐닉하는 중인지도 모른다.

데소토는 페루라는 제3세계 국가 출신으로서, 가난한 나라가 가난한 이유는 열등한 문화나 정신 때문이 아니라고 확신한다. 역사를 거슬러 올라가면, 미국을 비롯한 서구도 페루나 아프리카, 동남아시아의 저개발 국가들처럼 가난의 악순환에서 허우적대고 있었다. 서구의 경제학자들은 이를 쉽게 망각한다. 그렇기 때문에 그들은 자본주의 시스템의 진정한 작동원리에 대해서는 둔감하다고 데소토는 말한다.

가난한 나라에 자산이 없다는 생각은 편견이다. 자산에 대한 명시적인 권리가 없을 뿐이다. 소유권과 이를 뒷받침하는 법체계는 하루아침에 정립되지 않는다. 선진국에서도 혼란과 피 튀기는 쟁투를 거쳐서 오랜 기간에 걸쳐 확립된 것이 법체계이다. 이 제도가 경제에 미치는 영향은 결정적이다. 명시적인 소유제도는 금융을 일으키고 거래비용을 낮추고 불필요한 분쟁을 줄인다. 시간의 지평을 확장하기 때문에 사람들은 감각적 쾌락을 줄이고 미래를 준비한다. 그 자체가 미덕이며 이는 선순환 하면서 더 많은 미덕을 낳고 그 미덕은 결국 부유함으로 이어진다.

《자본의 미스터리》는 비트코인과 블록체인이 아프리카, 동남아시아, 구 소련 지역, 중남미와 같은 저개발 국가들에게 어떤 의미가 있는지에 대해서 블록체인이 등장하기보다 십수 년이나 앞서서 모범답안을 제시한다. 오늘날 어떤 분야의 지식인이 비트코인과 블록체인을 외면하는 건 기술이나 원리를 이해하지 못해서가 아니다. 아직도 대다수의 인류가 처해있는 저개발의 악순환을 몸으로 경험하지 못했기 때문이다. 우리 모두는 자기가 가진 경험의 노예라는 말을 되새겨 보아야 한다. 그리고 《자본의 미스터리》는 그러한 경험의 울타리를 넘게 해주는 훌륭한 양서이다.

오태민

《비트코인, 지혜의 족보》 저자

차례

서문

자본, 그 비밀스러운 이름

자본주의는 위기에 처할 때마다 오히려 대성공을 거두어왔다. 베를린 장벽의 붕괴는 한 세기가 넘게 이어져 온 자본주의와 사회주의의 경쟁에 종지부를 찍었다. 이제 자본주의는 합리적으로 근대경제를 조직하는 유일한 방식으로 군림하고 있다. 지금은 어떤 나라도 다른 선택지를 가지고 있지 않다. 제3세계와 과거 사회주의 국가들도 나름대로 열정적으로 재정의 균형을 이루고 보조금을 삭감하며 외국에서 투자를 유치하고 관세장벽을 낮추었지만 그들의 노력은 결국 물거품이 되었다.

지난 5년 동안 러시아에서 베네수엘라에 이르기까지 많은 나라들이 재정 압박으로 인해 불안과 분노의 시기를 보냈다. 말레이시아의 수상 마하티르는 "굶주림과 폭동과 약탈의 시기"라는 독설을 남겼다. 최근

〈뉴욕타임스〉에는 이런 사설이 실렸다. 시장경제는 냉전 승리에 따른 후광으로 서구에서 찬양받아 왔지만, 시장의 잔인한 속성과 자본주의에 대한 경계심, 불안정한 상황에 대한 위기감으로 팽배해 있다."

오직 서구에서만 성공한 자본주의는 경제적 · 정치적 재앙의 근원이 될 수도 있는 것이다. 하지만 평화와 번영을 동시에 누리고 있는 미국인들에게 다른 지역에서 일어나는 혼란은 현실로 다가오지 않는다. 다우존스 평균지수가 최고치를 경신하고 있는데 어떻게 자본주의가 위기에 처할 수 있단 말인가? 미국인들의 눈에는 다른 국가들의 발전 과정도 별 문제가 없어 보인다. 모스크바에서는 맥도날드의 빅맥을 먹고, 상하이에서 블록버스터 비디오를 빌려보고, 카라카스에서는 인터넷에 접속할 수 있지 않느냔 말이다.

그러나 미국조차도 불길한 징후를 완전히 통제할 수는 없다. 미국인들은 마약 조직 게릴라와 이를 제지하려는 시민군이 전면전 직전에 이른 콜롬비아, 통제할 수 없는 반란에 직면한 남부 멕시코, 국가주도의 경제성장이 부패와 혼란으로 변질된 아시아 주요국들의 상황을 지켜보고 있다. 그토록 자유시장을 동경하던 남미도 그 분위기가 시들해지고 있다. 한 조사에 의하면 2000년 5월 무렵에는 민영화를 지지하던 인구가 46퍼센트에서 36퍼센트로 급감했다. 가장 심각한 문제는 과거 사회주의국가들에서 자본주의의 필요성이 대두되면서 구체제에 몸담았던 인물들이 다시금 권력을 잡고 있다는 사실이다. 일부 미국인들도 미국이 10년 동안 호황을 누릴 수 있었던 한 가지 요인으로 반사이익에 대해 인식하기 시작했다. 다른 나라들이 불안감에 빠져들수록 미국의 주식과 채권은 국제자본의 안식처로서 더욱 큰 매력을 갖는다.

서구사회는 자본주의 실행에 실패하면 호황을 누리던 경제가 결국 침체를 맞이할 것이라고 우려한다. 수백만 명의 투자자들은 막대한 자금을 잃고 난 후에야 비로소 세계화가 상호 관계로 성립된다는 쓰라린 교훈을 얻었다. 제3세계와 과거 사회주의국가들이 서구의 영향을 피할 수 없다면, 상대적으로 서구도 그런 국가들의 영향에서 벗어날 수 없다. 자본주의에 대한 역반응도 서구 국가들의 내부에서 점차 강렬해지고 있다. 일례로 1999년 12월 시애틀에서 개최된 세계무역기구WTO 회의와 그로부터 몇 개월 뒤 워싱턴에서 열린 IMF/세계은행 회의를 저지하는 시위를 통해 일방적인 세계화 추진에 대한 분노가 극에 달했다는 사실이 드러났다. 수많은 사람들이, "자유시장 경제는 사회와 충돌을 일으키고 자칫 파시즘까지 유발할 수도 있다"고 지적했던 경제학자 칼 폴라니의 경고를 떠올리기 시작했다. 일본 또한 대공황 이후 가장 긴 불황을 극복하기 위해 악전고투하고 있다. 서구 유럽에서는 프랑스의 베스트셀러 《경제적 공포 *L'horreur Economique*》에 묘사된 상황을 거부하는 '제3의 길'을 약속하는 정치인들이 표를 얻고 있다.

이제까지 이런 경고의 메시지를 접할 때마다 미국과 유럽의 지도자들은 고통받는 나라들에게 그저 똑같은 내용의 따분한 연설만을 반복했을 뿐이다. "통화를 안정시키고 꾹 참고 견뎌라. 식량 폭동은 무시하고 외국인 투자자들이 돌아올 때까지 인내심을 갖고 기다려라."

물론 해외투자 유치는 아주 효과적인 해결책이다. 이런 투자는 많을수록 좋다. 또한 자유무역, 투명한 은행경영, 국영산업의 민영화,

통화안정도 모두 좋은 방법이다. 그러나 우리는 항상 세계 자본주의global capitalism가 이미 그런 시도를 했다는 사실을 잊고 있다. 예를 들면, 1820년대 스페인에서 독립한 이후로 남미에서는 자본주의 체제를 구축하기 위한 개혁 시도가 네 차례나 있었다. 매번 초창기의 들뜬 기분이 사라지고 나면 남미 사람들은 쉽사리 자본주의와 시장경제 정책을 포기했다. 이런 처방들은 분명히 통하지 않았다. 사실 대부분이 부적절했고 한계가 있었다.

이런 처방들이 실패로 돌아갔을 때 대체로 서구인들은 올바른 처방이었는지 자문하지 않고, 오히려 제3세계 사람들에게 기업가 정신이나 시장 적응력이 부족하다고 비난한다. 그들에게 어떤 문제가 있기 때문이라는 것이다. 종교개혁을 거치지 않았거나, 식민지였던 과거의 유산 때문에 무능해졌거나, 심지어 그 나라 국민들의 IQ가 형편없이 낮아서라는 투다. 그러나 일본과 스위스와 캘리포니아에서의 성공은 물론이고, 중국과 에스토니아에서의 실패가 모두 문화에 의한 것이라는 견해는 지나칠 정도로 잔인하다. 이런 가설은 전혀 설득력이 없다. 서구와 다른 세계 사이에 존재하는 부의 불균형을 오직 문화만으로 설명하기에는 그 차이가 너무나 크기 때문이다. 사람들은 달콤한 자본의 열매를 원한다. 이 자본의 열매를 얻기 위해 멕시코 빈민가에 살고 있는 〈산체스의 아이들*The Children of Sanchez*〉(멕시코 빈민가 산체스 집안의 삶과 애환을 연대기 형식으로 그린 영화)에서 과거 소련 공산당의 지도자 흐루쇼프Khrushchev의 아이들에 이르기까지 수많은 어린이들이 서구 국가로 모여들고 있는 것이다.

그렇다면, 자본주의로 전환하는 국가의 국민들이 불쌍한 걸인도, 무기력한 폐인도, 부적절한 문화에 사로잡힌 포로도 아니라면, 도대체 서구에 엄청난 부를 가져다주었던 자본주의가 똑같은 부를 가져다주지 못하는 이유는 무엇이란 말인가? 어째서 자본주의는 역사학자 페르낭 브로델이 말한 것처럼 마치 종 모양의 단지bell jar 속에 갇힌 채 오직 서구에서만 번영하고 있는 것일까?

이 책에서 나는 어떤 국가들은 자본주의의 혜택을 누리지 못하도록 저해하는 주요 원인을 밝혀내고자 한다. 자본은 노동생산력을 증대하고 국가의 부를 창출하는 원동력이다. 그것은 자본주의 발전의 기반이 되는 자본주의 체제의 젖줄인 동시에 가난한 국가들이 스스로 창출할 수 없는 것이기도 하다. 이런 국가들에서는 국민들이 자본주의 경제의 특성을 대표하는 다른 모든 활동에 아무리 열성적으로 참여한다고 해도 결코 자본을 창출하지 못한다. 또 나는 내 연구팀과 함께 아시아와 아프리카와 아랍권과 남미의 곳곳을 돌아다니며 직접 수집한 자료를 통해, 대부분의 가난한 국가들이 자본주의 성공을 위해 필요한 자산을 이미 보유하고 있다는 사실을 보여줄 것이다.

일례로 남미에서 가장 빈곤한 국가인 아이티에서 빈민층이 보유한 총자산은 1804년 프랑스에서 독립한 이후에 받은 모든 해외투자를 합한 금액의 150배를 훨씬 상회한다. 만약 미국이 해외원조 예산을 국제연합UN의 권장 수준인, 연간 국민소득의 0.7퍼센트까지 올린다고 해도, 전세계 빈곤 국가가 이미 보유하고 있는 자산과 동등한 규모로 지원하기까지는 150년이 넘게 걸릴 것이다.

그러나 빈곤국의 자산은 불완전한 형태로 존재한다. 집은 소유권이 불분명한 토지 위에 세워지고 있고, 허가되지 않은 비즈니스는 책임 소재가 분명하지 않으며, 여러 산업에서 자본가들과 투자자들의 실체를 확인할 수 없다. 결국 소유권이 제대로 명시되지 않았기 때문에 이런 자산은 신속하게 자본으로 전환될 수 없고, 그 거래도 서로를 알고 신뢰할 수 있는 협소한 지역 범위를 벗어나지 못한다. 대출은 물론이고 출자 수단으로 활용될 수도 없다.

반면 서구에서는 모든 토지와 건물과 장비와 물품 등이 하나도 빠짐없이 재산 문서에 명시된다. 이런 문서는 외부로 드러나지 않지만 이 모든 자산들이 다른 경제 분야에 연계되는 방대한 과정을 보여주는 확실한 증거다. 이런 명시화 과정을 통해 자산은 물리적인 실체가 소멸할 때까지 그에 상응하는 또 하나의 보이지 않는 삶을 얻는다. 자산은 상호 신용의 수단으로 활용될 수 있다. 미국에서 새로운 비즈니스를 시작하기 위한 가장 확실하고 주요한 자금원은 집을 담보로 저당을 설정하는 것이다. 이런 자산은 소유주의 신용정보를 확인하는 수단이 되기도 한다. 부채와 세무 관계가 정리된 회계 기록, 공익시설 설립을 위한 재산, 2차 시장(유통시장)에서 재할인되거나 매매될 수 있는 담보물이 여기에 해당된다. 이런 과정을 통해 서구는 자산에 생명을 불어넣고 자본을 창출한다.

제3세계와 과거 사회주의국가들에는 이런 명시화 과정이 존재하지 않는다. 따라서 그들이 보유한 대부분의 자산은 자본으로 충실하게 전환되지 않으며, 마찬가지로 기업이 기존의 자산과 수입보다 낮은 수준으로 담보를 잡아도 충분한 차입을 할 수 없다. 가난한 국가의 기업들은 자본 유치를 위한 주식이나 채권을 발행할 수 없는 주식회사와 아주 흡사하다. 명시화가 이루어지지 않는다면, 그런 자산은 죽은 자본이나 다름없다.

이런 국가들에서 국민의 대다수를 차지하는 빈민층은 분명 자산을 소유하고 있지만 그런 자산을 명시화하고 자본을 창출하는 과정을 거의 활용할 수 없다. 집은 소유권을 행사할 수 없고, 생산물에는 증서가 없으며, 법인으로 승인되지 않은 사업을 운영한다. 이런 나라들에서 자본주의가 활성화될 만큼 충분한 자본을 창출하지 못하는 이유는 자본주의에 필수적인 명시화 과정이 작동하지 않는 현실에서 찾아야 한다.

이것이 바로 '자본의 미스터리'다. 이 문제를 풀기 위해서는 서구인들이 자산에 소유권을 명시해 자본을 이끌어낼 수 있는 수단으로 자산을 활용하는 이유를 이해해야 한다. 인간이 시도하는 가장 위대한 도전 가운데 하나는, 실제로 존재한다는 사실을 알지만 그 실체를 볼 수 없는 것을 이해하고 접근하는 일이다. 실존하는 유용한 것이라고 해서 모두 가시적인 형체를 지닌 것은 아니다. 예를 들어, 시간은 실존하지만 오직 시계나 달력을 통해 명시화될 경우에만 효율적으로 관리할 수 있다. 오랜 역사 속에서 인간은 정신의 힘을 바탕으로 손으로는 결코 만질 수 없는 것들을 이해하기 위해 문서, 음표, 복식부기 등의 명시화된 체계를 끊임없이 발명했다. 이런 방식으로 통합적인 소유권 체계와 주식을 고안해낸 위대한 자본주의자들은 우리가 축적한 방대한 자산에 가려져 드러나지 않던 잠재적 자산을 명시하는 방법을 개발했다.

따라서 다른 사람들이 그저 쓰레기라고 치부하던 것들에서 자본을 이끌어낼 수 있었다.

바로 이 순간에도 당신은 눈으로 볼 수 없지만 우크라이나와 중국과 브라질에서 송신하는 텔레비전 방송 전파에 둘러싸여 있다. 이와 마찬가지로 당신은 드러나지 않게 자본으로 전환된 자산에 둘러싸여 있다. 직접 감지하기에는 너무 약한 우크라이나 방송 전파를 텔레비전 화면을 통해 확인할 수 있는 것처럼, 자본도 자산에서 창출되고 전환되는 과정을 통해 확인할 수 있다. 그러나 오직 서구만이 이처럼 보이지 않는 자산을 보이는 자산으로 변환할 수 있는 전환과정을 운영하고 있다. 바로 이런 불균형 때문에 서구는 자본을 창출하고, 제3세계와 과거 사회주의국가들은 자본을 창출하지 못하는 것이다.

그렇다고 세계인구의 83퍼센트 이상이 거주하는 가난한 국가들의 현실이 부를 독점하려는 일부 서구 선진국들의 담합으로 인해 생긴 결과는 아니다. 오히려 서구인들은 이 메커니즘에 완전히 익숙해져 있기 때문에 그 존재 자체도 인식하지 못하고 있다. 실로 방대한 규모인데도 미국이나 유럽 혹은 일본을 비롯해 이 메커니즘을 활용해 엄청난 부를 축적한 국가의 국민들 가운데 누구도 육안으로 확인하지 못한다. 그것은 그 국가들의 소유권 체제 내부 깊숙한 곳에 숨어 있는 인프라로서 그 안에서 소유권은 그저 빙산의 일각에 지나지 않는다. 그 빙산의 나머지 부분은 자산과 노동을 자본으로 변환하는 복잡한 과정이다. 이 과정은 화려한 청사진을 바탕으로 고안된 것도 아니며 호화로운 책자에 소개되지도 않는다. 또한 기원이 정확히 밝혀지지 않았고 중요성도 서구 자본주의 국가들의 경제적 잠재의식 속에 묻혀 있다.

도대체 이처럼 중요한 것이 어떻게 우리의 기억 속에서 아무런 기별도 없이 사라질 수 있단 말인가? 우리는 어떤 사물이나 현상의 작동원리를 이해하지 못한 채 사용하는 경우를 드물지 않게 알고 있다. 선원들은 자기장 이론이 등장하기 오래 전부터 자석 나침반을 사용했다. 또 사육사들은 멘델이 유전법칙을 소개하기 훨씬 이전부터 유전학에 대한 실제적인 지식을 알고 있었다. 풍부한 자본을 바탕으로 번영하는 서구에서 과연 서구인들은 자본의 기원에 대해 알고 있을까? 만약 그들이 모르고 있다면, 서구사회에는 스스로 자신들의 힘의 원천을 저해할 가능성이 항상 존재하고 있는 것이다. 자본의 근원에 대해 명확한 태도를 갖는다면, 서구는 현재의 번영이 위태로워지는 시기에도 자신은 물론 다른 국가들까지도 보호할 수 있을 것이다.

이제까지 서구사회는 자본을 창출하기 위한 체계를 너무나 당연한 것으로 여겼던 나머지 그 기록을 전혀 남기지 않았다. 하지만 그런 내용은 반드시 기록으로 보존해야 한다. 이 책에는 자본의 근원을 규명하고 가난한 국가들의 경제적 실패를 바로잡을 수 있는 방법을 설명하려는 시도가 담겨 있다. 이런 실패는 문화적·유전적 결함과는 전혀 무관하다. 도대체 누가 남미인과 러시아인들 사이에 '문화적' 공통점이 있다고 말할 수 있겠는가? 그러나 지난 10년 동안 이 두 지역에서 자본도 없이 자본주의가 구축되기 시작한 이후로 그들은 정치, 사회, 경제적으로 대단히 유사한 문제를 겪었다. 심각한 불평등, 지하경제의 확대, 마피아, 정치적 불안, 자본 유출 등이다. 이런 문제들은 동방 정교

회의 수도원들이나 잉카 문명의 영향으로 인해 발생한 것이 아니었다.

그러나 제3세계와 과거 사회주의국가들만이 이런 문제로 고통을 겪은 것은 아니다. 1783년에 미국도 똑같은 상황에 직면했다. 그 당시 조지 워싱턴 대통령은 "수많은 사람들의 희생 따위에는 아랑곳하지 않고 국가의 소중한 재산을 제멋대로 사용하는 악한들"에 대해 불만을 표시했다. 그들은 자기 소유지도 아닌 토지를 허락도 없이 점유한 무단점거자들과 탈법적 기업가들이었다. 그 후로 100년 이상 이 무단점거자들은 합법적인 권리를 얻어내기 위해 투쟁했다. 그러나 지역마다 소유권법이 달랐기 때문에 광부들도 그들의 주장에 맞서 강력히 대응했다. 재산권 제도가 시행되면서 초창기 미국 전역에는 엄청난 사회불안이 몰아닥쳤다.

무단점거자나 악한, 무법자란 말이 모두 비슷하게 들리는가? 미국과 유럽은 다른 국가에게 "우리와 좀더 비슷해져야 한다"라고 말해왔다. 사실 그 국가들은 백년 전 미국이 제3세계 국가였던 시기와 아주 흡사한 상황에 처해 있을 뿐이다. 한때 서구의 정치가들은 오늘날 개발도상국가와 과거 사회주의국가들의 지도자들이 직면하고 있는 도전과제들과 유사한 문제로 심각하게 고민했던 적이 있었다. 그러나 지금 세대는 지난날을 기억하지 못한다. 과거 서부 개척자들은 토지와 생산물에 대한 소유권을 갖지 못해 충분한 자본이 공급되지 않았던 아메리카 서부를 개척했다. 《국부론》의 저자 애덤 스미스Adam Smith가 암시장에서 물건을 구입하고 런던에서 거리의 아이들은 관광객들이 템스강의 진창에 던진 동전을 주웠다. 그리고 프랑스 루이 14세 시절 중상주의 정책을 추진했던 장 바티스트 콜베르의 관료들은 단지 산업정책을 어기면서 면 의류를 생산하고 수입한 죄밖에 없는 군소 기업가 1만 6천 명을 처형했다.

이런 어두운 과거가 바로 오늘 수많은 국가들이 직면한 현실이다. 서구사회는 빈민층을 대단히 성공적으로 경제영역에 흡수했기 때문에 그들을 통합했던 과정과 자본을 창출했던 방법을 까맣게 잊어버리고 말았다. 여기에 대해 역사학자 고든 우드Gordon Wood는 이렇게 적고 있다. "사회적 · 문화적으로 어떤 중대한 현상이 일어나면서 평범한 사람들에게 영감과 활력을 불어넣었다. 이는 미국 역사에서 유례가 없는 일대 사건이었다." 이 '중대한 현상'이란 바로 미국인과 유럽인이 공식적으로 재산법을 제정하고 그 법을 바탕으로 자본을 창출할 수 있는 전환과정을 고안한 것을 가리킨다. 이 시기에 서구는 자본주의의 성공을 이끌었던 경계를 확립했다. 개인적인 모임이 대중적인 문화로 전환되고 조지 워싱턴이 혐오하던 '악한'이 이제 미국 문화가 존경하는 선구자로 변모한 시기였다.

이 모순은 애매하면서도 아주 명확하다. 자본은 서구의 경제적 진보에서 핵심을 차지한 동시에, 역설적이게도 사람들이 겉으로 그 문제를 인식하지 못한 채 관심 영역 밖에 머물러 있던 요소였다. 무관심은 자본을 미스터리로 만들었는데, 앞으로 논의할 이 자본의 다섯 가지 미스터리는 모두 이런 무관심에서 비롯된 것이다. 본격적인 논의에 앞서 주요 내용을 간략히 정리해보자.

• **사라진 정보의 미스터리**

자선단체들은 전세계의 가난한 사람들이 겪는 비참한 상황을 지나치게 강조한다. 이런 까닭에 그들이 축적한 자산의 규모를 정확하게 기록한 문서는 어디에도 없다. 지난 5년 동안 나를 비롯해 6개국에서 선발된 100명의 동료들은 모두 책을 덮어두고 현실에 눈을 떴다. 우리는 전세계의 농촌과 도시를 직접 찾아다니며 빈민층이 얼마나 구제되었는지 확인했다. 실제 그들이 보유한 자산은 엄청난 규모였다. 그러나 대부분 '죽은 자본'이었다.

• **자본의 미스터리**

이 책의 핵심이 바로 자본의 미스터리다. 마르크스와 스미스에서 현대의 사상가까지, 지난 수 세기 동안 자본은 사상가들을 매혹시킨 주제였다. 도대체 자본은 무엇인고, 어떻게 창출되는 것인가?

• **정치의식의 미스터리**

전세계적으로 죽은 자본이 그토록 많다면, 또 그런 자본이 수많은 가난한 사람들의 손에 쥐어져 있다면, 어째서 각국의 정부는 이런 잠재적인 부를 활용하기 위해 노력하지 않았던 것인가? 그 이유는 아주 간단하다. 그들이 필요로 했던 증거는 오직 전세계 수십 억의 인구가 소규모의 생활권에서 대규모의 생활권으로 이동했던 지난 40년 동안에만 유효했기 때문이다. 이처럼 도시로의 이주가 시작되면서 노동이 급속도로 분화되었고, 가난한 국가들에서는 대규모의 산업혁명과 상업혁명이 일어났다. 그러나 이런 혁명은 놀랍게도 사실상 완전히 무시되고 말았다.

• 미국 경제사의 미스터리

현재 제3세계와 과거 사회주의국가들에서 진행되고 있는 일들은 유럽과 북미에서는 이미 과거에 일어났던 것들이다. 불행하게도 우리는 자본주의로 전환하려다 실패한 국가들을 너무나 많이 보았던 탓에 자본주의에 성공한 국가들이 사용했던 방법을 완전히 잊고 말았다. 여러 해 동안 나는 저 멀리 알래스카에서 도쿄에 이르기까지 여러 선진국을 돌아다니며 수많은 전문기술자들과 정치가들을 만났지만 그들도 전혀 해답을 제시하지 못했다. 그것은 말 그대로 미스터리였다. 나는 수많은 역사책을 뒤지다 마침내 해답을 발견했다. 미국 역사에서 가장 적절한 사례를 찾아냈다.

• 실패한 법 체제의 미스터리

19세기 이후로 수많은 국가들에서 국민들에게 부를 창출할 수 있는 제도적 장치를 제공하기 위해 서구의 법을 모방했다. 지금도 그 노력은 이어지지만 전혀 실효를 거두지 못하고 있다. 왜 재산법은 서구 이외의 지역에서 무용지물이 되었는가? 아직까지도 국민들 대부분은 자신들의 자산을 자본으로 전환하는 데 그 법을 활용하지 못한다. 이런 현상이 일어나는 이유와 법이 효력을 발휘하도록 만드는 방법은 여전히 미스터리로 남아 있다.

마침내 자본주의가 서구에서 성공하고 다른 지역에서 실패한 원인을 밝혀내야 할 시기가 되었다. 자본주의의 대안들이 모두 사라졌기 때문에 이제 우리는 냉정하고 신중한 태도로 자본에 대해 연구해야 한다.

1장

사라진 정보의 미스터리

여러 해 동안 경제학은 점점 더 추상적으로 변질되면서 현실의 사건들과는 무관한 학문이 되어버렸다. 경제학자 앨리 디번스는 어느 회의에서 이렇게 말했다. "만약 경제학자들이 말에 대해 연구하려고 한다면, 그들은 마구간을 찾아가서 직접 말들을 살펴보지 않을 것이다. 그저 그들은 연구실에 앉아서 이런 질문을 던질 것이다. '만일 내가 말이라면 어떤 행동을 할까?'"

로널드 코즈

이런 상상을 해보라. 도대체 누가 무엇을 소유하고 있는지 알 수 없고, 주소도 제대로 확인할 수 없으며, 도저히 빚을 갚을 수 없고, 자산을 손쉽게 돈으로 전환할 수 없으며, 주식을 발행해서 소유권을 분할할 수 없고, 자산을 기록하는 기준이 확립되지 않아 그 가치를 판단할 수 없으며, 재산을 관리하는 법이 지역마다 천차만별로 다른 아주 이상한 나라가 있다고 말이다. 이 이상한 나라는 바로 개발도상국가들이나 과거 사회주의국가들이다. 그리고 조금 더 정확히 말하면, 그런 국가들에서 인구의 80퍼센트를 차지하는 사람들이 살아가는 삶을 묘사한 것이다.

그러나 서구인들이 생각하는 것처럼 이 80퍼센트에 해당하는 대다수의 국민들이 절망적인 빈곤에 시달리고 있는 것은 아니다. 총체적으로 가장 불평등한 제도하에서 살아가는 사람들조차 일반인들이 생각하는 것보다 실제로 훨씬 많은 재산을 보유하고 있다. 그러나 그들이 소유한 자산은 부가적인 가치를 창출할 수 있는 방식으로 명시되지 않는다. 바로 여기에 문제가 있는 것이다.

이집트의 나일 힐튼호텔 정문을 나서 카이로 시내로 들어서는 순간에 팩스와 냉장고와 텔레비전과 항생제가 있는 문명의 세계를 떠나는 것이 아니다. 카이로의 시민들도 이 모든 것을 접하고 있다. 진정 당신이 떠나온 곳은 재산권에 따라 합법적으로 자산을 처분할 수 있는 세계인 것이다. 부가적인 부를 창출하기 위한 담보와 저당은 어쩌면 당신이 대단한 부자라고 생각하는 카이로의 시민들에게 도저히 불가능한 것일지도 모른다. 카이로의 외곽 지역에는 일부 극빈자들이 거주하는 '죽은 자들의 도시'라는 명칭의 공동묘지 구역이 있다. 그러나 카이로의 전역이 사실상 죽은 자들의 도시나 마찬가지다. 가치를 극대화해 활용할 수 없는 죽은 자본과 자산으로 가득한 곳이기 때문에 그렇다. 그곳에는 자본에 생명을 불어넣을 수 있는 제도, 다시 말해 노동과 자산을 바탕으로 제3자에게서 이윤을 창출해낼 수 있는 제도가 존재하지 않는다.

이런 현상이 일어나는 이유를 이해하기 위해서는 황무지를 개척해서 사회를 이루었던 19세기 미국의 상황을 돌아보아야 한다. 그 당시에 미국은 영국에서 대단히 복잡한 토지법뿐만 아니라 이리저리 뒤얽힌 혼란스러운 토지 체제까지도 고스란히 물려받았다. 똑같은 토지가 영국 국왕에게서 무상으로 사용 허가를 받은 사람과, 인디언 부족에게 사들였다고 주장하는 사람과, 주의회에서 봉급의 형태로 받는 사람에게 동시에 주어질 수도 있었다. 하지만 그 세 사람 가운데 누구도 그 토지에 관심을 두지 않았을 것이다.

미국 전역은 저마다 경계를 설정하고 땅을 경작하고 집을 짓고 토지로 전환해 사용하는 이민자들로 가득했다. 그들은 정부가 이 모든 권리를 부여하기 훨씬 이전부터 이런 관행을 이어오고 있었다. 이 시기가 바로 개척자들의 시대이자 '서부시대'였다. 이처럼 사회 분위기가 혼란했던 한 가지 이유는 대부분 무단점거자들이던 개척자들이 "비록 공식 문서도 없고 독단적으로 설정한 경계일지라도 자신들의 노동을 통해 토지의 가치를 인정받고 소유권을 확보할 수 있다"고 주장했기 때문이다.[1] 그들은 일단 토지를 점유하고 집과 농장을 지어 개발하면 그 토지는 자신들의 소유가 된다고 확신했다. 그러나 주 정부와 연방 정부는 전혀 다른 견해를 보였다. 공무원들은 군대를 파견해서 농장을 불태우고 건물을 파괴했고, 정착민들은 그들과 맞서 싸웠다. 군인들이 떠나자 정착민들은 자신들의 터전을 재건하고 다시금 생계를 꾸려나갔다. 이런 암울했던 과거가 현재 제3세계가 직면하고 있는 현실이다.

혁명적인 인구 이동, 도시의 폭발

1950년대 이전에 제3세계 국가들 대부분은 여전히 18세기 유럽인들이 적합하다고 여겼던 방식으로 조직한 농업사회였다. 대다수의 사람들이 극소수의 대지주들이 소유한 토지를 경작했는데, 대지주 가운데 일부는 기존의 권력자들이었고, 나머지는 식민지 농장주들이었다. 아직 도시들은 그 규모가 작았으며 산업의 중심지가 아닌 시장과 항구의 기능을 담당했다. 도시는 엄격한 법과 규제를 통해 자신들의 이익을 보호하는 일부 상인 계층이 장악하고 있었다.

1950년 이후 제3세계에는 1800년에 유럽에서 발생했던 사회적 · 경제적 혼란과 유사한 경제혁명이 일어나기 시작했다. 새로운 약품과 공중보건 체제가 도입되어 유아 사망률을 낮추고 평균수명을 연장한 것처럼, 새로운 기계들이 발명되면서 농촌 노동력의 수요가 감소했다. 순식간에 수십 만에 달하는 엄청난 인파가 라디오 프로그램에서 매혹적으로 소개된 내용을 듣고 여러 도시들로 이어지는 고속도로로 물밀듯이 쏟아져 나왔다.

여러 도시들에서 인구가 급속도로 증가하기 시작했다. 1979년 이후에 중국에서는 무려 1억 명이 넘는 엄청난 인파가 농촌에서 도시로 이동했다. 1950년부터 1988년 사이에 아이티의 수도인 포르토프랭스의 인구는 14만 명에서 155만 명으로 폭증했고, 1988년에는 무려 200만 명에 육박했다. 이 엄청난 인파의 3분의 2에 달하는 사람들이 허름한 빈민가에서 살고 있다. 전문가들은 이런 대규모 인파의 도시유입 현상이 일어나기 훨씬 이전인 1973년부터 이미 새로운 도시 이주민들에 대해 절망적인 견해를 보였다.

한 도시계획 전문가는 이런 기록을 남겼다. "모든 현상은 마치 도시를 붕괴할 듯한 무서운 기세로 일어나고 있다. 하수시설은 빗물과 오물을 감당할 수 없는 상태이며 인구는 위생시설이 전혀 갖춰지지 않은 한정된 지역들에 집중되고 있다. 데살린 거리는 사실상 노점상들이 장악하고 있다. 이 도시는 사람들이 살 수 없는 곳으로 변해 버리고 말았다."[2]

사람들의 생활 방식에 이처럼 엄청난 변화가 찾아올 거라고 예상한 사람은 거의 없었다. 그 당시에 '경제발전'과 관련된 여러 이론들은 농촌의 근대화를 이루려는 내용에 초점을 맞추고 있었다. 20세기를 앞둔 시점에서 소작농들은 도시로 이주하지 않을 거라는 전망이 지배적이었다. 그러나 엄청난 반발을 무릅쓰고 수천 만의 인파가 도시로 밀려들었다. 그들은 자신들의 합법적인 사회활동과 경제활동을 가로막는 거대한 법의 장벽에 직면했다. 이 새로운 도시 이주민들이 합법적인 거주지를 얻거나 공식적인 사업을 시작하거나 제대로 된 일자리를 찾기란 대단히 어려운 일이었다.

도시에서 만난 장애물, 법 체제

이주민들의 힘겨운 삶을 파악하기 위해 나는 연구팀과 함께 리마 외곽 지역에 조그만 의류 공장을 설립하기로 했다. 우리의 목표는 합법적인 사업을 시작하는 것이었다. 연구팀은 서류를 작성하고 페루 정부의 법에 따라 사업을 운영하는 데 필요한 모든 허가를 얻기 위해 리마 중심지까지 운행하는 버스를 기다렸다. 우리는 날마다 여섯 시간씩 그 일에 매달린 끝에 289일이 지난 후에야 비로소 사업자등록을 할 수 있었다. 그 공장은 고작 직원 한 명뿐인 아주 영세한 규모였지만 사업자등록에 지출된 비용은 직원의 한 달 최저임금보다 31배나 많은 1,231달러였다. 페루에서 국유지에 집을 짓는 건축 허가를 얻으려면 6년 11개월 동안 52개소의 관공서를 드나들며 207단계에 달하는 복잡한 절차를 거쳐야 한다. 또 국유지에 속하는 토지에 대한 소유권을 얻기 위해서는 무려 728단계의 절차를 거쳐야 한다. 더욱이 우리는 버스나 택시로 개인사업 면허를 취득하는 데도 26개월 동안 관공서를 드나들어야 한다는 사실을 깨달았다.

내 연구팀은 여러 관계자들의 도움을 받아 다른 국가들에서도 이와 유사한 실험을 실시했다. 그 지역들에서 나타나는 장애들은 페루보다 결코 덜하지 않았고 오히려 더 심한 경우도 있었다. 필리핀에서는 사유지든 국유지든 도심지에 집을 짓고 합법적인 소유권을 획득하려 한다면, 그 사람은 반드시 이웃사람들과 함께 조합을 만들어 국가 주택자금 프로그램state housing finance programme 요건을 통과해야만 한다. 이 과정은 총 53개소에 달하는 관공서와 사설기관에서 168단계의 절차를 거치는데, 그 기간은 대략 13년에서 25년이 소요된다. 그것도 국가주택자금 프로그램에 충분한 자금이 있다는 가정 아래에서 가능하다. 만약 어떤 사람이 '농업 지역'에 집을 지었다면, 그곳을 거주 지역으로 전환하기 위해서 추가적으로 2년 동안 13개소의 관공서에서 45단계에 달하는 절차를 모두 처리해야만 한다.

이집트에서 국유지에 속하는 사막 지역에 정식으로 토지를 구입하고 등록하려는 사람은 31개소에 달하는 관공서와 사설기관에서 최소 77단계의 절차를 거쳐야 한다. 이 과정은 지역에 관계없이 5년에서 14년이 소요된다. 과거에 농업 지역이었던 곳에 집을 지으려면 6년에서 11년 동안 관공서를 드나들어야 하는데, 그 기간은 상황에 따라 더 길어질 수도 있다. 이런 현실 때문에 무려 470만 명에 달하는 이집트 국민들이 불법적으로 집을 지을 수밖에 없는 것이다. 만약 먼저 집을 지은 후에 그 집에 대한 소유권을 얻으려고 하는 사람은 집을 철거당하고, 엄청난 벌금을 물고, 10년 동안 형무소 신세를 지는 위험을 감수해야 한다.

아이티에서 평범한 시민이 국유지에 합법적으로 정착할 수 있는 한 가지 방법은 먼저 정부에서 5년 동안 토지를 임대한 후에 매입하는 것이다. 우리 연구원들은 여러 관계자들과 작업하면서 이런 임대 허가를 얻는 데 평균적으로 2년 이상 여러 관공서를 드나들며 65단계의 절차를 거쳐야 한다는 사실을 알았다. 고작 5년 동안 토지를 임대하는 권리를 얻기 위해 그 오랜 시간을 허비해야 하는 것이다. 더욱이 그 토지를 매입하기까지는 다시금 12년 동안 111단계의 절차를 거쳐야 하는 장애물을 넘어야 한다. 아이티에서 합법적으로 토지를 소유하는 데 걸리는 기간은 총 19년이다. 그러나 단지 이런 오랜 시련이 있다고 해서 반드시 그 토지가 합법적인 자산으로 확정되는 것은 아니다.

우리가 조사한 모든 국가들에서 '합법적인 상태를 유지하는 것'은 '합법적인 허가를 받는 것'만큼이나 어렵다는 사실이 드러났다. 이주민들은 법이 규제하는 것만큼 법을 많이 어기지 않았다. 결국 그들은 법이 통제하는 체제를 벗어날 수밖에 없었다. 1976년에 베네수엘라에서는 전체 노동자의 3분의 2에 해당하는 사람들이 합법적으로 설립된 기업에서 근무했지만 현재 그 비율은 50퍼센트에도 미치지 못하고 있다. 30년 전만 해도 브라질에서 신축되는 주택의 3분의 2 이상은 임대주택이었다. 그러나 현재 그 수치는 고작 3퍼센트에 불과하다. 도대체 그 시장은 어디로 사라졌단 말인가? 브라질의 여러 도시에서 법이 미치지 않는 지역을 파벨라favela('빈민가'라는 의미)라고 부르는데, 정규 경제 체제의 엄격한 통제 범위에서 벗어난 이곳은 철저하게 수요와 공급의 원칙에 따라 운영된다. 파벨라에서는 임대에 대한 통제가 전혀 없다. 임대 계약은 미국 달러로 이루어지며 임대료가 지불되지 않는 경우에 세입자는 곧바로 퇴거당한다.

일단 새로운 도시 이주민들이 이런 체제를 거부하면 그들은 법의 체제를 벗어나야 한다. 그들이 할 수 있는 유일한 선택은 그들만의 비정규적인 방식으로 자산을 보호하고 운영하면서 법의 테두리 밖에서 일하며 살아가는 것이다. 이런 방식은 법 체제에서 빌어온 규정들과 그들의 출신지에서 통용되던 관습을 적절히 혼합한 것으로 한 지역에서 선출한 권력층에 의해 시행되고 그 지역에서 전반적으로 인정하는 사회계약을 바탕으로 유지된다. 이처럼 법 체제를 벗어난 사회계약은 자본이 충분히 공급되지는 않지만 아주 역동적인 영역, 즉 가난한 사람들의 중심지를 만들어낸다.

법 체제를 벗어난 영역

비록 법 체제를 벗어났다고 할지라도 도시 이주민들은 게으른 모습을 보이지 않았다. 제3세계와 과거 사회주의국가들에서 자본이 충분히 공급되지 않는 영역도 부단한 노동과 번뜩이는 재치를 발판으로 분주히 돌아가고 있다. 거리에는 각종 의류와 신발에서부터 까르띠에 시계와 루이비통 가방의 모조품까지 제조하는 가내공업소들이 우후죽순처럼 생겨났다. 또 기계와 심지어 자동차까지 생산하는 공장들도 들어섰다. 새로운 도시 빈민들은 산업 전체를 창출했을 뿐만 아니라 은밀한 연계를 통해 전기와 물을 공급할 체제까지도 갖추었다. 심지어 무면허 치과의사들도 버젓이 치과 시술을 하고 있다.

이것은 단순히 가난한 사람들이 서로 어우러져 살아가는 이야기가 아니다. 이 새로운 기업가들은 합법적인 경제 체제에 생긴 수많은 공백을 메우고 있다. 여러 개발도상국가들에서 무허가 버스와 택시들은 대중교통의 전반을 담당하고 있다. 제3세계 국가들에서 빈민촌 출신의 행상들은 길거리의 노점에서 수많은 건물들의 구내매점에 이르기까지 시장에 나오는 음식의 대부분을 공급하고 있다.

1993년에 멕시코 상공회의소는 길거리 노점상의 수가 멕시코시티에만 15만 명, 다른 43개 도시들에서도 29만 3천 명에 이를 것이라고 추정했다. 이 영세한 가게들은 평균 폭이 1.5미터에 불과할 정도로 지극히 규모가 작다. 그러나 멕시코시티에 있는 행상들이 모두 일렬로 늘어선다면 그 길이는 210킬로미터를 거뜬히 넘어설 것이다. 수십 만에 달하는 엄청난 인구가 길거리, 집, 불법 상점, 불법 사무실, 불법 공장 등 법 체제를 벗어난 영역에서 경제활동에 참여하고 있다. 1994년 멕시코 국립 통계연구소가 무허가 '군소 사업체microbusiness'의 수를 집계한 결과 전국적으로 총 265만 개 업체가 산재해 있는 것으로 밝혀졌다.

이 수치들은 모두 자본이 충분히 공급되지 않는 영역에서 일어나는 경제활동의 실상을 보여주는 사례들이다. 과거 사회주의국가들에서 당신은 컴퓨터 하드웨어와 소프트웨어에서 수출용 전투기 생산에 이르기까지 비정규적인 활동이 훨씬 더 복잡하게 일어나는 것을 볼 수 있을 것이다.

물론 러시아는, 아이티와 필리핀 같은 제3세계에 속한 국가들과는 전혀 다른 역사를 지녔다. 그러나 사회주의가 붕괴된 이후로 구소련은 제3세계처럼 소유권이 혼란한 시대로 빠져들고 말았다. 1995년에 발행된 〈비즈니스위크〉에는, 사회주의가 종식된 지 4년 뒤 1천만 명의 러시아 농민들 가운데 토지를 소유한 농민들은 고작 2만 8천 명뿐이라는 기사가 실렸다. 또 다른 기사는 제3세계 국가들의 유사한 상황을 그려내고 있다. "구소련은 개인의 소유권과 토지의 사용권 및 양도권이 제대로 규정되지 않았고 법에 의해 확실하게 보호받지도 못한다. … 토지의 소유권을 보호하기 위해 시장경제에서 사용되는 메커니즘은 여전히 유아기에 머물러 있고 … 정부는 국유지도 아닌 토지에도 사용을 제한하고 있다."[3]

전기 사용량을 조사한 결과를 통해 1989년과 1994년 사이에 구소련에서 이루어진 비공식적 활동은 총생산의 12퍼센트에서 37퍼센트로 증가했다는 사실이 밝혀졌다. 다른 조사들에 나타난 비율은 그보다도 훨씬 높은 수치를 보이기까지 했다.

이 모든 현실은 제3세계에서는 전혀 뉴스거리가 되지 않을 것이다. 당신은 그저 창문을 열거나 공항에서 호텔까지 택시를 타고 가면서 도로 양쪽으로 빽빽이 늘어선 집들과 차고 뒤편에서 분주히 돌아가는 가내공장들 그리고 더러운 거리를 이리저리 힘겹게 질주하는 고물 버스들을 볼 수 있다. 법 체제를 벗어난다는 것은 때로 선진국들에서 암시장이나 빈곤이나 저개발과 같은 '주변적인' 문제로 인식되기도 한다. 법 체제를 벗어난 세계는 대체로 마피아가 득실거리는 곳으로 여겨지며, 오직 경찰과 인류학자 혹은 선교사들만이 관심을 갖는 암울한 세상으로 인식된다.

그러나 현실에서는 법을 준수하는 것이 오히려 예외적인 사항이고 법 체제를 벗어나는 것은 표준이 되어버렸다. 가난한 사람들은 이미 경제활동에서 막대한 영향력을 행사하고 있다. 그 지역의 민간 부문private sector에서 막강한 힘을 발휘하는 인사들과 만나기 위해 컨설턴트들을 이끌고 도심 한복판에 위치한 호화로운 라운지를 찾는 국제적인 대행업체들은 기업가 세계의 극히 일부일뿐이다. 제3세계와 과거 사회주의국가들에서 급부상하고 있는 경제 세력은 폐품 수집상들과 생활용품 제조업체들 그리고 허름한 거리에 자리잡고 있는 불법 건설회사들이다. 이런 국가들의 정부가 현실적으로 대처할 수 있는 유일한 방법은 그런 세력을 합법적인 제도권으로 끌어들여 통합하든지 현재의 혼란스러운 상태를 그대로 방치하든지 양자택일하는 것이다.

죽은 자본의 존재

지난 10년 동안 우리 연구원들은 유능한 지역 전문가들의 도움을 받아 카이로, 리마, 마닐라, 멕시코시티, 포르토프랭스 등 제3세계 국가의 5개 도시에서 차별적인 법 체제로 인해 충분한 자금이 공급되는 경제영역에서 소외된 사람들이 보유한 자산의 가치를 파악하기 위한 조사를 실시했다. 조사 결과의 신뢰성을 높이기 위해 우리는 가장 확실한 자산에 초점을 맞추었다. 바로 부동산이었다.

정확한 수량을 집계하기도 어려울 뿐만 아니라 정확한 가치를 판단하기는 더 어려운 음식이나 신발, 까르띠에 시계 모조품 따위와 달리 건물은 절대로 숨기거나 감출 수가 없다. 이런 건물들은 그저 건축 자재에 소요된 비용을 조사하고 다른 건물들과 비교되는 매매가를 파악하기만 하면 그 가치를 확실하게 판단할 수 있다. 우리는 여러 해에 걸쳐 수많은 건물들의 가치를 조사했다. 이처럼 조사가 허용된 국가들에서 얻은 자료들을 출간하고 공개적인 토론을 통해 그 결과를 객관적으로 평가했다. 그리고 더 나은 결과를 얻기 위해 해당 지역 사람들과 공조해 여러 가지 방법을 시험하고 수정하기를 거듭했다.

우리는 법 체제에 도사리고 있는 장애물이 수없이 많은 것만큼이나 자본이 충분히 공급되지 않는 영역에 건물을 짓는 방식도 아주 다양하다는 사실을 발견했다. 가장 확실한 사례는 국유지에 빈민촌을 세운 것이다. 그러나 우리 연구원들은 부동산법을 교묘히 회피할 수 있는 다른 방법들을 발견했다. 예를 들면, 페루의 농민들은 소유주에게서 토지를 매입해 주거 및 산업용 부지로 전환하기 위해 농업조합을 만들었다. 합법적으로 토지 소유권을 쉽게 양도받을 수 있는 방법이 없었기 때문에 정부가 운영하는 조합에 소속된 농민들은 불법적으로 토지의 소유권을 조각조각 세분화했다. 결국 토지에 대한 합법적인 소유권을 지닌 농민은 거의 없었다. 포르토프랭스에서 사람들은 아무리 엄청난 고가의 자산이라도 소유권을 이전하면서 등기소에 신고하지 않는다. 마닐라에서는 산업용 부지에 주택이 들어서고 있다. 카이로에서 과거 공용주택 건설정책을 통해 지어진 4층 아파트에 사는 거주자들은 불법적으로 건물 옥상 위로 3층을 더 올린 후에 친척들이나 다른 사람들에게 팔아 넘기고 있다. 더욱이 1950년대 초반에 동결되어 이제 1년에 고작 1달러에도 못 미치는 형편없는 임대료 때문에 아파트의 합법적인 소유주들은 여러 세대가 살 수 있도록 내부 구조를 변경해 시장 가격으로 임대하고 있다.

이런 주택들 가운데 일부는 불법적으로 건설되었기 때문에 처음부터 법 체제를 벗어난 건물이었다. 포르토프랭스의 가옥과 임대가 제한된 카이로의 아파트 따위의 다른 건물들은 합법적인 체제를 바탕으로 지어졌지만 법 체제가 지나치게 많은 비용을 요구하고 복잡해지면서 불법적인 형태로 변질되기 시작했다. 우리가 조사한 도시들에서 거의 모든 건물들은 여러 경로를 통해 건물주들에게 자본을 창출하기 위한 장치와 제도를 제공할 수 있는, 합법적인 구조와 법 체제에서 벗어나고 있었다. 분명히 누군가의 손에 증서나 일종의 기록이 있겠지만 이런 자산들의 실제 소유권은 공식적인 등기 체제를 벗어난 상태이기 때문에 등기소에 등록된 자료들은 거의 무용지물이나 다름없다. 따라서 대부분의 사람들이 보유한 자산은 상업적 · 경제적 측면에서 외부로 드러나지 않는다. 누가 어디에 있는 무엇을 소유했는지 확실히 알 수 없고, 거래 상황을 확인하기도 어려우며, 손해나 사기에 대한 책임 소재도 불분명하고, 어떤 메커니즘을 통해 서비스와 제품에 대한 대금이 지불되는지 알 수 없다. 이런 사항들에 대해 알고 있는 사람은 아무도 없다. 결국 이런 국가들이 보유한 잠재적인 자산은 대부분 확인되지 않은 상태였다. 사실상 가용 자본은 거의 존재하지 않으며 거래 시장은 위축되고 침체되는 것이다.

자본이 충분히 공급되지 않는 영역에서 벌어지는 실상은, 일반적으로 상상하는 한창 개발이 진행되는 세계의 모습과는 현저한 차이를 보인다. 그러나 대부분의 사람들은 그런 영역에서 살아가고 있다. 그곳은 자산의 소유권을 추적하고 확인해 합법적으로 인정받기 어려울 뿐만 아니라 그런 자산을 보호해줄 합법적인 규정도 존재하지 않고, 자산의 잠재적인 경제적 특성들이 제대로 정리되거나 조직되지 않으며, 이런 자산의 고정되지 않은 특성과 불안정성으로 인해 오해와 사기가 일어날 수 있는 소지가 많기 때문에 다양한 거래를 통해 잉여가치를 부여할 수 없는 세계다. 요컨대, 대부분의 자산이 죽은 자본으로 존재하고 있는 것이다.

죽은 자본의 가치

개발도상국가들과 과거 사회주의국가들의 거리에는 엄청난 규모의 죽은 자본이 늘어서 있다. 우리가 추산한 수치에 의하면, 필리핀 도시 거주민의 57퍼센트와 농촌 거주민의 67퍼센트가 지니고 있는 자산은 모두 죽은 자본이다. 페루에서는 도시 거주민의 53퍼센트와 농촌 거주민의 81퍼센트가 불법적으로 지어진 건물에서 살고 있다.

아이티와 이집트는 이보다도 훨씬 더 극단적인 수치를 보인다. 아이티에서는 도시 거주민의 67퍼센트와 농촌 거주민의 97퍼센트가 합법적인 소유주가 없는 건물에서 지내고 있다. 이집트에서는 도시 거주자의 92퍼센트와 농촌 거주자의 83퍼센트가 죽은 자본이나 다름없는 주택에서 살고 있다.

이런 주택들의 가치는 대부분 서구의 기준에 훨씬 미치지 못한다. 포르토프랭스 빈민촌의 집 한 채는 고작 500달러이고, 마닐라의 오염된 하천 위에 지어진 오두막은 2,700달러, 카이로의 외곽 지역에 지어진 제법 그럴 듯한 집도 기껏해야 5천 달러 그리고 리마 중심에 위치한 언덕에 차고와 창문을 갖춘 방갈로의 가격도 2만 달러 정도에 불과하다. 그러나 이런 주택들의 수는 천문학적인 수치이기 때문에 그 가치의 총합은 부자들이 소유한 자산의 총합을 훨씬 상회한다.

아이티에서 농촌과 도시에 산재한 부동산 소유권의 가치를 모두 합하면 대략 52억 달러에 이른다. 이 수치는 합법적으로 운영되는 회사들이 보유한 총자산의 4배이고, 아이티 정부가 소유한 총자산의 9배이며, 1995년 이후에 이루어진 직접적인 해외투자 총액의 158배에 육박한다. 아이티는 아메리카 대륙에 위치한 프랑스계 아프리카 국가로 듀발리에Duvalier 정권 때문에 체계적인 법 체제의 도입이 지연되었다. 그러면 이런 상황을 겪은 아이티가 예외인 경우일까? 어쩌면 그럴지도 모른다.

이제 상이한 전통과 다양한 인종이 어우러진 페루의 경우를 살펴보자. 페루에서 농촌과 도시에 산재한 불법적인 부동산의 가치는 총 740억 달러에 이른다. 이 수치는 1998년 침체기 이전의 리마 증권거래소가 보유한 총자산의 5배이고, 민영화할 수 있는 모든 국영기업과 국유시설을 자본으로 환산한 가치의 11배이며, 지금까지 이루어진 직접적인 해외투자 총액의 14배에 해당한다. 당신은 페루의 경제가 고대 잉카제국과 부패한 스페인 식민지의 영향 그리고 최근에는 마오쩌둥의 노선을 추종하는 공산주의자 센데로 루미노소Sendero Luminoso가 일으킨 내전으로 인해 불안한 모습을 보인다는 사실에 대해 다른 견해를 갖는가?

이번에는 과거 아시아를 보호하기 위한 미국의 전초 기지였던 필리핀의 경우를 생각해보자. 필리핀에서 소유권이 불확실한 부동산의 가치는 총 1,330억 달러에 이르는데, 이 수치는 필리핀 증권거래소에 상장된 216개 기업이 보유한 총자산의 4배이고, 모든 시중은행들이 보유한 예금 총액의 7배이며, 국영기업들이 보유한 총자본의 9배이고, 직접적인 해외투자 총액의 14배에 해당한다.

어쩌면 필리핀도 기독교가 과거 스페인 식민지들에서 번성했던 것처럼 예외에 포함될지 모른다. 그렇다면 이집트의 경우를 살펴보자. 우리가 집계한 자료에 의하면, 이집트 부동산에서 죽은 자본의 총가치는 대략 2,400억 달러에 이른다. 이 수치는 카이로 증권거래소의 모든 주식을 합산한 액수의 30배이고, 직접적인 해외투자 총액의 55배에 달하는 엄청난 규모다.

우리가 조사한 모든 국가들에서 가난한 사람들의 기업가적 재능은 방대한 규모의 부를 창출했다. 그 엄청난 부는 개발을 위한 대규모의 잠재적 자본을 형성하는 것이었다. 이런 자산은 정부가 보유한 자산뿐만 아니라 증권거래소의 총자산과 직접적인 해외투자 총액을 훨씬 상회했다. 심지어 선진국들이 제공한 모든 원조 금액과 세계은행이 지불기한을 유예한 대출금 총액보다도 훨씬 많은 액수였다.

우리가 이 4개국에서 수집한 자료를 바탕으로 제3세계와 과거 사회주의국가들 전체로 확대해 연구한 결과는 더욱 충격적이었다. 우리는 이런 국가들에서 도시 부동산의 85퍼센트와 농촌 부동산의 40퍼센트에서 53퍼센트는 자본을 창출할 수 없는 형태로 존재한다고 추정했다. 따라서 이 모든 자산의 가치를 산출하는 작업은 대략적인 추산에 의존할 수밖에 없었다. 그러나 우리는 그 수치가 정확하다고 믿었다. 우리가 추산한 결과에 의하면, 제3세계와 과거 사회주의국가들에서 가난한 사람들이 보유하고 있지만 합법적인 소유권이 인정되지 않은 부동산의 총가치는 최소 9조 3천억 달러에 이르는 것으로 드러났다.

이 수치는 깊이 생각해볼 필요가 있다. 9조 3천억 달러는 미국에서 유통되는 모든 화폐의 액면가를 합한 액수의 약 2배에 해당한다. 또 뉴욕, 도쿄, 런던, 프랑크푸르트, 토론토, 파리, 밀라노를 비롯한 세계 20대 선진국들의 주요 증권거래소에 등록된 모든 회사들의 자산을 합한 총액과 맞먹는 천문학적인 수치다. 더욱이 1989년 이후 10년 동안 제3세계와 과거 사회주의국가들에 유입된 직접적인 해외투자 총액의 20배를 훨씬 상회하고, 지난 30년 동안 세계은행이 대출한 모든 대출금의 46배에 해당하며, 그 기간 동안 모든 선진국들이 제3세계의 개발을 위해 원조한 총액의 93배에 이르는 어마어마한 금액이다.

과거 미국에서 독립전쟁이 끝난 후에 러셀 콘월이라는 연설가는 미국 전역을 순회하며 수백 만에 달하는 인파를 감동시켰다. 그는 청중들에게 숨겨진 보물을 찾아 엄청난 부자가 될 거라고 장담한 예언가의 말을 굳게 믿었던 어느 인도 상인의 이야기를 연설 때마다 즐겨 했다. 그 상인은 보물을 찾아 전세계를 헤매고 다녔다. 하지만 그는 보물을 찾지 못하고 결국 늙고 지친 몸을 이끌고 고향으로 되돌아오고 말았다. 거의 폐가로 변한 집에 들어서던 그는 갈증을 느끼고 마실 물을 찾았다. 그러나 우물은 흙이 덮인 채 막혀 있었고, 그는 지친 몸을 이끌고 삽으로 새 우물을 파기 시작했다. 바로 그 순간이었다. 놀랍게도 그는 세계에서 가장 큰 다이아몬드 광맥인 골콘다를 발견했다.

콘월의 이야기는 대단히 소중한 교훈을 전하고 있다. 제3세계와 과거 사회주의국가들의 지도자들은 부를 창출하기 위해 굳이 외국의 정부나 국제금융기관을 찾아다닐 필요가 없다. 비록 엄청난 다이아몬드 광맥은 아닐지라도 허름한 빈민촌의 한복판에 수조 달러에 이르는 엄청난 자산이 숨겨져 있기 때문이다. 만약 이런 자산을 살아있는 자본으로 전환하는 미스터리를 풀어낼 수만 있다면 우리는 언제든지 그 엄청난 자산을 활용할 수 있다.

2장

자본의 미스터리

마치 종 모양 단지에 담긴 것처럼 자본주의가 다른 요소들에서 소외된 이유는 무엇인가? 어째서 그것은 세력을 확장해서 사회 전체를 장악할 수 없을까? 자본이 오직 특정 분야들에서만 형성되고 시장경제 전체에서 형성되지 못한 이유는 무엇인가?

페르낭 브로델

중동이나 구소련 혹은 남미 여러 나라의 거리를 걷다보면, 당신은 거리에 있는 집들이 대피소로 사용되고, 들판에서 작물들이 경작되고, 시장에서 다양한 물건들이 거래되는 모습을 볼 수 있을 것이다. 개발도상국가들과 과거 사회주의국가들에서 자산은 주로 즉시 활용할 수 있는 '물질적인' 용도로 사용된다. 그러나 서구의 경우에 똑같은 자산은 물질적인 세계를 벗어난 자본으로서 또 다른 삶을 누린다. 자산은 저당과 같은 '담보'를 통해 다른 사람들의 이윤을 보장하거나 신용대출이나 공공시설과 같은 형태로 전환되어 더 큰 생산성을 발휘할 수 있다.

어째서 서구 이외의 지역에서는 건물이나 토지에 이런 또 하나의 생명을 부여할 수 없는 것일까? 왜 앞서 우리가 1장에서 언급했던 엄청난 자산(9조 3천억 달러에 달하는 죽은 자본)은 '자연적인' 상태를 초월한 가치를 창출할 수 없는 것일까? 여기에 대해 나는 이런 대답을 한다. 죽은 자본은 분명히 존재한다. 다만 회사에 자금을 조달하기 위해 집을 담보로 대출하는 일 따위의 물질적인 자산으로 자본을 창출하는 과정이 대단히 복잡하다는 사실을 우리가 잊어버리고 있거나 아예 인식조차 못하고 있는 것이다. 이는 한 장의 벽돌이 원자의 폭발이라는 형태로 엄청난 에너지를 방출할 수 있다고 주장한 아인슈타인의 이론과 아주 흡사하다. 그런 식으로 유추하면, 자본은 가난한 사람들이 세운 건물들을 이루고 있는 수조 개의 벽돌에서 분출될 수 있는 잠재적 에너지를 발견하고 이끌어낸 결과물이다.

그러나 한 장의 벽돌에서 에너지를 이끌어내는 것과 수많은 벽돌로 지은 건물에서 자본을 이끌어내는 것에는 한 가지 큰 차이점이 있다. 인류 혹은 수많은 과학자들이 물질에서 에너지를 얻을 수 있는 과정을 완전히 터득한 반면 우리는 자산에서 자본을 이끌어낼 수 있는 과정을 잊어버린 듯하다. 그 결과로 전세계의 80퍼센트에 이르는 지역에 충분한 자본이 공급되지 않고 있다. 그들은 건물을 비롯한 다른 수많은 자산에서 자본을 창출해 경제적인 삶을 영위할 수 없다. 더욱이 선진국들은 그런 국가들을 가르칠 능력이 없는 것처럼 보인다. 결국 서구에서 많은 자본이 창출되면서도 다른 국가들에서 거의 자본이 창출되지 못하는 요인은 여전히 미스터리로 남아 있다. 이제 애덤 스미스와 칼 마르크스의 견해를 살펴보면서 논의를 시작해보자.

스미스와 마르크스의 견해

자본의 미스터리를 파헤치기 위해 우리는 그 단어의 어원에 담긴 의미를 파악해야만 했다. 중세 라틴어에서 '자본capital'이란 단어는 소와 같은 가축의 머리를 지칭했던 듯하다. 그 당시에 이런 가축은 단순히 고기가 아닌 중요한 부의 원천으로 여겨졌다. 가축은 어디든지 이동할 수 있기 때문에 위험 요소에서 격리할 수 있고, 손쉽게 숫자를 파악할 수 있어서 관리하기가 아주 편한 자산이다. 그러나 가장 중요한 사항은 가축을 다른 사업과 연계하면 우유를 비롯해 가죽, 양모, 고기, 연료에 이르기까지 부가적인 부나 잉여가치를 창출할 수 있다는 사실이다. 또 가축은 출산을 통해 새끼를 얻을 수 있다는 아주 유용한 특성을 지닌다. 따라서 '자본'이란 단어는 자산의 물질적인 차원과 잉여가치를 창출할 수 있는 잠재적인 차원을 확보하는, 두 가지 일을 동시에 한다는 의미에서 출발한다. 가축을 사육하는 축사에서 경제학의 창시자들이 연구하는 책상까지는 고작 몇 걸음이면 닿을 만큼 가까운 거리에 있다. 경제학자들은 일반적으로 '자본'을 잉여생산을 유발하고 생산성 향상을 촉진하는 한 국가의 자산으로 정의한다.

스미스와 마르크스 같은 위대한 경제학자들은 자본을 시장경제에 에너지를 공급하는 엔진이라고 생각했다. 자본이란 단어는 중대한 문제capital issues, 사형capital punishment, 수도capital city와 같은 중요한 요소를 지칭하는 용어로 사용되면서 경제 전체에서 핵심적인 부분으로 여겨졌다. 그들은 자본이 무엇인지, 자본이 어떤 방식으로 창출되고, 축적되는지 이해하려고 했다. 이 위대한 경제학자들의 견해에 동의하든지 그들의 견해가 부적절하다고 생각하든지 간에, 이 사상가들이 현재 우리가 그토록 밝혀내고자 노력하는 자본이 무엇인지, 어떻게 자본을 창출하는지, 왜 서구사회가 아닌 곳에서는 자본을 거의 창출하지 못하는지 그 질문에 해답이 될 만한 방대한 지식을 구축했다는 사실을 부인할 수는 없다.

스미스는 노동분업과 그에 따른 시장에서의 생산품 거래인 경제전문화economic specialization가 생산성 향상을 위한 근원이며, 따라서 '국부(國富)'의 근원이라고 주장했다. 이런 전문화와 거래를 가능하게 만드는 것이 바로 자본인데, 스미스는 그것을 생산을 목적으로 축적하는 자산이라고 정의했다. 기업가들은 자사에서 생산한 제품과 필요한 다른 물건들을 거래할 수 있을 때까지 기업을 유지하기 위해 자신들이 축적한 자산을 활용할 수 있다. 더 많은 자본이 축적될수록 더 심도 깊은 전문화가 이루어지고 그 사회의 생산성은 더 향상된다. 마르크스도 이런 견해에 동의했다. 그는 자본주의가 창출한 부는 그 사회에 엄청난 양의 생산물을 공급한다고 여겼다.

스미스는 인류가 사냥에서 목축으로 그리고 농경사회에서 산업사회로 전환하는 과정에서 자연스럽게 자본이 등장했다고 확신했다. 산업사회에서는 상호 의존과 전문화 그리고 거래를 통해 생산력을 크게 향상시킬 수 있다. 아마도 자본은 생산성을 촉진하고 잉여가치를 창출할 수 있는 마술적인 도구였을 것이다. 스미스는 이렇게 적고 있다. "대규모의 산업은 모든 국가들에서 자체적으로 소비할 생산품(자본)을 증가시킬 뿐만 아니라, 그런 생산품의 증가를 바탕으로 똑같은 규모의 산업이 훨씬 더 많은 노동 수요를 창출할 수도 있다."[1]

그는 현재 우리가 풀어내기 위해 그토록 고심하고 있는 미스터리의 핵심을 차지하는 부분을 강조했다. 축적된 자산이 활성화된 자본으로 전환되고 부가적인 생산을 이끌어내기 위해서 자산은 반드시 "노동 행위가 끝난 후에도 한동안 지속될 수 있는, 특정한 형태로 고정되고 식별되어야 한다. 그것은 필요한 경우에 언제든지 활용할 수 있는 일정한 규모의 노동력이다."[2] 스미스는 적절히 고정되지 않는 경우에 자산의 창출에 투자된 노동은 자칫 아무런 흔적이나 가치를 남기지 않을 수도 있다고 경고했다.

스미스가 진정으로 말하려 했던 사항은 합법성에 대한 논란을 일으킬 소지가 다분하다. 그러나 자본은 단순히 축적된 자산이 아니라 새로운 생산을 창출할 수 있는 자산의 잠재력이다. 물론 이런 잠재력은 추상적인 것이다. 그것은 우리가 활용할 수 있는 상태가 되기 전에 반드시 명확한 형태로 고정되는 과정을 거쳐야만 한다. 만약 이러한 '전환과정'이 없다면, 절대로 자본은 창출되지 않는다.

이처럼 자본은 추상적인 개념이며 그것을 사용하기 위해서는 반드시 명확한 형태로 고정해야 한다는 것은 다른 경제학자들도 주장했던 사항이다. 19세기에 스위스 경제학자 시몽드 드 시스몽디Simonde de Sismondi는 이런 기록을 남겼다. "자본은 끊임없이 증대되며 결코 사라지지 않는 … 영구적인 가치다. 이제 그 가치는 그것을 창출해낸 산물에서 분리되고 있는데, 그 가치는 언제나 그것을 창출하는 사람이 소유하는 실체가 없는 추상적인 것이 되었고 그것을 소유하고 있는 사람에 따라 전혀 다른 형태로 고정될 수 있다."[3] 프랑스의 경제학자 장 바티스트 세이Jean Baptiste Say는 이런 견해를 가지고 있었다. "자본을 형성하는 것은 물질이 아니라 그 물질이 지닌 가치인데, 그 가치는 형태를 지니지 않는다. 따라서 본질적으로 자본은 형태가 없는 것이다."[4] 마르크스도 여기에 동의하며 이런 견해를 밝혔다. "테이블은 나무와 같은 물질로 만들어질 수 있지만, 일단 생산품으로 시장에 나오는 순간부터 초월적인 존재로 변한다. 다른 모든 생산품들과 비교할 때, 다리로 바닥을 지탱하고 서 있으면서 머리까지 떠받치고 있는 테이블은 자신의 나무로 된 두뇌에서 별난 아이디어를 만들어낸다. 이때 테이블은 그것을 뒤집었을 때보다 훨씬 훌륭하다."[5]

자본이 지닌 이런 핵심적인 의미는 역사 속으로 사라지고 말았다. 이제 자본은 그 수많은 유통 형태들 가운데 하나인 '돈'과 혼동되고 있다. 언제나 어려운 개념은 그 본질로 기억되기보다는 다른 명백한 구현 형태들 가운데 한 가지로 기억되게 마련이다. 사람들은 '자본'보다는 '돈'을 더 쉽게 떠올린다. 그러나 자본이 최종적으로 고정된 형태가 돈이라고 생각한다면 크나큰 실수를 범하는 것이다. 스미스가 지적했던 것처럼, "가치란 그런 금속 조각에 담길 수 없는 것"이기 때문에 돈은 "거대한 순환의 고리"일 뿐이지 그것이 결코 자본은 아니다.[6] 다시 말해, 돈은 사람들 사이에 이루어지는 거래를 용이하게 해주지만 그 자체로 부가적인 생산을 유발하지는 못한다. 스미스의 말을 더 들어보자. "모든 국가에서 유통되는 화폐인 금과 은에 대해서는 고속도로에 비유하는 것이 아주 적절한 방법인 듯하다. 고속도로에서는 온갖 야채들과 옥수수들이 유통되고 운반되지만 도로 자체에서는 곡식 한 알 생산하지 못한다."[7]

자본을 둘러싼 미스터리의 대부분은 '자본'을 저축과 투자를 할 수 있는 '돈'과 유의어로 생각하지 않는 순간부터 서서히 사라질 것이다. 이처럼 돈이 자본을 고정한다는 오해는 근대 비즈니스가 자본의 가치를 돈으로 표현하는 것에서 비롯되었다. 물론 돈이라는 매개체에 의존하지 않고 기계, 건물, 토지와 같이 그 형태가 전혀 다른 자산들의 가치를 한번에 통합해서 판단하기란 대단히 어려운 일이다. 바로 이런 이유에서 돈이 발명되었다. 돈은 여러 물건들의 가치를 판단할 수 있는 기준을 제시하기 때문에 우리는 전혀 다른 형태의 자산들을 교환할 수 있는 것이다. 이처럼 유용한 측면이 있는 게 사실이지만 자산을 자본으로 전환하려고 할 때, 돈은 특정한 자산을 자본으로 고정할 수 없다. 오늘날 제3세계와 과거 사회주의국가들은 충분한 자본을 창출하지도 못하면서 돈 때문에 발생하는 인플레이션으로 인해 심각한 경제난을 겪는다는 오명에 시달리고 있다.

자산과 자본, 그 전환과정

자산의 잠재력을 고정시켜 부가적인 생산을 유발하는 원동력은 무엇인가? 평범한 집 한 채에서 가치를 분리해 그것을 자본으로 인식하게 만드는 것은 무엇인가?

에너지에 대한 유추를 통해 우리는 그 해답을 찾을 수 있다. 일단 산 위에 호수가 있다고 생각하라. 우리는 그 호수를 물질적인 것으로 여기며 기본적으로 보트를 타거나 낚시를 할 수 있는 곳이라고 생각할 것이다. 그러나 기술자적 관점에서 단순히 물의 집합체라는 호수의 자연적인 상태를 초월해 그곳에서 에너지를 생산할 수 있다는 측면에 초점을 맞추면, 우리는 산 위에 위치한 그 호수의 입지적인 요건에서 어떤 잠재력을 발견할 수 있다. 우리가 해결해야 할 과제는 그 잠재력을 부가적인 활동에 활용할 수 있는 형태로 전환하고 고정시킬 수 있는 과정을 창출하는 것이다. 이처럼 호수가 산 위에 있는 경우에 그 과정에는 중력의 힘으로 호수의 물을 아래로 흐르게 하는 수력 발전소를 필요로 하는데, 그곳에서 호수에 잠재하던 차분한 에너지는 폭포수처럼 내리치는 활발한 에너지로 전환된다. 이 새로운 에너지는 터빈을 회전시키며 기계 에너지를 생성하고 이 기계 에너지는 전자석을 돌아가게 한다. 이런 전환과정을 통해 전기 에너지가 생성되는 것이다. 잔잔한 호수가 지닌 잠재적 에너지인 전기는 이제 통제가 가능한 전류를 생성하는 데 필요한 형태로 고정되고, 그 전류는 전선을 따라 먼 곳까지 전송되어 새로운 생산 활동에 활용된다.

결국 잔잔한 호수가 당신의 방을 밝게 비추고 공장의 기계들을 돌리는 전력을 공급하는 에너지원으로 사용될 수 있는 것이다. 여기에는 필연적으로 인위적인 과정이 수반된다. 첫째, 부가적인 활동을 위해 사용될 수 있는 물의 잠재력을 확인하는 것이고 둘째, 이 잠재적인 에너지를 잉여가치를 창출하는 데 활용할 수 있는 전기로 전환하는 것이다. 이 호수에서 얻을 수 있는 부가적인 가치는 호수 그 자체에 있지 않고 호수에서 이루어지는 인위적인 과정에 있다. 바로 그 과정을 통해 호수는 낚시를 하거나 보트를 타는 장소에서 에너지를 생산하는 장소로 전환될 수 있는 것이다.

이런 에너지와 마찬가지로 자본도 휴면 상태에 있는 가치다. 자본에 생명을 불어넣기 위해서 우리는 초월적인 시각을 바탕으로 자산이 스스로 아주 적극적인 사고를 할 수 있다는 견해를 가져야 한다. 이처럼 자본에 생명을 불어넣으려면 자산이 지닌 경제적 잠재력을 이끌어 내어 부가적인 생산을 일으킬 수 있는 형태로 고정시킬 수 있는 과정이 필요하다.

그러나 물의 잠재적인 에너지를 전기로 전환하는 과정은 잘 알려져 있지만 자산으로 더 많은 생산을 이끌어내는 데 필요한 전환과정은 알려지지 않았다. 다시 말해, 우리는 호수가 가진 잠재 에너지를 사용이 가능한 형태로 고정하는 수력 발전에서 사용되는 수압관, 터빈, 발전기, 변압기, 전선에 대해서는 잘 알고 있지만 집 한 채가 지닌 경제적 잠재력을 자본으로 전환하는 핵심 과정을 찾아내지 못하고 있는 것이다.

이런 핵심 과정이 자본을 창출하기 위한 의도로 이루어지지 않고 그저 가난한 사람들의 소유권을 보호할 목적으로 사용되는 것도 바로 이런 이유에서 비롯된다. 서구에서는 자산 체계가 발전하면서 다양한 메커니즘이 개발되었는데, 그 메커니즘들은 서서히 조화를 이루며 지금까지 유례가 없었던 엄청난 자본을 창출하는 하나의 과정으로 탄생했다. 비록 항상 그런 메커니즘을 사용하고 있지만 외형적으로 드러나

지 않기 때문에 우리는 그것들이 자본을 창출하는 기능을 한다는 사실을 깨닫지 못한다. 오히려 그 메커니즘들은 자산의 경제적 잠재력을 자본으로 전환할 수 있도록 상호 연결된 것이 아니라 그저 재산을 보호하는 체제의 일부로 여겨지고 있다. 요컨대, 서구에서 자본을 창출하는 것은 복잡한 재산 체제에 파묻혀 드러나지 않는 어떤 오묘한 과정이다.

전환과정으로서의 재산 체제

이 말은 지나치게 간단하든지 지나치게 복잡한 것처럼 들릴 것이다. 그러나 자산이 누군가의 소유가 아니어도 생산을 위해 사용될 수 있는지 생각해보자. 만약 합법적인 재산 체제가 없다면, 우리는 이런 자산이 어디에 존재하는지 어떤 형태로 전환되어 생산성을 증대하는지 어떻게 알 수 있단 말인가? 만약 재산 체제가 제공하는 기록이나 소유권이 없다면, 자산과 관련된 여러 가지 경제적 특성들을 도대체 어디에 기록한단 말인가? 또 합법적인 재산 체제가 없다면, 자산의 사용과 전환을 통제하는 규칙은 어디에 있단 말인가? 자산을 고정시켜 우리가 활동적인 자본으로 인식할 수 있도록 해주는 여러 형태와 규칙들, 즉 이런 전환과정을 탄생시킨 것이 바로 합법적인 재산이다.

서구에서 이런 합법적인 재산 체제는 자산을 자본으로 전환하는 과정에서 시작된다. 그들은 자산이 지닌 경제적·사회적으로 가장 유용한 측면을 이끌어내고 조직해 그 정보에 소유권을 명시해 기록으로 보관한다. 이 전체 과정은 명확한 법률에 의해 철저하게 통제된다. 따라서 우리는 합법적인 재산 기록과 소유권을 통해 모든 자산에 대한 경제적인 개념을 이해할 수 있는 것이다. 그런 기록들은 자산의 잠재적인 가치를 개념화하는 데 필요한 모든 관련 정보들을 포착하고 조직하기 때문에 우리는 자산을 통제할 수 있게 된다. 재산이란 우리가 하나의 자산을 다른 자산들과 조합하고 연결해 그 자산을 확인하고 판단할 수 있는 영역이다. 합법적인 재산 체제는 자본을 만들어내는 수력 발전소다. 즉, 자본이 탄생되는 장소인 것이다.

경제적·사회적 측면에서 합법적인 재산 체제에 고정되지 않은 자산은 시장에 나오는 것 자체가 대단히 어렵다. 만약 합법적인 재산의 전환과정을 거치지 않는다면, 근대 시장경제에서 거래되는 엄청난 양의 자산을 어떻게 통제할 수 있단 말인가? 그런 체제가 없다면, 자산을 거래하기 위한 기본적인 사항을 결정하는 과정에도 엄청난 시간과 노력이 필요할 것이다. 부동산을 매도하려는 사람이 그것을 소유했다는 사실과 매도할 권리가 있다는 사실을 어떻게 증명할 수 있는가? 또 그 부동산을 매입한 새로운 소유주가 그 소유권을 어떻게 인정받을 수 있는가? 만약 소유권을 주장하는 다른 사람들이 있다면, 그들을 효과적으로 배제할 수 있는 수단은 무엇인가? 개발도상국가들과 과거 사회주의국가들에서 이런 질문에 대한 해답을 구하기란 대단히 어려운 일이다. 대부분의 자산에 대해 그 어디에서도 믿을 만한 답을 얻을 수 없다. 이런 까닭에 그저 집 한 채를 매매하거나 임대하는 데도 이웃사람들을 모두 동원해가면서 그 오랜 시간 동안 온갖 복잡한 절차를 거쳐야 가까스로 승인을 받을 수 있는 것이다. 때로 이런 방법은 소유주가 진정으로 그 집을 소유한 사람이며 다른 사람들이 그 집에 대한 소유권을 주장할 수 없다는 사실을 증명하는 유일한 길이기도 하다. 이런 현상은 비서구 국가들에서 대부분의 자산이 거래되는 범위가 협소한 지역으로 제한되는 주요한 원인이다.

이미 앞에서 논의했던 것처럼 이런 국가들이 겪고 있는 근본적인 문제는 기업가 정신의 부재가 아니다. 지난 40년 동안 가난한 사람들은 수조 원에 달하는 엄청난 부동산을 축적해왔다. 이 가난한 사람들에게 부족한 것은 그들의 자산이 지닌 경제적 잠재력을 합법적으로 고정해 생산에 활용하거나 확장된 시장에서 더 큰 가치를 보장받을 수 있게 해주는 재산 메커니즘이다. 서구에서 모든 자산은 합법적인 재산 체제가 규정하는 규칙을 통해 갱신된 기록으로 고정된다. 증가된 생산물과 새로 건설된 건물, 상업적 가치가 있는 물건들은 모두 누군가의 합법적인 재산이다. 심지어 회사나 재단에 속하는 자산들도 그 회사나 재단의 '주주'로서 간접적인 소유권을 갖는 실제 소유주들이 있다.

앞서 살펴본 전기와 마찬가지로 자본도 그것을 생성하고 고정하는 핵심 장치가 갖추어지지 않으면 결코 창출되지 않는다. 전기 에너지를 생산하기 위해 호수에 수력 발전소를 설치해야 하는 것처럼 잉여가치를 창출하기 위해서는 자산도 합법적인 재산 체제를 필요로 한다. 경제적 잠재력을 이끌어내고 유통과 통제가 용이한 형태로 전환할 수 있는 합법적인 재산이 없다면, 개발도상국가들과 과거 사회주의국가들에 존재하는 자산은 안데스 산맥 꼭대기에 있는 호수에 담긴 물이나 다름없다. 그것은 바로 이제까지 그 누구도 손대지 않은 그저 잠재적인 에너지에 불과한 것이다.

자본의 유래가 어째서 이처럼 풀리지 않는 미스터리가 되어버린 것인가? 왜 부유한 국가들은 항상 그토록 신속하게 경제에 대한 조언을 제시하면서도 합법적인 재산이 자본 형성에 필수적인 요소가 되는 이유를 설명하지 못하는 것일까? 그 해답은 아주 간단하다. 합법적인 재산 체제 내부에 존재하는, 자산을 자본으로 전환하는 과정을 실제로 보여주기가 대단히 어렵기 때문이다. 그 체제를 통제하는 것은 바로 수천 가지에 달하는 규정과 법령, 규약과 제도들이다. 이런 법의 함정에 빠진 사람들은 그 과정이 작용하는 방식을 이해하기 위해 필사적으로 노력할 것이다. 그러나 그 과정을 볼 수 있는 유일한 방법은 나와 동료들이 대부분의 작업을 진행했던 장소인 법 체제를 벗어난 영역에서 그것을 바라보는 것뿐이다.

이제 나는 그 법의 기능과 효과를 더 잘 이해하기 위해 법 체제를 벗어난 관점에서 법을 바라본다. 이 방법은 대단히 비정상적인 것처럼 보이지만 실제로는 그렇지 않다. 프랑스의 철학자 미셸 푸코Michel Foucault는 어떤 것의 실체를 보다 쉽게 파악하기 위해서는 때로 반대편에서 그것을 바라보는 방법이 효과적이라고 주장했다. 그는 이렇게 적고 있다. "사회가 규정하는 위생의 개념을 이해하기 위해서 우리는 비위생적인 영역에서 벌어지는 현상을 조사해야 할지도 모른다. 말하자면 우리는 불법적인 영역을 통해서 법을 이해하는 것이다."[8] 더욱이 재산이라는 것은 에너지와 마찬가지로 하나의 개념이다. 그것은 직접적으로 경험할 수 없는 것이다. 순수한 에너지는 눈으로 보거나 손으로 만질 수 없다. 마찬가지로 그 누구도 육안으로 재산을 볼 수 없다. 우리는 오직 그 효과를 통해서만 에너지와 재산을 경험할 수 있다.

법 체제를 벗어난 영역에서 오랜 시간 관찰한 끝에 나는 서구의 합법적인 재산 체제가 자본의 창출을 유도할 수 있는, 여섯 가지 효과를 이끌어낸다는 사실을 깨달았다. 비서구 국가들이 자본을 창출하지 못하는 이유는 제3세계 국가들과 과거 사회주의국가들에서 대부분의 국민들이 이런 필수적인 효과의 혜택을 전혀 누릴 수 없기 때문이다.

소유권 제도의 효과

산 위에 있는 호수의 물이 지닌 잠재적 에너지를 확인하고 활성화된 에너지로 전환할 수 있는 것처럼 집 한 채가 지닌 잠재적 가치도 실제로 확인하고 활성화된 자본으로 전환할 수 있다. 이 두 가지 경우에 한 상태에서 다른 상태로의 전환은 물리적 물체를 인위적인 명시화 체제로 바꾸는 것인데, 그 체제를 통해 우리는 자산의 물질적인 형태를 배제하고 그 잠재력에 초점을 맞출 수 있다.

자본은 소유권, 담보, 계약을 비롯해 경제적 · 사회적으로 가장 유용한 자산의 측면을 명시한 여러 가지 형태의 기록으로 탄생한다. 따라서 자산의 시각적인 측면을 바탕으로 자본이 탄생하는 것은 아니다. 이런 기록을 통해 자산의 잠재적 가치가 최초로 명시되고 등록된다. 예를 들어, 집 자체가 아닌 그 집에 대한 소유권에 관심을 갖는 순간에 당신은 자동적으로 물질의 세계에서 벗어나, 자본이 살아있는 개념의 세계로 들어서는 것이다. 당신은 집의 물질적 측면과 주변 환경의 모든 혼란스러운 장막을 걷어내어 그 집의 경제적 잠재력에 초점을 맞춘 명시화된 기록을 읽고 있다. 합법적인 재산은 그 집을 하나의 경제적 · 사회적 개념으로 생각하도록 이끈다. 더불어 그 집을 단순한 거주지(죽은 자산)가 아닌 살아있는 자본으로 바라볼 수 있는 시각도 가져다준다.

이처럼 재산이 오직 순수한 개념이라는 사실은 집의 소유권이 변경될 때 입증된다. 이때 물리적 실체의 변화는 일어나지 않는다. 당신이 어떤 집을 보고 있다고 해서 그 집의 소유주가 누구인지 알 수는 없다. 오늘 당신이 소유한 집은 어제까지 내 소유였던 집과 겉모습은 똑같다. 그 집은 내가 소유하고 있을 때도 당신에게 임대하거나 매도했을 때도 항상 똑같은 모습이다. 재산은 그 집 자체가 아니라 합법적인 명시화 문서를 통해 그 집에 부여된 경제적 개념이다. 이 사실은 합법적인 재산 명시화 과정을 통해 그 자산에서 무언가가 분리된다는 것을 의미한다.

자산의 경제적 잠재력을 고정한다

합법적인 재산을 명시한 문서는 부가적인 활동을 유도할 수 있는 어떤 장치를 지니고 있는가? 아니면 단순히 자산을 나타내는 대역에 불과한가? 결코 대역은 아니다. 그 문서는 카메라가 사진을 찍어내는 것처럼 그 집이 생산한 어떤 산물이 아니라 그 집에 대한 개념을 우리가 알 수 있도록 명시화한 것이다. 특히 그것은 가치를 창출할 수 있는 잠재력을 지닌, 드러나지 않는 여러 자질들을 나타낸다. 이는 그 집 자체의 물질적인 자질이 아니라 우리 인간이 그 집에 부여한 경제적·사회적 자질이다. 예를 들면, 담보권, 저당권, 지역권(地役權)을 비롯해 다른 여러 형태의 계약으로 보장되어 다양한 목적에 활용될 수 있는 자질이다.

여러 선진국들에서 이런 합법적인 문서는 다른 사람들의 이익을 보장하는 수단으로서 기능하며 그 기능을 수행하는 데 필요한 모든 정보와 자료, 규칙을 제시해 책임 여부를 규정한다. 예를 들면, 서구에서 대부분의 합법적인 재산은 대출을 통한 상호 신용의 수단으로 쉽게 활용할 수 있다. 선진국들에서 집은 거주지나 사무실의 역할을 하는데, 그 명시화 문서는 다른 사람들의 이익을 보장하는 다양한 부가 기능을 하면서 집에 또 하나의 생명을 부여한다.

결국 서구에서 합법적인 재산은 물질적 자산에 잉여가치를 창출할 수 있는 도구를 제공하는 것이다. 재산 명시화 문서는 사람들이 자산을 그저 물질적 존재일 뿐만 아니라 그 내용을 통해 자산을 잠재적인 경제적·사회적 자질로 생각할 수 있게 해준다. 누군가 의도한 것이든 그렇지 않든 간에 합법적인 재산 체제는 이런 국가들이 물질적인 자연 상태인 자산의 세계에서 자본이라는 개념의 세계로 도약할 수 있게 해주는 발판으로 자리잡았다. 그 세계에서 자산은 생산을 이끌어내기 위한 완전한 생산성을 지닌 잠재적 가치로 나타날 수 있다.

합법적인 재산이 존재하기 때문에 서구의 선진국들은 근대적 개발을 이룰 수 있는 핵심 요건을 갖추고 있는 것이다. 따라서 국민들은 아주 용이하게 지속적으로 자신들이 소유한 자산의 잠재적인 생산성을 발견할 수 있다. 2300년 전에 아리스토텔레스가 발견했던 것처럼 당신이 어떤 사물에 대해 발휘할 수 있는 능력은 그것의 잠재력에 초점을 맞출 때 무한대로 증가한다. 자산의 경제적 잠재력을 고정하는 요령을 터득함으로써 서구인들은 소유한 자산에서 생산성이 가장 큰 요소를 빠르게 포착할 수 있는 방법을 개발했다. 합법적인 재산은 자산의 경제적인 측면이 발견되고 자본이 탄생하는 개념적인 영역으로 이어지는 발판이 되었다.

산재한 정보를 하나의 체제로 통합한다

앞선 장에서 살펴보았던 것처럼 개발도상국가와 과거 사회주의국가들에서 대부분의 국민들은 아무리 열심히 노력해도 합법적인 재산 체제에 접근할 수 없었다. 그들은 소유한 자산을 합법적인 재산 체제에 편입시키지 못하기 때문에 그런 자산은 끝까지 법 체제를 벗어난 상태로 남을 수밖에 없다. 자본주의가 서구에서 성공을 거두면서도 다른 지역에서 실패하는 이유는 서구에 존재하는 자산은 대부분 합법적인 명시화 체계에 통합되기 때문이다.

이런 통합은 결코 우연히 일어난 현상이 아니다. 지난 19세기에 입법 · 사법 · 행정 권력은 수십 년에 걸쳐 여러 도시와 마을에서 적용되는 다양한 규칙을 하나의 체제로 통합했다. 선진국의 역사에서 혁명이나 다름없던 이 재산 체제의 '통합'은 시민들이 축적한 부를 통제하는 모든 정보와 규칙을 하나의 지식 기반에 집결시켰다. 그전까지만 해도 자산에 대한 정보에 접근하기란 대단히 힘든 일이었다. 모든 농장이나 마을에서는 자체적인 자산과 그 자산을 통제하는 규칙을 기초적인 원장(元帳)이나 상징물에 기록하거나 구술을 통해 공증했다. 그러나 정보가 분산되고 흩어지면서 하나의 기관으로는 그런 정보를 감당할 수 없었다. 우리가 너무나 잘 알고 있듯이 정보가 풍부하다고 해서 지식이 풍부해지는 것은 아니다. 선진국들은 이런 지식이 기능을 발휘할 수 있도록 곳곳에 산재한 재산에 대한 자료를 하나의 포괄적인 체제로 통합했다.

개발도상국가들과 과거 사회주의국가들은 이런 체제의 통합을 이루지 못했다. 우리가 조사한 모든 국가들에서 나는 합법적인 체제를 단 하나도 발견하지 못했다. 오히려 영세기업에서 가내수공업에 이르기까지 수많은 합법 혹은 불법 조직에 의해 수십 개, 심지어 수백 개에 달하는 법 체제가 운영되고 있었다. 이런 까닭에 그런 국가들에서 자산을 보유한 소유주들이 재산을 활용할 수 있는 범위는 지극히 제한될 수밖에 없었다. 반면 재산에 대한 정보가 표준화되고 누구나 접근할 수 있는 서구 국가들에서 자산을 보유한 소유주들은 재산을 통해 수많은 사람들과 더불어 이익을 공유할 수 있다.

서구의 독자들은 전세계 대부분의 국가들이 아직 법 체제를 벗어난 수많은 재산 규칙들을 하나의 합법적인 체제로 통합하지 못했다는 사실에 깜짝 놀랄지도 모른다. 서구인들은 오직 하나의 합법적인 체제만이 존재하는 것을 당연하게 여긴다. 그러나 서구가 이런 통합적인 재산 체제에 의존한 것은 지난 2세기 동안에 급속도로 진전된, 비교적 최근에 일어난 현상이다. 대부분의 서구 국가에서 통합적인 재산 체제의 역사는 고작 100년 정도에 불과하다. 심지어 일본의 통합 체제는 겨우 50년 전에 생겨난 것이다. 자세한 내용은 이후에 살펴보겠지만 수많은 불법적인 재산 규칙들은 한때 모든 국가들에서 규범으로 여겨졌다. 14세기에 로마법이 재발견되고 정부들이 당시에 통용되던 모든 법을 하나의 체제로 통합할 때까지 합법적 다원주의는 유럽 대륙 전체에서 표준으로 군림했다.

1849년 골드러시 직후 캘리포니아에는 지역주민들이 제정한 규칙을 바탕으로 자체적인 기록을 보유한 개별적인 재산 관할 구역이 약 800여 곳이나 산재해 있었다. 캘리포니아에서 플로리다에 이르기까지 미국 전역에서 수많은 조합들이 자체적인 규칙을 제정하고 직접 공무원들을 선출했다. 19세기 후반에 미국 정부가 자국의 자산을 통합하고 그에 따른 형식을 부여한 특별법을 국회에서 통과시킬 때까지는 무려 100년 이상의 오랜 세월이 흘렀다. 선매권과 광산법에 대한 조항을 35개 이상 제정하면서 의회는 수백 만에 달하는 이주민들과 무단점거자들이 만든 불법적인 재산법을 하나의 체제로 통합할 수 있었다. 그 결과 통합적인 재산 시장이 탄생해 이후 미국의 폭발적인 경제성장의 원동력이 되었다.

이처럼 재산 체제를 통합한 사례를 따르기가 그토록 어려운 이유는 그 과정에 너무나 오랜 시간이 걸리기 때문이다. 일례로 독일에서는 12세기에 합법적인 재산등록 체제가 등장하기 시작했지만 정작 토지 거래를 기록하는 그룬트부흐Grundbuch 체제가 전국적으로 시행된 1896년까지 완전한 하나의 체제로 통합되지 않았다. 일본에서도 19세기 후반부터 농민들의 재산을 합법화하려는 전국적인 운동이 시작되었지만 1940년대 후반에 들어서야 완전히 정착되었다. 스위스에서는 20세기에 접어들면서 국민들의 재산과 그 거래를 보호하는 다양한 체제를 하나로 통합하기 위한 노력이 있었지만 아직까지 제대로 알려지지 않았다. 심지어 스위스 국민들 대다수가 그런 사실조차 모르고 있는 형편이다.

이런 통합의 결과로 선진국의 국민들은 자산을 직접 보지 않고도 자산의 경제적·사회적 자질에 대한 정보를 얻을 수 있다. 이제 그들은 더 이상 전국을 돌아다니며 자산을 보유한 소유주들과 그 이웃들을 만나볼 필요가 없었다. 합법적인 재산 체제를 통해 어떤 자산을 활용할 수 있는지, 그 자산에서 어떤 잉여가치를 창출할 수 있는지를 알 수 있었던 것이다. 따라서 자산이 지닌 잠재력은 보다 쉽게 파악되고 변환되어 그만큼 자본의 창출을 극대화할 수 있다.

책임 소재를 명확히 밝힌다

모든 재산 체제들이 하나의 합법적인 재산법으로 통합되면서 소유주들의 합법적인 권리는 지역사회의 정치적 영역에서 객관적인 법의 영역으로 전환되었다. 소유주들을 제한적인 지역의 범주에서 끌어내어 합법적인 통합 체제로 편입해 그들의 책임 소재를 명확하게 밝힌 것이다.

합법적인 재산은 재산을 보유한 사람들을 책임을 갖는 개인으로 전환해 불특정 다수에서 개인을 분리해냈다. 사람들은 더 이상 자산에 대한 권리를 보호하기 위해 이웃이나 지역의 규칙에 의존할 필요가 없다. 원시적인 경제활동과 부담스러운 지역적 규제에서 벗어나면서 그들은 자산으로 잉여가치를 창출할 수 있는 방법을 찾을 수 있었다. 그러나 그들에게도 치러야 할 대가는 있다. 일단 합법적인 재산 체제에 진입하면 자산을 보유한 소유주들은 익명성을 상실한다. 모든 부동산과 사업은 반드시 그 위치와 내역을 확인할 수 있게 형식화되기 때문에 사람들은 불특정 다수에 자신을 숨길 수 있는 능력을 상실하고 만다. 서구에서 익명성은 사실상 사라졌고 상대적으로 개인의 책임은 더욱 강화되었다. 생산품이나 서비스에 대한 돈을 지불하지 않은 사람들은 형무소에 수감되거나 벌금을 물거나 재산을 차압당하거나 신용등급이 떨어지는 것과 같은 불이익을 받는다. 행정당국은 위법행위와 계약위반을 통제할 수 있다. 예를 들면, 서비스를 중단하거나 재산에 대해 저당을 설정하거나 합법적인 재산에 대한 특권의 일부나 전부를 취소할 수 있다.

서구에서 재산과 거래를 존중하는 태도는 사람들의 DNA에 유전되는 것이 아니라 합법적인 재산 체제의 시행에 따른 결과인 듯하다. 합법적인 재산은 단순히 소유주를 보호할 뿐만 아니라 그에 따른 거래를 보장해 소유권과 계약을 존중하고 법을 준수하도록 유도한다. 만약 누군가 잘못된 행동을 했다면, 그 행위는 체제 내부에 기록으로 남아 자칫 이웃과 은행, 통신회사, 보험회사를 비롯해 재산을 통해 그와 연계되는 다른 모든 영역에서 신뢰할 수 있는 한 개인으로서의 평판을 잃게 할지도 모른다.

결국 서구의 합법적인 재산 체제는 다양한 혜택을 부여한다. 그 체제는 수억 명에 달하는 국민들에게 자본주의라는 게임에서 사용할 수 있는 기회를 제공한다. 그 기회가 소중하고 가치 있는 이유는 그것이 사라질 수도 있는 가능성이 있기 때문이다. 합법적인 재산이 지닌 잠재적 가치의 대부분은 그것을 상실할 수 있는 가능성에 있다. 결국 합법적인 재산이 지닌 위력의 대부분은 재산이 발휘하는 구속력, 재산을 통제하기 위해 제정된 규칙, 재산을 활용할 수 있는 범위 등 그것이 창출하는 책임에서 비롯되는 것이다. 합법적인 재산을 통해 자산의 경제적·사회적 잠재력을 볼 수 있었던 서구 선진국가의 국민들은 자산의 활용에 따른 혜택뿐만 아니라 위험까지도 인식할 수 있었다. 요컨대 합법적인 재산에는 책임이 뒤따른다.

그러나 개발도상국가들과 과거 사회주의국가들은 이런 합법적인 재산이 부족하기 때문에 외부인들과 수지가 맞는 계약을 체결하지 못하고 신용을 얻지 못하며 보험이나 공익시설과 같은 서비스를 유치하지 못한다. 그들에게는 잃을 재산이 없다. 이처럼 잃을 재산이 없기 때문에 그들은 오직 가족이나 이웃과 계약할 수밖에 없는 상황에 처하는 것이다. 현재 그들은 자본주의 전 단계의 '더러운 밑바닥'에서 헤어나지 못하고 있다.

반면 선진국의 국민들은 사실상 이윤이 될 수 있다면 그 어떤 것이라도 계약할 수 있다. 그러나 초기 비용entry price에는 반드시 책임이

따른다. 이 책임이란 말은 재산이, 담보나 유치권 혹은 다른 계약자들을 보호하는 어떤 형태의 장치이든 간에 어떤 증표에 의해 뒷받침될 경우에 한층 쉽게 이해될 수 있다.

자산을 대체가 가능한 형태로 전환한다

합법적인 재산 체제의 가장 중요한 역할은 자산을 접근이 용이한 형태로 전환해 그 자산으로 부가적인 활동을 이끌어낼 수 있게 만드는 것이다. 물질적인 자산과 달리 그 자산에 대한 명시화 문서는 사업상 거래나 계약을 창출할 수 있도록 쉽게 조합하고 분리해 사용할 수 있다. 고정적이고 물질적인 상태의 자산에서 경제적인 특성을 분리해 명시화한 문서는 그 자산을 대체가 가능한 형태 즉, 사실상 모든 거래에 적합한 형태로 전환한다.

통합적인 재산 체제는 모든 자산을 표준화된 범주로 규정하기 때문에 똑같은 용도로 건설된 두 개의 다른 건물을 비교할 수 있게 만든다. 이런 기준을 바탕으로 누구나 두 자산을 직접 확인하지 않고도 그 유사점과 차이점을 빠르고 쉽게 파악할 수 있다.

서구의 표준화된 재산문서는 자산의 조합이 용이하도록 작성된다. 합법적인 재산 규칙은 자산의 독특한 사항을 표시할 뿐만 아니라 다른 자산들과 유사한 사항들까지 기술하기 때문에 자산의 잠재적인 조합이 이루어질 수 있는 것이다. 표준화된 기록을 통해 사람들은 어떤 부동산의 특정한 부분으로 이윤을 극대화할 수 있는 방법을 찾을 수 있다. 예를 들어, 그 공간을 사무실, 호텔, 서점 따위로 개조하는 방식을 통해 이윤을 얻을 수 있다.

명시화 체계는 직접 손을 대지 않고 자산을 분할하는 기능도 한다. 공장과 같은 자산은 실제 세계에서 결코 분할할 수 없지만 합법적인 재산 체제의 명시화라는 개념의 세계에서는 다양한 비율로 분할할 수 있다. 선진국의 국민들은 대부분의 자산을 주식의 형태로 분할하는데, 주주들은 저마다 다른 권리를 가지며 다른 기능을 수행한다. 이처럼 합법적인 재산이 있기 때문에 하나의 공장을 수많은 투자자들이 소유할 수 있는 것이다. 그들은 물질적인 자산에 전혀 영향을 주지 않으면서 자신들의 재산을 분할할 수 있다.

마찬가지로 선진국에서 농부인 아버지의 가업을 물려받으려는 아들은 다른 형제들에게 농장에 대한 권리를 포기하게 한 후에 그 농장을 운영할 수 있다. 그러나 개발도상국가들의 농민들에게는 이런 선택권이 없기 때문에 여러 세대에 걸쳐 끊임없이 농장을 분할해야만 한다. 결국 후손들에게는 선택의 여지가 없다. 그냥 굶어 죽든지, 아니면 도둑질을 하든지 둘 중 하나일 뿐이다.

합법적인 재산 명시화 문서는 물질적인 자산에 대한 유동적인 대안으로서의 기능도 수행한다. 이런 기능이 있어서 소유주와 기업가들은 군대에서 장교들이 지도 위에 부대와 무기를 배치하고 가상 전투를 통해 전략을 수립하는 것처럼 자산으로 이윤을 창출할 수 있는 다른 영역을 찾기 위한 가상 실험을 할 수 있다. 결국 기업가들이 회사를 성장시키고 자본을 축적하기 위한 사업 전략을 시험할 수 있는 것도 바로 재산 명시화 문서가 있기 때문에 가능한 것이다.

더불어 표준화된 모든 합법적인 재산문서들은 자산의 특성을 쉽게 파악할 수 있도록 작성된다. 만약 자산에 대한 표준화된 기록이 제때 준비되지 않았다면, 어떤 자산을 매입하거나 임대하거나 담보를 설정하려는 사람은 역시 표준화된 기록이 없는 다른 자산들과 비교하며 평가하는 데 많은 시간과 돈을 낭비하고 말 것이다. 서구의 합법적인 재산 체제는 표준화된 정보를 제공해 자산을 활용하고 유통하는 데 소요되는 비용을 크게 절감시켜준다.

일단 자산이 합법적인 재산 체제에 편입되면, 자산을 보유한 소유주들은 장난감 블록보다 훨씬 다양한 방식으로 재산을 분할하고 조합할 수 있는 엄청난 혜택을 누릴 수 있다. 서구인들이 더 큰 가치를 창출하기 위해 경제적인 환경에서 자산을 활용하는 반면에 제3세계 사람들은 대체할 수 있는 형태가 없는 물질적인 자산의 세계에서 벗어나지 못하고 허우적거리고 있을 것이다.

수많은 사람들을 네트워크로 연결한다

자산을 거래에 적합하도록 분할하고 조합하고 활성화해 여러 가지 형태로 전환하고, 소유주를 자산에, 자산을 주소에, 소유권을 시행 규칙에 차례로 적용하고 자산의 기록을 정보화해 소유주들이 쉽게 접근할 수 있게 함으로써 합법적인 재산 체제는 서구인들을 모두 개별적으로 확인할 수 있고 책임을 갖는 사업 대리인들로 전환하는 커다란 네트워크를 구축했다. 합법적인 재산 체제는 자산이 사람들 사이로 안전하게 다닐 수 있도록 이어주는 연결 장치 같은 모든 인프라를 형성한다. 합법적인 재산은 소유권을 보호한다는 측면에서 인류에게 공헌한 것이 아니다. 무단점거자들이나 주택조합, 마피아, 심지어 원시적인 부족들마저 자신들의 자산을 대단히 효과적으로 보호한다. 재산이 진정으로 인류에게 공헌한 것은 자산과 자산이 지닌 잠재력 사이에 이루어지는 의사소통의 흐름을 급진적으로 개선했다는 점이다. 더불어 재산은 소유주의 지위를 한층 강화했고, 이런 재산을 통해 소유주들은 자산을 더 큰 네트워크로 진입시킬 수 있는 경제적 대리인이 되었다.

이런 사실을 바탕으로 우리는 합법적인 재산이 전기나 수도 사업자들에게 수많은 건물에 서비스를 제공하도록 유도하는 방식을 알아볼 수 있다. 합법적으로 등록된 건물들에서 이런 서비스를 제공받는 소유주들은 서비스를 이용하고 그 비용을 지불하기 때문에 합법적인 재산 체제는 서비스의 무단 사용에 대한 위험을 감소시킨다. 또한 소재지를 파악하기 어려운 사람들에게 제대로 요금을 청구하지 못해 발생하는 경제적인 손실뿐만 아니라 사업장과 거주지가 불분명한 지역에서 사용량을 제대로 계측하지 못해 발생하는 기술적인 손실까지도 줄여준다. 만약 누가 어떤 권리를 가졌는지 알지 못하고, 합법적인 통합 체제가 존재하지 않는다면, 공익시설은 서비스에 대한 수지를 맞추는 데 상당한 곤란을 겪을 것이다. 다른 어떤 수단을 통해 서비스 수요자를 확인하고 서비스 사용 계약을 맺고 서비스 연결 체제를 구축하고 수요자들의 거주지나 건물에 접근할 수 있단 말인가? 또 어떤 방식으로 요금 청구와 사용량 계측, 손실 통제, 사기행위 통제 그리고 서비스 중단과 같은 불량 사용자에 대한 제재 조치를 실시할 수 있단 말인가?

모든 건물들은 언제나 공공시설의 종착점이다. 그것들을 '책임 있는' 종착점으로 전환시키는 것이 바로 합법적인 재산이다. 이런 사실이 믿어지지 않는 사람이라도 비서구 지역에서 운영되는 공공시설의 실태를 살펴보면 곧 깨달을 것이다. 현재 그 지역들에서 운영되고 있는 모든 공공시설의 30~50퍼센트가 서비스의 무단 사용과 더불어 기술적 · 경제적 손실로 인해 심각한 어려움을 겪고 있다.

서구의 합법적인 재산은 모든 사업 분야에 자산과 그 자산의 소유주, 확인이 가능한 주소 그리고 재산의 가치에 대한 객관적인 정보를 제공한다. 동시에 이 모든 사항은 신용정보로 기록된다. 이런 확실한 정보와 통합적인 법 체제가 존재하기 때문에 부채를 보장하기 위한 재산의 공동 출자와 보험 형태의 장치를 통해 위험 요소를 통제할 수 있는 것이다.

선진국의 합법적인 재산 체제가 평범한 시민들을 정부와 민간 부문 모두에 연결해 부가적인 생산품과 서비스를 얻을 수 있도록 유도하는 복잡한 네트워크의 중심이라는 사실을 알고 있는 사람은 드문 것 같다. 만약 합법적인 재산이라는 수단이 없다면, 서구에서 자산으로 무엇을 이룰 수 있을지 찾아내기란 대단히 어려울 것이다. 다른 어떤 수단을 통해 금융기관들이 잠재적인 수많은 차입자들의 신용을 확인할 수 있단 말인가? 오리건에서 생산되는 목재와 같은 물질적인 자산이 어떻게 시카고에서 이루어지는 산업투자를 보장할 수 있는가? 또 보험회사들은 어떻게 고객들을 찾고 그들과 계약할 수 있단 말인가? 이런 정보에 대한 조사와 확인 서비스 및 수수료는 어떤 방식으로 편리하고 저렴하게 공급되고 징수될 수 있는가? 도대체 어떻게 세금을 효과적으로 징수할 수 있단 말인가?

이처럼 건물에서 추상적인 잠재력을 이끌어내고 우리가 단순히 거주지로만 여기던 건물의 수동적인 측면을 초월해 명시화 문서로 고정하는 것이 바로 재산 체제다. 개발도상국가들에서 수많은 소유권 체제들은 모두 실패로 끝나고 말았다. 그 이유는 재산이 소유권을 초월할 수 있다는 사실을 인정하지 않았기 때문이다. 그런 체제들은 그저 자산에 대한 소유권을 표시하는 목록에 불과할 뿐, 자산이 자본으로서의 삶을 이어갈 수 있는 네트워크를 창출하는 데 필요한 부가적인 메커니즘을 제공하지는 못한다. 합법적인 소유권이 9세기 전 영국의 토지대장the Domesday Book이나 공항의 수하물 점검 설비 같은 대규모 재고품 목록 시스템들과 혼동되어서는 안 된다. 올바른 이해를 통해 제대로 고안된 재산 체제는 사람들이 자산으로 조합해 더 큰 이윤을 창출할 수 있는 네트워크를 이끌어낸다.

거래를 보호한다

서구의 합법적인 재산 체제가 마치 네트워크와 같은 효과를 발휘하는 한 가지 중요한 요인은 모든 소유권 기록(자산의 중요한 경제적인 측면을 기록한 권리증서, 증권, 계약서 등)이 끊임없이 추적되고 보호되기 때문이다. 재산이 처음으로 거치는 곳은 선진국의 명시화 체제에서 안내자 역할을 하는 공공기관들이다. 이런 기관들은 토지, 건물, 가축, 선박, 기업, 광산, 비행기에 이르기까지 자산이 지닌 경제적으로 유용한 측면들을 모두 기록한 서류철을 관리한다. 이 서류철은 어떤 자산을 사용하고자 하는 사람들에게 저당, 임대, 연체, 파산 등 그 자산의 현황을 제한하거나 강화할 수 있는 여러 가지 사항에 대해 경고하는 역할을 한다. 또 이런 공공기관들은 자산을 신속하게 갱신하고 쉽게 접근할 수 있는 적절한 형식으로 정확하게 기록되도록 관리한다.

이런 기록을 관리하는 공공기관들과 더불어 수많은 사설기관들이 자산을 고정하고 활성화하고 추적하는 업무를 보조하기 위해 생겨났다. 그들은 자산으로 쉽고 확실하게 잉여가치를 창출할 수 있게 한다. 여기에는 거래기록 관리업체, 중계업체, 결산 대행업체, 감정평가사, 재산보험회사 및 신용보험회사, 근저당 설정 회사, 신용서비스회사, 사문서 관리인에 이르는 여러 개인적인 조직들이 포함된다. 미국에서 재산보험회사들은 소유권에 대한 결격 사유에서 저당권의 시행 불가나 소유권의 시장성 상실에 이르기까지 특정한 위험 요소를 보장하는 정책을 책정해 명시화 과정을 더욱 활성화하는 데 도움을 준다. 이런 사설기관들은 법이 규정한 문서 추적 범위나 저장 시설 및 직원의 수를 통제하는 엄격한 운영 기준을 준수해야만 한다.

이 조직들은 소유권과 안전한 거래를 모두 보장하기 위해 설립되었지만 서구의 체제들은 분명히 안전한 거래에 중점을 두고 있다. 즉, 모든 거래에 대한 신뢰를 보장하는 데 중점을 두기 때문에 사람들은 자신들이 보유한 자산이 자본으로 살아갈 수 있는 기회를 보다 쉽게 창출할 수 있다.

그러나 대부분의 개발도상국가들에서 법 체제와 공공기관은 소유권의 보호에만 치중하는 초창기 식민지 법과 로마법의 영향을 받고 있다. 그들은 과거의 인습에서 벗어나지 못하는 허울뿐인 수호자가 되어버렸다. 이런 까닭에 서구의 재산 체제에서는 자본이 쉽게 창출되지만 개발도상국가들과 과거 사회주의국가들에서는 대부분의 자산이 활성화되지 못하고 다른 길을 찾아 합법적인 체제에서 빠져나가고 있는 것이다.

서구는 안전한 거래의 보장에 중점을 두기 때문에 국민들은 많은 거래를 하지 않아도 엄청난 양의 자산을 유통할 수 있다. 개발도상국가들과 과거 사회주의국가들에서는 지난 수천 년 동안 그랬던 것처럼 아직도 시장에서 돼지를 거래하기 위해 일일이 돼지를 운반해야 하는 반면 서구의 상인들은 그저 돼지에 대한 권리를 명시화한 문서를 시장에 가져오기만 하면 되는 이유를 다른 어떤 방식으로 설명할 수 있단 말인가? 예를 들어, 시카고의 상품거래소에서 상인들은 명시화 문서로 거래를 시도하는데, 그 문서는 실제로 돼지를 일일이 검사하는 것보다 훨씬 많은 정보를 제공한다. 그들은 거의 아무런 걱정도 하지 않으면서 엄청난 양의 돼지를 안심하고 거래할 수 있다.

자본의 이해

통합적인 재산 체제가 발휘하는 여섯 가지 효과를 통해 서구인들에게 집은 더 이상 단순히 비나 추위를 피하는 공간이 아니라는 사실을 알 수 있다. 명시화된 실체로서 이런 집은 지금까지 유례가 없었던 경제적인 역할을 하며 또 하나의 삶을 누릴 기회를 얻었다. 합법적인 통합 재산 체제는 두 가지 핵심적인 기능을 한다. 첫째, 우리가 신속하게 알 수 있는 방식으로 명시화해 자산의 경제적 속성을 파악하는 비용을 대폭적으로 감소시킨다. 둘째, 더 많은 생산을 창출하고 노동 분화를 촉진하는 데 자산을 사용하도록 유도한다. 서구의 천재들은 인간의 눈으로는 절대로 볼 수 없는 심리적인 가치를 파악하고 손으로 결코 만질 수 없는 것들을 조작하는 체제를 창조하려고 했던 것이다.

수세기 전에 학자들은 우리가 사용하는 '자본capital'이란 단어의 의미를 연구했는데, 자본이라는 말은 라틴어의 '머리'라는 단어에서 유래했다. 머리란 우리가 자본을 창출할 수 있는 도구들을 보관하고 있는 장소였다. 이 사실은 자본이 언제나 미스터리로 남아 있는 이유가 에너지와 마찬가지로 자본도 오직 정신으로만 찾아내고 관리할 수 있기 때문이라는 것을 암시한다. 자본을 직접 만질 수 있는 유일한 방법은 재산 체제를 통해 재산의 경제적인 측면을 종이에 기록해 특정한 소유주에게 귀착시키는 것이다.

그러나 재산은 단순히 종이쪽지에 불과한 것이 아니라 시장경제가 운영되는 데 필요한 대부분의 요소를 포착하고 저장하는 매개체다. 재산은 사람들에게 책임을 지우고 자산에 여러 형태를 부여하고 거래를 추적해 통화 및 금융 체제가 원활히 운영되게 만들었다. 또한 재산은 투자가 제 기능을 발휘하게 하는 데 필요한 모든 메커니즘을 제공해 그 체제의 토대를 마련했다. 따라서 자본과 돈의 연계는 재산을 통해 이루어진다.

통화당국은 법화(法貨)의 발행 여부를 결정하는 역할을 담당한다. 오늘날 재산의 소유권에 대한 합법적인 기록과 거래 상황을 추적하는 궁극적인 수단은 바로 기록된 정보다. 1976년에 인지과학자 조지 밀러와 필립 존슨 레어드는 이런 기록을 남겼다. "화폐 통화의 기원은 부채를 기록하는 장부에서 찾을 수 있다. 따라서 돈은 … 재산 제도를 전제로 한다."[9] 자산의 경제적 특성들을 고정해 상업적 · 경제적 거래를 보장하고 궁극적으로 중앙은행이 발행하는 돈에 정당성을 부여하는 것은 바로 재산의 문서화다. 신용을 창출하고 투자를 유도하는 과정에서 사람들이 불편하게 여기는 것은 물질적인 자산 그 자체가 아니라 소유권이나 주식 등 법률에 따라 전국적으로 시행되는 합법적인 재산 명시화 문서다. 돈으로는 돈을 벌지 못한다. 먼저 재산에 대한 권리가 있어야 돈을 벌 수 있다. 대부업 역시 그 돈으로 돈을 벌어들이는 유일한 방법은 원금과 이자에 대한 권리를 설정하는 일종의 재산문서에 돈을 빌려주거나 투자하는 것이다. 다시금 강조하지만 돈은 재산을 전제로 한다.

저명한 독일 경제학자 군나르 하인손과 오토 슈타이거는 이렇게 지적했다. "재산의 관점에서 보면, 돈은 결코 무에서 창출되지 않는다. 재산은 분명히 돈이 존재하기 전에 이미 존재하고 있었다."[10] 또한 그들은 "재산 제도가 없다면 결코 이자와 돈에 대한 개념을 이해할 수 없다."[11]는 글을 남겼는데, 중앙은행이 화폐를 발행할 뿐만 아니라 일반은행의 지불 능력을 지원한다는 대중적인 오해로 인해 그 관계가 애매해진다고 주장했다. 그들의 견해에 따르면, 사람들이 육안으로 보지 못하는 것은 "모든 선진국들에서 보증(합법적인 재산문서)을 통한 은행 업무가 원활히 이루어지고 있다"는 사실이다.[12] 그들은 자본주의의 기반이 바로 재산권이라고 주장한 헤럴드 뎀세츠의 견해에 동조하면서 돈의 창출을 보장하는 것은 바로 재산권이라는 사실을 암시했던 조지프 슘페터의 견해에 주목했다. 톰 베텔은 자신의 저서 《위대한 승리 *The Noblest Triumph*》에서 대단히 훌륭한 지적을 했다. "수많은 사유재산 체제들은 단 한 번도 적절하게 분석되지 않았다."[13]

앞서 내가 언급했던 것처럼 자본은 돈에 의해 창출되지 않는다. 자본은 재산 체제를 바탕으로 부가적인 생산을 이끌어내기 위해서, 축적한 자산을 활용할 방법을 적극적으로 찾는 사람들에 의해 창출되는 것이다. 지난 20년 동안 서구에서 일어난 현저한 자본의 증가는 점진적인 재산 체제의 개선으로 인한 결과다. 이런 재산 체제의 개선을 통해 경제 주체들은 자산의 잠재력을 발견하고 확인해 부가적인 생산을 이끌어내기 위한 돈을 창출하는 위치에 설 수 있었다.

우리는 겨울을 나기 위해 음식을 저장하는 다람쥐들과는 다르다. 우리는 다양한 방식으로 재산 제도를 활용하면서 우리가 축적한 것들에 또 하나의 생명을 부여하는 방법을 찾았다. 선진국들이 경제의 진화를 추적할 수 있는 공개된 자산과 확립된 재산 체제에 대한 모든 정보를 수집했을 때, 그들은 자본을 창출하기 위한 기반이 될 수 있는 모든 제도적 장치를 하나로 통합할 수 있었다. 만약 자본주의가 의식을 지니고 있다면, 그것은 합법적인 재산 체제의 내부에 자리하고 있을 것이다. 그러나 의식과 관계된 사항들이 대부분 그런 것처럼 오늘날 '자본주의'와 관계된 것들도 대개 잠재의식의 수준에서 운영되고 있다.

자본이 추상적이며 고정하기 어렵다는 사실을 알았던 과거의 경제학자들은 왜 자본과 재산의 연관 관계를 생각하지 않았던 것일까? 그 한 가지 이유로 스미스나 마르크스 시대의 재산 체제는 아직 지극히 제한적이고 완전히 개발되지 않았기 때문에 그 중요성을 판단하기 어려웠다는 사실을 들을 수 있다. 어쩌면 그보다 더 중요한 이유는 자본주의의 미래에 대한 전투가 책을 통한 이론가들의 연구에서 기업가와 금융가, 정치가와 법학자들의 방대한 네트워크로 전환되었기 때문일 수도 있다. 점차 전세계의 관심은 시간이 지날수록 추상적인 이론에서 실제적인 거래로 집중되고 있다.

일단 자본주의라는 거대한 기계가 확실히 자리잡고 경영자들이 부를 창출하기 위해 분주히 움직이면, 그것이 존재하는 방식에 대한 문제는 중요성을 상실하고 만다. 기나긴 강의 하류에 위치한 비옥하고 풍요로운 삼각주에 사는 사람들처럼 자본주의의 옹호자들은 이런 번영을 가져다주는 원천인 강 상류를 탐험할 필요성을 절실하게 느끼지 못한다. 왜 그런 걸까? 냉전이 끝나면서 자본주의는 개발을 위한 유일한 대안이 되어버렸다. 따라서 비서구 국가들은 서구에게 도움을 요청했고, 서구는 그들에게 비옥한 삼각주의 생활 방식을 모방하라는 조언을 제시했다. 안정된 통화, 시장과 개인사업 부문의 개방, 소위 '거시경제와 구조조정을 통한 개혁'이라는 목표를 달성하라는 것이었다. 모든 사람들은 풍요로운 삼각주의 생활이 아직까지 탐험하지 않은 미지의 영역인 강 상류에서 비롯된다는 사실을 망각하고 있었다. 보편적으로 접근할 수 있는 합법적인 재산 체제는 근대 자본의 번영을 가져다준 지점인 강 상류에 쌓인 채 그대로 방치되어 있다.

이런 현상은 거시경제학적인 개혁이 효과를 거두지 못하는 한 가지 주요한 원인이다. 단지 비옥한 삼각주 수준의 자본주의를 모방하는 것만으로 부를 창출하기에는 부족한 부분이 너무나 많다. 자본이 필요하다. 그리고 자본을 창출하기 위해서는 우리 모두가 인정하는 복잡하고 강력한 합법적인 재산 체제가 필요하다.

브로델의 비유, 종 모양 단지

개발도상국가들과 과거 사회주의국가들에서 가난한 사람들이 발생하는 이유는 대체로 그들에게 재산이 제공하는 여섯 가지 효과의 혜택을 누릴 수 있는 능력이 부족하기 때문이다. 이런 국가들이 직면한 도전 과제는 더 많은 돈을 창출하거나 얻는 것이 아니라 합법적인 제도를 이해하고 가난한 사람들도 쉽게 접근할 수 있는 재산 체제를 구축하는 데 필요한 정치적인 의지를 이끌어내는 것이다.

프랑스의 역사학자 페르낭 브로델Fernand Braudel은 오늘날 전세계 다른 지역들에서 그런 것처럼 서구의 자본주의가 초창기부터 오직 소수의 특권층만을 위해 운영되었다는 엄청난 미스터리를 발견했다.

가장 중요한 문제는 과거에 내가 자본주의자라고 불렀던 사회 계층이 마치 종 모양 유리 단지에 담긴 것처럼 사회의 다른 요소들과 분리될 수밖에 없었던 이유를 찾아내는 것이다. 어째서 그것은 세력을 확장해서 사회 전체를 장악할 수 없었던 것일까? … 자본의 상당 부분이 오직 특정 분야들에서만 형성되고 그 당시의 시장경제 전체에 형성되지 않았던 이유는 무엇인가? 어쩌면 다른 모든 것들이 부족하다고 해도 돈은 확실히 부족하지 않다고 말하는 것은 지나치게 역설적일지도 모른다. … 결국 지금은 가난한 사람들의 토지가 모두 팔리고 그곳에 방대한 거주지가 들어서고 거대한 기념비가 세워지고 호화로운 시설이 만들어지는 시대다. … 도대체 우리는 메디치 가문이 이끈 화려한 피렌체의 모습과 그 당시의 침체된 경제 현실 사이에 존재하는 모순을 어떻게 풀어낼 것인가?[14]

나는 브로델의 질문에 대한 해답을 지난날 서구에서뿐만 아니라 오늘날 개발도상국가들과 과거 사회주의국가들에서도 한결같이 합법적인 재산에 대한 접근이 제한되어 있었던 상황에서 찾을 수 있다고 생각한다. 물론 그 나라와 해외의 투자자들은 모두 자본을 보유하고 있다. 그들의 자산은 합법적인 재산 체제를 통해 어떤 형태로든 통합되고 형태가 전환되고 복잡하게 연결되고 보호된다. 그러나 전문 변호사를 선임하고 내부의 관련자들과 연계하고 재산을 합법적으로 인정받기 위한 인내심까지 두루 갖추고 있는 사람들은 극히 소수에 불과하다. 대다수는 합법적인 재산 체제를 통해 명시되는 노동의 열매를 얻지 못한 채 브로델이 비유한 종 모양 단지 외부에서 살아가고 있다.

종 모양 단지는 자본주의를 오직 극소수의 특권 계층에게만 열려 있는 사적인 클럽으로 만들며 외부에서 들여다보는 수십 억 명에 달하는 소외된 사람들을 분노에 휩싸이게 했다. 이 자본주의 격리 정책은 수많은 국가들에서 대다수의 국민들이 합법적인 재산 체제에 진입하는 것을 막는 법률과 정치체제의 결정적인 결함을 해소할 때까지는 어쩔 수 없이 지속될 것이다.

이제 대부분의 국가들에서 누구에게나 개방적이고 합법적인 재산 체제를 구축하지 못하는 이유를 찾아야 할 시기가 되었다. 현재 제3세계와 과거 사회주의국가들은 종 모양 단지를 들어올리고 자본주의 체제를 시행하기 위해 야심에 찬 시도를 하고 있다.

그러나 그 해답을 찾기 전에 여러 국가들의 정부들이 종 모양 단지가 존재한다는 사실을 발견하는 데 그토록 오랜 시간이 걸리는 이유와 관련된 미스터리를 풀어야만 한다.

3장

정치의식의 미스터리

달려, 달려! 개들이 소리내어 짖는다,

거지들이 마을로 들어오고 있다.

어떤 이들은 누더기를 걸치고 있고

또 어떤 이들은 허름한 옷을 걸치고 있고,

그런데 어떤 이들은 비단옷을 입고 있다

영국 동요

인구 이동을 막는 거주지 제한법의 실패가 개발도상국가들에서는 지난 40년 동안 그리고 과거 사회주의국가들에는 지난 10년 동안 지속되어 왔다. 1979년 덩샤오핑의 경제개혁이 시작된 이후로 1억 명에 달하는 중국인들이 불법적인 직업을 찾기 위해 합법적인 집을 등지고 떠났다. 베이징에는 300만 명의 불법 이주민들이 몰려들면서 도시 외곽 지역에 그들의 노동력을 착취하는 공장들이 난립했다. 이런 식으로 도시의 규모는 포르토프랭스가 15배, 과야킬이 11배, 카이로가 4배나 확장되었다. 이제 암시장은 러시아와 우크라이나 국내총생산GDP의 50퍼센트를 차지하고 있고, 그루지야에서는 무려 60퍼센트라는 엄청난 비중을 점하고 있다. 국제노동기구ILO는 1990년 이후에 남미와 카리

브 해 국가들에서 생겨난 새로운 일자리의 85퍼센트는 불법적인 영역에서 비롯된 것이라고 보고했다. 잠비아에서는 합법적인 고용자가 전체 노동인구의 고작 10퍼센트에 불과하다.

이런 국가들은 여기에 대해 어떤 조치를 취하고 있는가? 대단히 많은 노력을 기울이고 있다. 그들은 소매를 바짝 걷어올리고 모든 문제에 대해 개별적으로 대처하고 있다. 일례로 1999년 8월에 방글라데시 정부는 수도 다카에 존재하는 5만 가구의 빈민촌을 철거했다. 그리고 철거가 불가능한 지역에는 공유지와 사유지를 점유한 수백 만에 달하는 무단점거자들을 위해 학교와 도로를 건설했다. 전세계적으로 주거지역을 공업 지역으로 전환시키고 있는 불법적인 공장들을 지원하기 위해 각국의 정부는 재정 프로그램을 운영했다. 그들은 거리를 점거하고 있는 지저분한 노점상들을 개선하고, 광장을 배회하는 부랑자들을 내쫓고 그곳에 화단을 만들었으며, 1999년에 발생한 터키 대지진 사태를 거울삼아 건축 및 안전규정을 한층 강화했다. 또한 도로를 달리는 버스와 택시가 최소한의 안전기준을 준수하도록 계도했고 상수도와 전기의 무단 사용을 강력히 제재했으며 특허권과 저작권을 시행하기 위해 노력했다. 그들은 조직폭력배와 마약 중개상을 검거하여 수감하거나 처벌했고 소외된 계층에서 발생할 수도 있는 극단적인 정치세력을 억제하기 위해 보안 체제를 강화했다.

모든 문제들에 대해 학자들로 구성된 전문가들이 세심하게 연구했고 그런 문제들에 대처하기 위해 자체적인 정치 프로그램을 마련했다. 그러나 전세계적으로 산업혁명이 일어나고 있다는 사실을 깨닫고 있는 사람은 거의 드물었다. 소규모의 생활권에서 대규모의 생활권으로 전환되는 거대한 움직임이 일어나고 있었다. 다소 차이는 있지만 서구권 바깥의 사람들은 자급자족은 되지만 소외된 지역사회를 떠나서, 상호의존성이 높은 대도시들로 이주하고 있다. 더 나은 삶을 살려는 소망 때문이다.

사람들은 제3세계와 과거 사회주의국가들이 약 2세기 전에 서구가 겪었던 것과 거의 흡사한 산업혁명을 경험하고 있다는 사실을 전혀 모르고 있다. 다만 차이점이라면 이 새로운 혁명은 엄청나게 빠른 속도로 전개되면서 훨씬 더 많은 사람들의 생활에 변화를 가져오고 있다는 것이다. 영국에서는 250년에 걸쳐 농장에서 컴퓨터로 전환되는 동안에 고작 800만 명만이 그 혜택을 받았다. 인도네시아는 그와 똑같은 과정을 불과 40년 만에 이루었고 무려 2억 명에 달하는 사람들이 그 혜택을 누렸다. 물론 이런 제도를 적용하는 데 오랜 시간이 걸린다는 사실은 의심할 여지가 없다. 그러나 그들은 반드시 적용해야만 했다. 엄청난 인파가 고립된 사회에서 벗어나 끝없이 팽창하는 경제적·지적 교류의 울타리 안으로 밀려들었다. 자카르타, 멕시코시티, 상파울루, 나이로비, 봄베이, 상하이, 마닐라를 인구 1천만 명에서 3천만 명에 달하는 대도시로 변모시키면서 정치제도와 법률제도를 혼란에 빠뜨린 주범이 바로 그들이다.

법질서가 경제적·사회적 격동에 보조를 맞추지 못하면서 새로운 이주민들은 기존의 법 체제를 대체할 불법적인 체제를 고안했다. 선진국들에서는 이미 온갖 방식의 익명 거래가 보편화되어 있지만 개발도상국가들의 이주민들은 오직 자신들과 안면이 있고 신뢰할 수 있는 사람들과 거래할 수밖에 없다. 이처럼 비공식적이고 임시적인 사업 방식은 큰 효과를 발휘하지 못한다. 스미스가 지적했던 것처럼 시장이 더 확장될수록 노동분업은 더 세밀해질 수 있는 것이다. 그리고 노동분업이 심화되면서 경제는 더 효율적으로 운영되고 더불어 임금과 자본의 가치는 상승한다. 법 체제의 붕괴로 인해 기업가들이 외부인들과 협상하기 어려워지면, 노동분업은 이루어지지 않으며 기존의 기업가들이 특화할 분야는 협소해지고 높은 생산성에 도달할 수 없다.

서구에서 기업가 정신이 성공할 수 있었던 요인은 법 체제를 통해 모든 사람들이 하나의 재산 체제로 통합되면서, 이 확장된 시장에서 방대한 잉여가치를 조합하고 창출할 수 있는 여러 가지 수단이 제공되었기 때문이다. 오늘날 서구 선진국들에서 정보통신 기술이 꾸준히 성장할 수 있었던 원동력은 재산권 체제가 필요로 했던 모든 사항들이 이미 확립되어 있었기 때문이다. 합법적인 통합 재산 체제는 자본을 창출하는 잠재력을 증대하는 더 큰 네트워크를 이끌어내면서 폐쇄적인 집단들을 대부분 해체시켰다.

인구에 따른 효용성으로 정의되는 네트워크의 가치는 대체로 사용자 수의 제곱에 비례한다. 한 가지 좋은 사례로 전화 네트워크를 들 수 있다. 한 대의 전화기는 전혀 쓸모가 없다. 도대체 누구에게 전화를 건단 말인가? 두 대의 전화기는 그나마 나은 편이지만 효용성은 그다지 크지 않다. 오직 인구의 대다수가 전화기를 사용할 경우에만 이 네트워크의 위력은 사회변화를 이끌어낼 수 있는 완전한 잠재력을 갖출 수

있다.[1]

사람들이 그런 생각을 하기 여러 해 전부터 이미 존재했던 컴퓨터 네트워크와 마찬가지로 재산 체제는 광대한 네트워크에서 서로 연결될 때 어마어마한 위력을 발휘할 수 있다. 이런 상태에서 특정한 재산권이 지닌 잠재력은 그 소유주나 이웃 혹은 주변 사람들의 사고 범위에 한정되는 것이 아니라 광대한 네트워크로 연결된 다른 모든 사람들의 사고 범위까지 확대될 수 있다. 그러면 사람들은 오직 하나의 법 체제를 준수할 수밖에 없는데, 그 이유는 그 법 체제가 없으면 자신들의 번영도 끝날 거라는 사실을 깨닫기 때문이다. 이런 상태가 정착되면 정부는 자산이 새어나가는 빈틈을 막기 위해 분주히 움직이지 않고 비로소 개발을 위한 정책을 시행할 수 있다. 오늘날 정부와 시장경제는 합법적인 통합 재산 체제가 없이는 존립할 수 없다. 오늘날 비서구 시장에 존재하는 대부분의 문제들은 주로 자체적인 재산 규약의 분열이나 자산을 보유한 경제적 대리인들의 상호교류와 법 체제를 통해 정부의 통제를 가능하게 하는 표준 규범의 부재로 인해 발생한다.

개발도상국가와 과거 사회주의국가에서 선진국으로 이주하는 사람들은 궁극적으로 잘 개발된 제도를 통해 네트워크화된 재산 체제에 흡수되어 스스로 잉여가치를 창출할 수 있다. 그러나 비서구 국가들 내부에서 이주한 사람들은 이런 방식으로 체제에 수용되지 못하고 있다. 만약 수용된다고 하더라도 그 과정이 신속하게 이루어지지는 않는다. 가난한 국가들은 이주민들을 합법적인 영역으로 통합하고, 그들이 보유한 자산을 여러 형태로 고정하고, 자산의 소유주들을 책임 있는 대리인으로 만들고, 그들에게 합법적인 방대한 시장에서 생산성을 발휘하고 자본을 창출할 수 있도록 유도하는 연결 장치를 제공하는 확실한 제도를 갖추지 못하고 있다. 결국 이주민들은 법 체제를 위반하면서 기존의 법과 제도를 대신해 확장된 시장에서 조합할 수 있는 여러 가지 불법적인 규약을 고안해냈다.

따라서 정치의식의 공백은 불법적인 영역의 성장과 기존 법질서의 붕괴가 소규모 생활권에서 대규모 생활권으로 전환되는 과정에서 일어난다는 사실을 깨닫지 못하기 때문에 발생한다. 여러 국가들의 지도자들이 간과하고 있는 사실은 정부가 자신들에게 하나의 합법적인 재산 체제를 제공할 수 있을 때까지 사람들이 정규 체제에서 분리된 불법적인 집단을 조직한다는 것이다.

비서구 국가들의 근본적인 문제는 사람들이 도시의 중심부로 이동한다거나 쓰레기들이 쌓여간다거나 기본 시설이 불충분하다거나 농촌이 황폐화된다는 것이 아니다. 이 모든 현상들은 과거에 선진국들에서도 발생했던 것들이다. 이 세기에 들어서 미국의 LA는 인도의 캘커타보다 빠른 속도로 성장했고, 일본의 도쿄는 그 규모 면에서 인도의 델리보다 3배나 커졌다. 사실 가장 심각한 문제는 비서구 지역에서 일어나는 혼란스러운 상황의 대부분이 부정적인 문제들보다는 개혁 운동으로 인한 결과라는 사실을 깨닫지 못한다는 데 있다. 일단 이런 개혁 운동의 잠재적 가치가 발휘되기 시작하면, 많은 문제들은 해결하기 쉬워질 것이다. 개발도상국가들과 과거 사회주의국가들의 정부는 혁명적인 노동분업을 통한 지속적인 변화에 적응할 수 있는 체제를 고안하거나 불법이 난무하는 혼란 속에서 살아가는 것 중에서 선택을 해야만 한다. 그러나 실제로는 그다지 선택의 여지가 없다.

어째서 모든 사람들이 실질적인 문제를 간과했던 것일까? 거기에는 두 가지 이유가 존재한다. 첫째, 우리는 지난 40년 동안 법 체제를 벗어난 영역에서 자체적인 법적 규약을 마련한 새로운 기업가 계층이 전세계적으로 급속도로 증가했다는 사실을 알지 못하고 있다. 여러 국가들의 정부는 그저 엄청난 인파의 유입과 불법 노동자의 증가 그리고 질병과 범죄로 인한 위협만을 걱정하고 있을 뿐이다. 따라서 건설 담당 부처를 비롯해 보건과 법을 담당하는 부처에 이르는 여러 부처들이 각기 해당 분야의 문제에만 집착하고 있는 동안 그 누구도 이런 혼란의 진정한 원인이 인구의 폭증, 도시의 성장, 가난한 소외계층 따위가 아니라 바로 시대에 뒤떨어진 합법적인 재산 체제 때문이라는 사실을 전혀 감지하지 못하고 있다.

우리는 코끼리를 만지는 여섯 명의 맹인과 같은 상태에 처해 있다. 첫 번째 사람은 코끼리의 코를 만지며 뱀과 같다고 생각한다. 두 번째 사람은 꼬리를 만지며 코끼리가 밧줄이라고 생각한다. 세 번째 사람은 커다란 날개처럼 생긴 코끼리의 귀에 매료된다. 또 다른 한 사람은 다리를 만지며 코끼리가 나무라고 결론짓는다. 그러나 누구도 코끼리의 전체 모습을 보지 못하기 때문에 그들은 이 거대한 문제에 대처하기 위한 실제적인 전략을 수립할 수 없다.

앞서 우리가 살펴보았던 것처럼 개발도상국가와 과거 사회주의국가의 가난한 사람들은 세계인구의 3분의 2를 차지하고 있다. 하지만 그들은 아무런 대안도 없이 그저 법 체제의 외부에서 살아갈 수밖에 없다. 그들은 풍부한 자산을 보유하고 있지만 어떤 법도 그들의 재산권을 확실히 규정하지 않고 있다. 남미에서 새로 생겨난 일자리의 85퍼센트를 차지하는 수백 만 명에 달하는 노동자들과 베이징 외곽 지역에서 운영되는 무허가 공장에서 일하는 3백만 명의 중국인들 그리고 국내총생산의 절반을 창출하는 수많은 러시아인들은 이처럼 불법적인 규약의 토대에서 살아가고 있다. 이따금 이런 불법적인 재산규약은 공공연히 합법적인 성문법에 역행하는 모습을 보이기도 한다. 그것이 바로 우리 앞에 놓인 코끼리인 것이다.

아직 개발되지 않았거나 불법적인 대규모 영역에서 경제적으로 번영하는 소집단들이 등장하고 있다. 나는 이런 현상을 자본주의 전환과정에서 만나는 문제적이지만 불가피한 징후라고 생각하지는 않는다. 오히려 그런 빈곤의 바다에 떠 있는 번영하는 소집단은 국가가 대다수의 국민들이 존중하고 따를 수 있는 합법적인 재산권을 창출하는 능력이 매우 부족함을 드러낼 뿐이다.

두 번째는 자신들이 직면한 문제들이 결코 새로운 것이 아니라는 사실을 좀처럼 인식하지 못한다는 것이다. 오늘날 전세계의 여러 개발도상국가와 과거 사회주의국가에서 도시로 유입되는 이주민들과 그로 인해 발생하는 불법적인 문제들은, 지난날 서구의 선진국들이 산업혁명을 거치면서 겪었던 상황들과 대단히 흡사하다. 이제 제3세계와 과거 사회주의국가들도 그런 문제들을 인식하고 하나씩 차근차근 해결하기 위해 총력을 기울이고 있다. 과거의 경험을 통해 서구는 이런 빈곤을 타개하기 위한 단편적인 정책과 일시적인 미봉책만으로는 부족하다는 교훈을 남겼다. 국민들의 생활 수준은 오직 정부가 노동분업을 촉진하기 위해 법과 재산 체제를 개선할 경우에만 상승했다. 통합적인 재산 체제를 바탕으로 생산성을 증대할 수 있는 능력을 갖출 때 평범한 서민들도 끊임없이 확대되는 시장에서 전문화를 이루고 자본을 증식할 수 있었던 것이다.

체제 밖의 세계, 오늘날 제3세계의 사례

어째서 우리는 이 새로운 산업혁명이 다가오고 있다는 사실을 알지 못하는 걸까? 나와 동료들이 페루에서 연구를 시작할 당시인 1980년대에 대부분의 공무원들은 우리가 사는 세계가 전체적으로 법에 의해 원활히 통제되고 있을 거라고 생각했다. 남미는 유구하고 잘 정비된 훌륭한 법 전통을 유지하고 있었다. 물론 가난한 사람들은 법 체제를 벗어난 직장과 재산을 가졌지만 이런 불법적인 영역은 상대적으로 규모가 작았기 때문에 '주변적인' 문제에 불과했다. 선진국들도 나름대로 빈곤과 실업과 암시장의 문제로 고민했고, 우리도 자체적인 문제들로 곤란을 겪었다. 이런 문제들은 대체로 경찰이나, 자국에서 생겨난 병리현상들을 연구하는 데 전념하는 소수의 학자들이 해결해야 할 몫이었다. 빈민들은 기껏해야 〈내셔널 지오그래픽〉이나 TV 다큐멘터리 〈디스커버리 채널〉에 훌륭한 기사거리를 제공하는 대상일 뿐이었다.

그러나 단 한 사람도 정확한 자료를 확보하지 못했다. 심지어 빈민들의 생계 수단과 그들이 보유한 자산의 정확한 규모를 파악할 수 있는 방법조차 알지 못했다. 나와 동료들은 책과 학술지는 물론 정부의 통계 자료와 지도까지 모두 팽개치고 이 문제에 대한 실질적인 전문가들을 찾아 나섰다. 바로 그 문제의 당사자들인 빈민들이었다. 이런 실상을 보고 듣기 위해 거리로 나섰을 때 우리는 깜짝 놀랄 만한 사실을 발견했다. 예를 들면, 페루의 건설산업은 침체기에 빠져 있었다. 건축 공사는 감소했고 노동자들은 해고되었다. 그러나 이상하게도 건축 자재 판매상의 시멘트 판매고는 꾸준히 늘어났다. 그 양은 상당한 규모였다. 구체적인 사항을 조사한 우리는 빈민들이 그 어느 때보다 많은 양의 시멘트를 구입했다는 사실을 알았다. 그들이 보유한 집과 건물 그리고 운영하는 사업은 합법적인 소유권과 등록이 이루어지지 않았기 때문에 정부의 경제학자들과 통계학자들이 관리하는 컴퓨터 스크린에 나타나지 않는다. 우리는 개발도상국가들의 도시에서 외부로 드러나지 않는 독립적이고 불법적인 경제가 활기차게 돌아가고 있다는 사실을 알 수 있었다. 일례로 1995년에 브라질의 건설산업은 고작 0.1퍼센트의 성장률을 보였지만, 1996년 상반기의 시멘트 판매량은 거의 20퍼센트나 증가했다. 독일 모건 그렌펠 분석Deutsche Morgan Grenfell analysis에 의하면, 이처럼 이상한 현상이 발생하는 이유는 그 지역에 존재하는 건물의 60~70퍼센트가 아예 등록조차 되어 있지 않기 때문이다.[2]

우리는 불법적인 영역이 결코 사소한 문제가 아니라는 사실을 깨달았다. 그것은 대단히 심각한 문제였다.

확장되는 도시들

도시로 향한 이주는 1960년대 대부분의 개발도상국가들에서 그리고 1980년대 중국에서 급속도로 증가했다. 여러 가지 이유가 있겠지만 자급자족이 가능한 공동체들이 고립된 생활을 포기하고 차츰 도시에 흡수되기 위해 노력하기 시작했던 것이다. 예를 들어 1980년대 이후로 수백 만에 달하는 중국 농민들은 여러 도시에 모여들어 불법적인 집단을 이뤘다. 〈베이징 유스 데일리〉가 "이주민들에 대한 관리가 도저히 통제할 수 없는 상태에 이르렀다"[3]는 기사를 내보내기까지 했다.

지중해 연안 국가들에서도 이와 유사한 현상이 일어났다. 헨리 볼드릭은 2차 세계대전 이후 터키에서 도시로 향한 이주민들이 정부가 소유한 국유지에 거주지를 마련했다고 말했다. 게세콘두스gecekondus라는 명칭으로 알려진 이런 임시 주택은 이제 터키 도시인구의 절반이 거주하는 집이 되었다. 일부 게세콘두스는 합법적인 승인을 받아서 시에서 제공하는 서비스의 혜택을 받기도 하지만 대다수는 여전히 불법적인 상태로 남아 있다.[4]

필리핀에서 발행되는 신문 〈비즈니스 월드〉는 정부에 이런 요구를 했다. "우리의 도시들을 혼란스럽게 만들며 폭발할 지경에 이르게 한 인파를 근절하고 … 당신들도 콘크리트와 엉성한 벽돌로 만든 바롱바롱barong-barong들을 보았다면 깜짝 놀라고 말 것이다. 도대체 정부는 여러 도시에서 증가하는 노숙자들과 무단점거자들의 문제에 대해 어떤 조치를 취하고 있는가?"[5]

나를 포함한 일부 연구자들은 남아프리카 공화국에서 불법적인 부동산 영역이 두 번째 대규모 확장을 하기 직전에 있다고 믿고 있다. 1998년에 〈뉴스위크〉는 "남아프리카 공화국에서 점점 더 많은 흑인들이 모든 도시들에 산재한 무단점거자 집단과 빈민촌에 모여들고 있다는 기사를 보도했다. 인종차별 정책이 시행되는 그곳에서 인종에 따라 통행을 제한하는 법은 수많은 흑인들을 농촌에 머무를 수밖에 없게 만들었다. 이제 그들은 자유롭게 여행하지만 결코 편안하지는 않다."[6] 〈이코노미스트〉는 이런 경향을 확인했다. "백인에 대한 배타적인 정치적 폭력은 결코 형체를 드러내지 않지만 인종차별이 폐지되면서 가난한 흑인들이 부유한 백인들의 영역에 진입하기가 한층 쉬워질 것이다."[7]

이집트에서 지식인들과 관료들은 한동안 그 문제를 인식하고 있는 듯했다. 최근의 한 보고서에 의하면, 1947년에서 1989년까지 "이집트의 도시인구는 620만 명에서 2,346만 명으로 증가했다."[8] 제라드 바르틀레미가 수집한 자료를 보면, 1950년 14만 명이던 포르토프랭스의 인구는 1988년에 155만 명으로 증가했고 현재 200만 명에 육박하고 있다. 그는 이 엄청난 인구의 3분의 2가 빈민촌이나 소위 판자촌으로 불리는 곳에서 살고 있다고 추정했다.[9]

멕시코에서 민간 부문은 점차 이런 불법적인 현상을 인식하면서 적극적으로 대처하기 위한 노력을 펼쳤다. 한 뉴스에서는 이런 내용을 보도했다.

1987년에 발표된 민간부문 경제연구센터Center for Private Sector Economic

Studies의 연구 자료에 의하면, 불법적인 경제 영역은 멕시코 국내총생산의 28퍼센트에서 39퍼센트를 창출했다. 또 같은 기관의 1993년 연구자료에 의하면 … '등록되지 않은 불법적인 분야'에서 종사하는 사람들의 수가 전체 노동인구 2천 3백만 명 가운데 8백만 명에 달한다고 추정된다. … 합법적으로 등록된 17만 6천 개의 소규모 집단을 대표하는 멕시코시티 중소기업 상공회의소의 안토니오 몬티엘 게레로 회장은 "모든 공식적인 사업에는 두 가지 비공식적인 영역이 있다"고 말한다. 멕시코시티에는 대략 35만 개에 달하는 비공식적인 중소 사업체들이 있고, 그곳에서 총 8백만 명에 육박하는 사람들이 일하고 있다. 이런 현실이 멕시코시티에 거주하는 2천만 명에 달하는 사람들에게 어떤 의미를 갖는지는 따로 언급할 필요가 없을 것이다. 특히 도시 중심부에서 떨어진 지역에 통제할 수 없는 빈민촌들이 점차 증가할 경우에 더욱 그러하다.[10]

세계 곳곳의 개발도상국가들에 존재하는 불법 지대들은 매우 흡사한 모습을 띠고 있다. 도시의 경관을 해치는 허름한 가옥들과 그 한복판에 있는 수많은 공장들 그리고 거리에서 물건을 판매하는 노점상들과 도로를 가득 메운 조그만 버스들로 그 전형적인 모습을 이룬다. 이 모든 것들이 어디서 비롯되었는지는 도무지 알 수 없다. 손에 연장을 들고 밀려드는 장인들의 무리는 도시에서 이루어지는 활동 영역을 더욱 확장했다. 지역마다 독창적인 적응력을 통해 필수적인 생산품과 서비스를 창출하면서 제조와 도매 유통, 건축과 교통의 요충지로 극적인 변화를 이루었다. 한때 황량한 모습이었던 제3세계 도시들의 외곽 지역은 이제 최첨단의 대도시로 변모했고, 유럽을 모델로 삼은 그 도시들은 엄청난 소음을 일으키면서 미국의 상업 지역을 그대로 모방한 듯한 특성을 보였다.

이런 도시들은 대부분 엄청난 규모로 확장되면서 자체적으로 많은 기회를 창출했다. 새로 부상한 사업가들은 과거와 달리 아주 초라한 신분에서 시작한 사람들이었다. 이와 같은 신분 상승은 두드러진 현상이었다. 과거에 도시 상류층만이 누리던 배타적인 소비 행태와 사치품의 소비는 이제 다른 계층까지 확산되어 어느 정도 보편적인 형태가 되었다.

도시로 향한 이주

물론 이주는 대부분의 개발도상국가들과 과거 사회주의국가들에서 도시 성장의 핵심적인 요소다. 그러나 이주를 유발하는 요인을 정확히 밝혀내기란 어려운 일이다. 여기에 대해 여러 국가의 전문가들은 저마다 다양한 견해를 제시하고 있다. 전쟁, 농촌개혁 정책, 해외무역 봉쇄, 국제무역 개방, 테러리즘, 윤리의식 쇠퇴, 실패한 자본주의, 실패한 사회주의, 심지어 부적절한 취향까지 언급되었다.

최근에 이런 견해들은 몇몇 일반적인 요인들로 압축되었다. 대부분의 개발도상국가들에서 일어나는 이주의 물결에 대한 가장 현실적인 설명은 바로 도로 환경의 개선이다. 도로 및 교량의 건설과 소외된 지역의 고속도로 연결은 농촌 주민들에게 자유로운 여행에 대한 가능성을 열어주었고, 이내 그들은 도시로 이주하기 시작했다. 또한 새로운 의사소통 수단은 추가적인 자극이 되었다. 특히 라디오는 소비와 수입의 증가에 대한 기대감을 상승시켰다. 수천 마일 떨어진 지역까지 전파되는 라디오 방송을 통해 안락하고 풍족한 도시 생활에 대한 기대와 환상이 퍼져나갔다. 현대화는 그것을 좇아 도로로 나설 용기를 가진 사람들이라면 누구라도 쉽게 접할 수 있는 대상이 되었다.

더불어 이제 수많은 국가들이 겪고 있는 농업 위기에 대한 보편적인 인식도 결정적인 요소로 작용했다. 제2차 세계대전 이후에 일어난 농업의 근대화와 일부 전통적인 작물시장의 불확실성으로 인해 농업 인구의 대규모 실업이 촉발되었고, 그 결과로 새로운 직업을 찾으려는 사람들이 많아졌다.

농촌에는 재산권에 대한 문제도 존재했다. 장기간에 걸친 복잡한 농촌개혁은 오히려 농사에 적합한 토지를 확보하기 어려웠던 기존 상황을 한층 더 어렵게 만들었을 뿐이다. 농촌에서 토지와 일거리를 얻을 수 없었기 때문에 결국 수많은 사람들이 도시로 이주하고 말았다.

또 다른 강력한 요인은 대부분의 대도시에서 유아사망률이 낮았다는 점이다. 도시의 의료 서비스가 확대되면서 생겨난 이런 도시와 농촌의 유아사망률 격차는 제2차 세계대전 이후에 점차 개선되기 시작했다. 높은 임금도 중요한 자극제가 되었다. 일례로 1970년대 남미에서는 농촌을 떠난 사람들 가운데 대도시에서 어느 정도 숙련된 기술을 요구하는 직업을 얻은 사람들이 이전보다 두세 배나 더 많은 월수입을 거둘 수 있었다. 직장인들도 이전보다 네 배나 많은 월급을 받을 수 있었고, 전문가들이나 기술자들은 무려 여섯 배나 더 많은 소득을 올릴 수 있었다. 임금의 상승으로 인해 실업에 대한 위험부담도 줄어들었다. 1년 동안 실업자였던 이주민은 도시에서 고작 2개월 보름만 일하면 그 기간의 손실을 충분히 만회할 수 있었다. 아주 멀리 떨어진 도시들에서 실현할 수 있는 생활은 그저 더 좋아 보이는 정도에서 그치지 않았다. 실제로도 더 좋았던 것이다.

여러 국가들에서 관료주의가 성장한 것도 이주를 자극하는 요인이었다. 권력을 지닌 정부 공무원들의 중앙집중화는 여러 다양한 기능과 역할을 담당하는 대부분의 관공서들이 도시에 위치하고 있다는 것을 의미한다. 자녀들의 밝은 미래를 찾고 있는 사람들은 누구나 도시의 교육 여건이 훨씬 좋다는 사실을 알고 있었다. 능력에 비해 재산이 없어 취업의 기회가 적은 농민들에게 교육은 점차 더욱 소중하고 생산적인 투자로 인식되었다. 도시에서는 대부분 중학교를 졸업한 뒤에 직업훈련소나 고등학교 그리고 대학교까지 진학했다.

결국 이런 이주는 비이성적인 행동이 아니었다. 그것은 '군집 본능 herd instinct'과는 전혀 무관하며 현재 자신들이 처한 상황과 다른 지역에서 얻을 수 있는 기회를 비교해 이성적으로 계산하고 판단한 결과였다. 이런 판단이 옳든 그르든 간에 이주민들은 거대한 시장으로 옮겨가는 것이 자신들에게 도움이 된다고 생각했다. 그러나 도시로 이주하는 것은 결코 쉬운 일이 아니었다.

다시 도시를 떠나는 사람들

도시로 이주한 사람들은 적대적인 세계를 만나야만 할 운명이었다. 기존의 도시 거주민들도 농민들에 대해 낭만적이고 목가적인 인상을 가졌고 모든 시민들이 행복을 누릴 권리를 가졌다는 것을 인정했다. 그렇지만 이주민들은 자신들이 고향에서 행복을 찾는 편이 낫다는 사실을 곧 깨달았다. 그 당시에 농민들은 현대화된 도시를 찾아 이동하지 않을 거라는 예상이 지배적이었다. 이런 까닭에 사실상 모든 개발도상국가들과 과거 사회주의국가들은 농촌의 현대화를 가져다줄 개발 프로그램을 운영하고 있었다.

이주민들에게 가장 적대적인 사항들은 바로 합법적인 체제에서 비롯되었다. 그들은 처음부터 이런 체제에 빠르게 흡수되거나 아예 철저하게 무시될 가능성이 컸다. 그 당시에는 소규모의 이주민 집단이 기존의 체제를 뒤엎을 가능성이 거의 없었기 때문이다. 그러나 도저히 무시할 수 없을 정도까지 이주민들의 수가 증가하면서 새로운 이주민들은 합법적인 사회활동과 경제활동에서 자신들이 철저히 배제되었다는 사실을 깨달았다. 집을 마련하거나 합법적인 사업을 시작하거나 합법적인 직장을 구할 수 없는 현실은 극복하기 어려운 거대한 장벽이었다. 대부분의 제3세계 국가들에서 운영되는 합법적인 제도는 오랜 세월에 걸쳐 도시 거주민들의 요구와 권익을 보호하기 위해 개발된 것이었다. 따라서 농촌 지역의 농민들에 대한 처우는 완전히 별개의 문제였다. 만약 농민들이 제자리를 지키고 있다면, 합법적인 차별은 확실히 드러나지 않는다. 그러나 일단 도시에 정착하는 순간부터 그들은 법 체제에 의한 차별 정책을 경험한다. 갑자기 종 모양 단지가 눈앞에 나타나는 것이다.

구소련에서 독립한 일부 국가들도 혼란스러운 재산 체제로 인한 문제에 직면하고 있다. 그러나 일부 엘리트들은 적어도 그런 문제들을 신중하게 추려내면 경제적인 혜택을 이끌어낼 수 있다는 사실을 깨닫고 있었다. 1996년에 작성된 한 보고서에는 다음과 같은 내용이 기재되어 있다.

> 러시아에서 토지에 대한 권리를 보호하기 위한 메커니즘들은 아직 초기 단계에 머물러 있다. … 여러 지역들에서 토지는 건물을 등록하는 대행업체와는 별도로 또 다른 대행업체에 등록되어야 한다. 더욱이 이런 등록을 통해 보장받을 수 있는 합법적인 혜택이 명확하게 규정되어 있지 않다. … 토지에 대한 권리의 보호와 토지 사용을 위한 절차와 관례는 반드시 처음부터 규정되어야 한다. … 아마도 토지는 러시아의 전반적인 경제 체제와 민주사회의 기반이 될 수 있는 가장 소중한 재원일 것이다.[11]

우리는 제3세계의 전반에 걸쳐 합법적인 체제가 소외된 사람들의 기대를 저버리는 규칙을 시행할 때마다 불법적인 활동이 기승을 부린다는 사실을 발견했다. 앞서 2장에서 보았던 것처럼 수많은 국가들이 합법적인 재산 체제의 진입을 저해하는 엄청난 장벽을 쌓아두고 있었기 때문에 그런 합법적인 절차를 극복해낼 수 있는 이주민은 거의 없었다. 사유지를 합법적으로 매입하려면, 이집트에서는 14년 동안 31곳의 관공서와 사설기관을 통해 77단계나 되는 복잡한 절차를 거쳐야 했고, 아이티에서는 무려 19년에 걸쳐 176단계에 이르는 절차를 모두 해결해야 한다.

만약 합법적인 지위를 얻기 위해 비용이 소요된다면, 법 체제를 벗어난 상태를 유지하는 데도 비용이 소요되게 마련이다. 우리는 합법적인 세계의 외부에서 일을 하거나 사업을 운영하는 데 상당한 비용이 든다는 사실을 깨달았다. 예를 들면, 페루에서 불법적인 사업을 운영하는 비용에는 연간 수입의 10~15퍼센트를 뇌물과 커미션으로 정부에 지불하는 항목도 포함된다. 합법적인 경로에서 벗어나 신용도 없이 무허가로 운영하면서 처벌을 피하기 위해 뇌물을 지불하는 불법적인 기업가들의 생활은 합법적인 기업가들보다 훨씬 더 많은 비용이 들 뿐만 아니라 엄청나게 고단한 일상으로 가득하다.

아마도 가장 중요한 비용은 시장에서 전문화를 이룰 경제적·사회적 기회를 포착하도록 자극하는 제도의 부재에서 비롯된다. 우리는 합법적인 체제에서 일할 수 없는 사람들이 재산을 효율적으로 관리할 수 없거나 법정을 거쳐도 계약을 시행할 수 없다는 사실을 발견했다. 또 그들은 제한된 채무 체계와 보험 정책으로 인해 불확실성을 줄일 수 없고 부가적인 자본을 창출하면서 위험을 분담할 주식회사를 설립할 수도 없다. 투자할 수 있는 돈을 모을 수 없기 때문에 그들은 경제의 규모를 확장할 수도 없고 특허와 인세를 통해 자신들이 이룬 혁신을 보호할 수도 없다.

종 모양 단지에 진입할 수 있는 경로가 차단되어 있는 탓에 가난한 사람들은 자본을 창출하는 데 필수적인 합법적인 재산 메커니즘에 도저히 접근할 수 없다. 이런 합법적인 차별 정책으로 인한 치명적인 결과는 부동산에 대한 합법적인 재산권이 존재하지 않는다는 사실을 통해 가장 확실하게 드러났다. 우리가 조사한 모든 국가들에서 약 80퍼센트에 달하는 토지가 최근 기록으로 갱신되지 않았거나 합법적인 책임을 갖는 소유주가 없었다. 따라서 이런 불법적인 재산의 거래는 그 범위가 지극히 제한될 수밖에 없는데, 불법적인 소유주들의 자산이 언제나 확장된 시장의 외부에 존재하기 때문이다.

결국 불법적인 자산의 소유주들은 자산의 운영을 확장할 수 있게 하는 신용에 접근할 수 없다. 이런 신용에 대한 접근은 선진국에서는 사업을 시작하거나 확장하기 위한 필수적인 단계다. 일례로 미국에서 새로운 사업이 획득하는 신용의 약 70퍼센트는 담보에 대한 합법적인 상호 소유권의 사용에서 비롯된다. 더불어 불법이라는 것은 합법적으로 보장되는 투자에 대한 자극이 없다는 것을 의미한다.

합법적인 체제에서 철저히 차단된 이주민들은 오직 자신들의 힘으로 번영을 이루어내야만 한다. 그들은 다른 사람들뿐만 아니라 체제와도 경쟁할 수밖에 없다. 만약 국가의 합법적인 체제가 그들을 환영하지 않는다면, 그들은 어쩔 수 없이 자체적으로 불법적인 체제를 마련해야만 하는 것이다. 내 개인적인 견해로 판단하면 이런 불법적인 체제는 개발도상국가들이 독립을 쟁취한 이후 그리고 블록을 형성한 구소련의 국가들에서 사회주의가 붕괴한 이후에 기존의 체제에 저항하는 가장 중요한 요소로 작동한다.

불법적인 영역의 성장

지난 40년 동안 제3세계 주요 도시들에서는 인구가 4배나 증가했다. 2015년에 이르면 50여 곳에 달하는 개발도상국가들의 도시에서 불법 거주민 수는 500만 명을 넘어설 것이다.[12] 불법적인 영역은 개발도상국가들과 과거 사회주의국가들의 어디에나 존재하고 있다. 그곳들에서는 새로운 활동이 부상하면서 점차 전통적인 활동을 대체하고 있다. 거리를 걷다 보면 불법적인 상점과 환전상과 교통 수단을 비롯해 여러 서비스들을 접할 수 있다. 심지어 서점에서 판매되는 수많은 책들도 모두 불법적으로 인쇄된 것들이다.

모든 지역은 정부의 규제를 교묘히 회피하거나 정면으로 대항하는 불법적인 거주지와 사업장들에 의해 개발되고 있다. 페루의 경우를 살펴보면 합법적인 소유권이 있는 집은 고작 30퍼센트에 불과하고 나머지 70퍼센트는 모두 불법적으로 지어진 것들이다. 남미 전역에서 우리는 건물의 75퍼센트 이상이 자본이 충분히 공급되지 않는 영역에 있고 전체 부동산 소유권의 80퍼센트가 법 체제를 벗어나 있다는 사실을 파악했다. 대부분의 자료에 따르면, 개발도상국가들에서 불법적인 영역은 전체 노동자의 50~75퍼센트를 수용하고 있으며, 제3세계의 전체 경제에서 5분의 1 혹은 3분의 1 이상을 담당하고 있다.

브라질의 경우를 생각해보자. 앞서 살펴본 것처럼 30년 전만 해도 새로 건설되는 주택의 3분의 2 이상이 임대용이었지만, 오늘날 임대주택은 현재 건설 중인 전체 주택의 3퍼센트에도 미치지 못한다. 대부분의 시장은 브라질 도시들의 불법적인 영역인 파벨라로 이동하고 말았다. 도널드 스튜어트는 이런 말을 했다.

> 사람들은 파벨라에서 엄청난 규모의 경제활동이 벌어지고 있다는 사실을 인식하지 못하고 있다. 이런 비공식적인 경제는 도시의 중심부로 이주한 브라질 북동부 출신 농부들이 지닌 기업가 정신을 통해 탄생한 것이다. 그들은 통제가 극심한 공식적인 경제의 외부에서 활동하면서 수요와 공급의 원칙에 따라 행동한다. 그들에게는 분명히 재원이 부족하지만 이 비공식적인 경제는 대단히 효율적인 기능을 수행한다. 파벨라에서는 임대에 대한 규제가 없다. 임대료는 미국 달러로 지불되며 제때 임대료를 지불하지 못하는 세입자는 즉시 퇴거당한다. 투자에 대한 수익이 대단히 좋기 때문에 공급할 수 있는 주택은 아주 풍부하다.[13]

1997년에 〈월스트리트 저널〉은 프랜즈 오브 더 랜드Friends of the Land 그룹의 자료를 인용해 브라질의 아마존 정글에서 합법적인 소유권이 있는 토지는 고작 10퍼센트에 불과하다는 기사를 내보냈다.[14] 다른 국가들에서도 불법적인 영역은 꾸준히 증가하는 추세에 있다.

선진국에서는 하류층이 사회의 주변에서 살아가는 소수를 나타내는 반면, 일부 국가들에서는 불법적인 영역이 항상 주류를 형성해왔다. 예를 들면, 우리가 조사한 대부분의 국가들에서 불법적인 부동산의 총가치는 시중은행들이 보유한 예금총액과 증권거래소에 상장된 회사들의 총자산과 직접적인 해외투자 총액 그리고 이미 민영화되었거나 장차 민영화될 모든 공공기업의 가치를 합한 액수보다 몇 배나 더 큰 규모였다. 그러나 이 수치는 결코 놀라운 것이 아니다. 부동산은 선진국들이 보유한 부의 약 50퍼센트를 차지하는 정도에 그치지만 개발도상국가들의 경우에는 국부의 4분의 3에 육박하기 때문이다. 이따금 불법적인 거주지들은 개발도상국가들과 과거 사회주의국가들에서 오직 투자를 위한 수단이 되기 때문에 저축과 자본형성 과정에서 중요한 부분을 담당한다. 더욱이 국민총생산GNP에서 도시가 차지하는 비중이 점차 증가하는 것은 엄청난 양의 잠재적 자본과 기술적인 노하우가 주로 도시 지역에서 축적되고 있다는 사실을 암시한다.

불법적인 영역의 정착

제3세계에서 폭발적으로 일어난 이런 불법적인 활동과 농촌 지역에 들어선 대규모 무단점거지들 그리고 여기저기 난립하는 불법적인 도시들—페루의 푸에블로스 쵸베네스, 브라질의 파벨라, 베네수엘라의 랑코스, 멕시코의 바리오스 마지날레스, 과거 프랑스의 식민지들의 빈민촌과 과거 영국 식민지들의 판자촌 등—은 인구의 이동이나 가난, 심지어 극심한 불법보다도 훨씬 심각한 문제들이었다. 합법적인 특권을 수호하는 종 모양 단지를 향해 밀려드는 이런 불법의 파도는 정부 당국이 산업혁명과 상업혁명을 받아들이도록 압박하는 가장 중요한 요소일 것이다.

대부분의 국가들에서 정부는 불법적인 세력과 경쟁할 수 없는 상태에 있다. 불법적인 벤처들은 이미 이주민들과 빈민들에게 주택을 공급하기 위해 노력하는 정부를 대신해 그 역할을 수행하고 있다. 일례로 페루에서 1980년대 후반까지 저소득층에 대한 주택 공급을 위한 정부의 투자는 불법적인 영역에서 이루어진 주택 투자의 2퍼센트에 머무는 아주 초라한 수준이었다. 심지어 중산층까지 포함해도 주택 공급에 대한 정부의 참여는 비공식적인 전체 투자의 고작 10퍼센트에 불과했다. 1995년에 아이티에서 불법적인 부동산의 가치는 아이티 정부가 보유한 총자산보다 거의 10배나 더 큰 규모였다.

이런 불법적인 영역은 합법적인 세계와 긴 경계선으로 구분된 중간 영역으로 사람들이 법을 준수하는 대가가 수익보다 클 경우에 도피하는 장소다. 이주민들은 살아남기 위해 불법적인 방식을 선택할 수밖에 없었다. 그들은 자신들을 수용하지 않는 법 체제를 등지고 떠났다. 자신들의 생계를 위해서 이처럼 불법적인 방식을 선택할 수밖에 없었던 것이다.

그들이 나름대로 제정한 불법적인 규약은 사회의 특정한 구성원들 사이에서 자신들의 재산과 활동을 보장하는 명확한 규칙이다. 이런 규약은 법 체제에서 빌려온 규정들과 그들의 출신지에서 통용되던 관습을 적절히 혼합한 것으로 한 지역에서 선출한 권력층에 의해 시행되고 그 지역에서 전반적으로 통용되는 사회계약을 바탕으로 유지된다. 이 불법적인 규약의 단점은 합법적인 재산 체제에 통합되지 않기 때문에 대부분 거래에 적용할 수 있는 형태로 전환되지 않는다는 것이다. 따라서 그 규약은 재정과 투자의 순환에 연결되지 않으며 그 사회의 구성원들은 이런 사회계약 범위의 외부에서 좀처럼 권위를 발휘하지 못한다.

이런 규약은 다양한 조직들에 의해 운영된다. 여기에는 도시개발조합, 농업협회, 중소상인조합, 중소기업협회, 운송조합, 광산업자권익연합, 농촌개혁수혜자조합, 개인주택조합, 거주지연합, 주민협회, 지역위원회, 공공주택수혜자협회, 주민위원회, 마을조합 등이 포함된다. 이 조직들은 수많은 불법적인 직업들이 있기 때문에 생겨난 것이다.

불법적인 영역에서 활동하는 사람들은 반사회적인 의도로 행동하지는 않는다. 그들이 저지르는 '범죄'는 집을 짓거나 서비스를 제공하거나 사업을 확장하는 것과 같은 평범한 목적을 달성하기 위한 것이다. 혼란의 원인과 전혀 거리가 먼 이 불법적인 법 체제는 정착민들이 자신들의 삶과 거래를 통제할 수 있는 유일한 방법이다. 결국 이 체제는 가난한 사람들의 삶과 일에서 가장 큰 사회적 관련을 맺고 있다. 비록 그들의 '법'이 공식적인 법 체제의 외부에 있을지라도 그것은 그들이 가장 편안하게 생각하는 유일한 법인 것이다.

이주민들이 살고 있는 불법적인 거주지는 마치 빈민가처럼 보이지만 선진국의 도시에 존재하는 빈민가들과는 전혀 다르다. 후자는 한때 화려한 건물이었지만 가난과 무관심으로 인해 낡고 허름해진 것이다.

개발도상국가들에서 빈민들이 생활하는 거주지는 보수나 재건축을 통해 점차 개선될 수 있는 여지가 있다. 선진국의 빈민들이 거주하는 집은 시간이 흐를수록 가치를 상실하지만 개발도상국가들의 경우에는 수십 년 안에 서구의 중산층이 생활하는 거주지에 버금가는 가치를 가질 수 있다.

가장 중요한 사실은 외형적으로 불법적인 이미지를 갖는 이런 불법적인 거주지들이 기존의 도시 사회와 더불어 건전하고 생산적인 삶을 주도한다는 것이다. 사이먼 패스Simon Fass는 그의 저서에서 아이티의 경제에 대한 탁월한 결론을 제시했다.

> 이 평범한 사람들은 오직 한 가지 측면에서만 평범하지 않다. 그들의 수입은 너무나 형편없기 때문에 이따금 단 한 차례의 판단 착오나 불행한 사고만으로도 하나의 기업이나 마찬가지인 가정의 생계에 치명적인 위협을 가할 수 있고, 때때로 가족 구성원들의 생존을 위협할 수도 있다. 따라서 평범하지 않다는 것은 가난 그 자체보다는 오히려 그들이 가난을 극복하고 생존할 수 있는 능력과 더 큰 관계가 있다. … 이 과정에서 그들이 할 수 있는 것은 단지 생존과 성장을 위한 생산적인 공헌일 뿐이며 그들이 획득하는 간단한 품목들은 이 생산적인 과정의 입력 요소로서 확실한 기능을 발휘한다.[15]

불법 거주지의 경제활동이 점차 성장하고 다양해지면서 이런 불법적인 조직들도 정부같은 기능을 발휘하기 시작했다. 이 조직들은 도로, 상수도, 하수도, 전기, 시장, 교통, 심지어 재판과 치안에 이르기까지 기본 시설을 책임지고 있었다.

이처럼 불법적인 영역의 발전으로 인해 정부는 쇠퇴했다. 그러나 정부는 모든 문제를 '그 위기가 지나면 곧 사라질' 일시적인 현상으로 생각하는 성향을 보였다. 실제로 이런 전략은 그저 필연적인 패배를 지연시키는 방법에 불과했다. 몇몇 경우에 각국의 정부는 일부 불법적인 기업들에게 예외를 허용했다. 이는 합법적인 영역에 존재하는 틈새다. 처음부터 불법적인 기업들은 아무런 규제를 받지 않고 운영할 수 있었지만 사회와 통합될 수 없었기 때문에 합법적인 체제의 혜택과 보호를 받을 수 없었다. 이런 틈새 규약들은 공개적인 대결을 피하기 때문에 일시적으로 만들어진 일종의 합법적인 평화 조약이라고 볼 수 있다. 일례로 이집트에서 전문가들은 이미 '준공식적인 주택 공급 semiformal housing'에 대해 이야기하고 있다.

"이런 주택은 비교적 저렴한 가격으로 공급되며 물량 면에서도 증가하고 있다. 또한 수많은 도시 주민들이 언제든지 투자할 수 있는 자산으로 공급되고 있다. 이 주택들은 어느 정도 불법적인 측면을 지니고 있다. 주택 구조는 합법적인 절차에 따라 개발되지 않으며 건설업자들도 공식적인 공법을 사용하지 않는다. 일반적으로 이런 주택은 사설 개발업자들에 의해 불법적으로 분할된 농업 지역에 세워지고 있다. … 대체로 정부는 준공식적인 주택의 건설 부지를 획득하는 과정에 관여하고 있다. 이런 주택이 세워지는 지역들에서 개발을 촉진하는 주체는 바로 정부기관들이며 이런 상황은 나중에 사설 개발업자들이 토지를 불법적으로 분할하도록 유도했다. 이처럼 정부의 비호를 받으면서 토지는 농업 용도에서 주거 용도로 전환되었다. 이런 지역에 거주하는 주민들은 보통 비공식적인 분할 과정과 상업화 과정을 통해 토지를 획득한다. 하거 엘 마와타야Hager El Mawatayah, 엑스베트 아부 솔리만Exbet Abou Soliman, 에즈베트 나디 엘 시드Ezbet Nadi El Sid는 알렉산드리아에 존재하는 준공식적인 주택들이 밀집한 지역을 보여주는 가장 좋은 사례다."[16]

심지어 불법적인 일이 절대로 벌어질 수 없을 것만 같은 지역에서도 각국의 정부는 합법적인 제도를 현재의 경제 현실에 적용할 수 없다는 사실을 인식하고 있다. 1992년 로이터통신은 리비아의 지도자 카다피가 리비아의 수많은 토지 소유권을 소각했다고 보도했다. "여러 부족들이 보유한 토지를 등록해둔 과거의 모든 기록과 문서를 불태웠다." 카다피는 법무부 회의에서 이런 내용을 발표했다고 한다. "그것들은 착취와 위조, 약탈에 의한 것이기 때문에 불태워진 것이다."[17]

일부 국가들에서 불법적인 영역은 이제 사회체제의 근간으로 자리잡고 있다. 뉴욕의 거리에서는 세네갈의 투바Touba인들이 물건을 판매하는 모습을 찾아볼 수 있다. 이따금 그들은 고향에 수백만 달러에 달하는 자금을 공급하는 아주 복잡한 이슬람계 아프리카의 일부로 여겨진다. 〈뉴스위크〉에는 다음과 같은 기사가 실렸다. "투바는 세네갈 법체제의 적용을 거의 받지 않는 국가 안의 국가이며, 가장 빠르게 성장하는 도시다. 부자들이 거주하는 빌라들의 벽 사이에 양철로 만든 허름한 집들이 세워지며 모든 마을이 재배치되었다. … 이 면세 도시는 비공식적인 부문과 땅콩 거래가 폭발적으로 성장해 외환 거래의 근원지로 성장했으며 세네갈에서 교통과 부동산의 중심지로 자리잡았다."[18]

재산 손실에 대해 불법적인 영역이 갖는 불안감은 공개적인 갈등을 촉발할 수도 있다. 여기에 대한 사례로 최근에 수많은 뉴스 거리를 양산하며 곤란을 겪었던 인도네시아를 들 수 있다. 〈이코노미스트〉는 6년 전에 이런 경고의 메세지를 남겼다.

> 토지 소유권에 대한 문제가 극도로 혼란한 국가에서는 가난한 사람들도 도시화와 산업화로 인해 토지가 필요하지만 자신들의 재산을 잃지 않을까 심각하게 걱정하고 있다. 인도네시아는 전체 토지 가운데 고작 7퍼센트만이 확실한 소유주가 정해져 있을 뿐이다.
> 결국 진짜 소유권과 날조된 소유권에 대한 대규모의 거래가 이루어지고 있다. 이따금 토지를 매입하려는 사람들은 한 토지에 대해 여러 명의 소유주들이 나서는 광경을 접할 것이며 은행은 토지를 담보로 한 대출을 거부할 것이다.[19]

또한 불법적인 영역은 비참한 현실과 아주 밀접한 관계가 있다. 봄베이에서는 1천만 시민들 가운데 3분의 2가 방이 한 칸인 허름한 판잣집이나 길거리에서 살고 있다.[20] 한편 불법적인 영역이 경제의 중심에 접근하는 나라들도 있다. 페루 기술평가 위원회Technical Evaluations Organization of Peru에 따르면, 리마의 공식적인 영역에 대한 토지 가치는 평균적으로 1제곱미터에 미화 약 50달러에 불과하지만 비공식적인 제조공장의 대다수가 집결해 있는 가마라Gamarra지역의 토지 가치는 1제곱미터에 미화 3천 달러까지 치솟는다. 리마에 존재하는 또 다른 불법적인 영역의 중심지인 아비아숀에서 토지는 1제곱미터에 미화 1천 달러이고, 치무Chimú에서는 400달러에 이른다. 반면 리마에서 가장 부유한 계층이 거주하는 미라플로레스Maraflores에서 합법적인 소유권이 부여된 토지의 가치는 1제곱미터에 고작 미화 5백 달러에서 1천 달러 정도에 불과하다.[21]

체제 밖의 세계, 과거 유럽의 사례

이미 빈민들이 방대한 규모의 부동산과 경제적 생산시설을 장악하고 있다는 사실을 정부가 이해했다면, 현재 직면한 수많은 문제들은 실제로 국가가 운영되는 방식과 성문법이 제대로 조화를 이루지 못해 발생했다는 사실이 확실히 드러날 것이다. 만약 성문법이 시민들의 생활 방식과 갈등을 일으킨다면, 불만과 부정부패, 빈곤, 폭력은 피할 수 없는 일이 되고 만다.

이제 유일한 과제는 과연 정부가 얼마나 신속하게 이런 불법적인 재산을 합법적인 체제로 통합해 합법화할 수 있는지에 대한 것이다.

해결책은 현존하는 재산권 체제가 끊임없이 불법적인 재산권 체제와 경쟁하는 합법적인 무질서 상태를 유지하는 것이다. 만약 이런 국가들이 하나의 합법적인 체제를 이루어낼 수 있다면, 공식적인 법 체제는 방대한 불법적인 영역이 적극적으로 재산권을 확장하는 현실에 적응해야만 할 것이다.

한 가지 반가운 소식은 법을 개정하는 사람들이 혼란에 빠져들지 않을 거라는 사실이다. 그들이 극복해야 할 과제는 과거에 다른 국가들이 이미 겪었던 것이다. 비록 엄청난 차이가 있지만 개발도상국가들과 과거 사회주의국가들은 지난 18세기부터 제2차 세계대전 사이에 선진국들이 거쳤던 것과 똑같은 어려움에 직면해 있다. 방대한 불법적인 영역은 결코 새로운 현상이 아니다. 그것은 정부가 사람들의 생활방식과 법을 일치시키지 못할 경우에 항상 일어나는 현상이다.

유럽에서 산업혁명이 일어나기 시작했을 때, 정부는 도저히 통제할 수 없는 대규모 이주와 불법적인 영역의 성장, 도시의 빈곤, 사회적 불안으로 크게 고심했다. 그들도 처음에는 이 문제들에 개별적으로 대처했다.

도시로 향하는 사람들

대부분의 연구자들은 유럽에서 일어난 위대한 산업혁명을 도시로의 대규모 이주와 질병의 감소로 인한 인구의 증가, 도시에 비한 농촌의 상대적인 수입 감소와 연관시킨다.[22] 17, 18세기에 도시의 노동자들은 건설 현장에서 힘겹게 일하는 농촌의 노동자들보다 많은 임금을 받기 시작했다. 결국 성취 욕구가 강한 농민들은 높은 임금을 기대하면서 도시로 이주했다.

영국에서 첫 번째 이주의 물결은 16세기 후반에 시작되었다. 폭증하는 이주민들과 그로 인한 혼란에 몹시 당황한 정부는 빈민들에게 식량을 공급하는 것과 같은 일시적인 수단을 통해 안정을 유지하려고 했다. 한편 사람들에게 농촌으로 귀향하도록 권고하는 방법을 사용하기도 했다. 1662년과 1685년 그리고 1693년에 제정된 법률은 자신들의 출생지나 이전 거주지로 돌아가는 시민들에게 보상을 해주는 조건을 내걸어야만 했다. 그 목적은 더 많은 노동자들이 가족을 이끌고 직장을 찾아 도시로 이주하는 것을 방지하려는 것이었다. 1967년에 통과한 법안은 오직 새로운 거주지의 관청에서 그곳에 거주할 수 있는 자격을 획득한 경우에만 이주를 허가했다. 이 법은 노약자들의 이주를 방지하는 데는 효과를 거두었지만, 젊고 유능한 미혼남성들은 도시로 이주할 수 있는 다른 방법들을 찾았다. 결국 그들은 성공적인 기업가나 폭력적인 개혁가들이 되었다.

대부분의 이주민들은 애초에 기대했던 직업을 구하지 못했다. 극심한 통제로 인해 공식적인 사업이 성장하고 새로운 노동자들에게 일자리를 제공할 수 있는 조건이 제한되었던 것이다. (특히 활동을 확장하거나 다양화하기 위한 허가를 얻기가 대단히 어려웠다.) 일부는 임시직을 구하거나 가정부로 취직했다.[23] 대다수는 어쩔 수 없이 유럽 도시들의 외곽지역, 소위 오늘날의 불법적인 거주지에 해당하는 교외에 머물며 길드에 가입하거나 합법적인 직장을 구할 수 있는 허가가 떨어지기만을 기다렸다.

사회적 불안은 불가피했다. 도시를 향한 대규모 이주가 시작되면서 기존의 정치제도는 급변하는 현실에 뒤쳐지고 말았다. 엄격한 상법과 관례의 장벽에 막혀 이주민들은 자신들의 완전한 경제적 잠재력을 파악할 수 없었다. 도시인구의 폭발적인 증가와 끊이지 않는 질병, 도시생활에 적응하지 못해 곤란을 겪는 농민들은 사회적 갈등을 더욱 악화시키고 말았다. D.C. 콜먼D.C. Coleman은 16세기 초반에 영국의회가 여러 도시들에서 수많은 '거지, 부랑자, 깡패, 강도'들이 활개치는 것을 몹시 우려했다고 말했다.[24]

각국의 정부는 이런 새로운 도시의 현실에 적응하지 않고 오히려 그런 현실을 통제하기 위해 더 많은 법과 규제를 만들었다. 그러나 더 많은 규제는 더 많은 위반을 야기할 뿐이었다. 그러면 곧 과거의 법을 위반하는 사람들을 처벌하기 위한 새로운 법이 제정되었다. 법적 소송은 폭증했고, 밀매와 밀수와 사기가 만연했다. 결국 각국의 정부는 폭력적인 진압에 의존할 수밖에 없었다.

불법적인 영역의 확산

합법적인 직장을 구하지 못한 유럽의 이주민들은 점차 집안에 불법적인 공장을 차리기 시작했다. 이런 일은 대부분 자본과 장비가 거의 필요하지 않은, 그저 간단한 도구를 사용한 직접적인 수작업이었다.[25]

도시에 오래 거주한 사람들은 공식적인 산업 체제와 길드를 벗어난 이런 가내수공업을 몹시 경멸했다.

이주민들은 선택의 여지가 없었다. 불법적인 일은 그들의 유일한 수입원이었고, 경제적인 측면에서 불법적인 영역은 급속도로 확산되었다. 엘리 헤크셔Eli Heckscher는 1762년에 올리버 골드스미스Oliver Goldsmith가 했던 말을 인용하고 있다. "거의 모든 영국인들이 처벌을 감수하면서 날마다 법을 위반하고 있고, … 이런 행동을 정당화하기 위해 오직 돈으로 매수하는 부패한 시도를 하고 있다."[26] 또 그는 1687년과 1693년에 제정된 두 가지 프랑스 법령을 인용하면서 과거 프랑스에서 생산 특화가 이루어지지 않은 한 가지 이유로, 오늘날 개발도상국의 노동자들보다 더 무지했던 그 당시 프랑스 노동자들의 지적인 수준을 들고 있다. 그러나 이런 이주민 노동자들은 상당히 유능했다. 한때 스미스는 "만약 괜찮은 사업을 운영하고 싶다면, 반드시 노동자들에게 특권이 주어지지 않고 그들이 오직 자신들의 노동력에만 의존할 수밖에 없는 교외 지역에서 운영하면서 생산품을 도시로 몰래 밀반입해야 할 것이다"라고 말했다.[27]

정부와 합법적인 사업가들은 스미스처럼 경쟁에 대해 심각하게 받아들이지 않았다. 1660년 영국에서 군주제가 부활한 이후로 수십 년 동안 일부 전통주의자들은 폭증하는 행상인들과 노점상들, 기존의 상점들 앞에서 벌어지는 소동 그리고 수많은 도시들에 등장하는 새로운 상인들에 대해 불평하기 시작했다. 공식적인 무역업자들은 새로운 진출자들을 억제하려고 했지만 모두 헛수고로 돌아갔다. 파리에서는 재단사와 중고의류 상인들 사이에 벌어진 합법적인 전쟁이 무려 300년 이상 지속되었다. 이 전쟁은 프랑스 혁명이 일어나면서 비로소 종결되었다.

이 시기에 제정된 법과 조례의 전문에는 종종 과거의 법과 규칙에 의존하지 않는다는 조항이 포함되었다. 헤크셔에 의하면, 1700년에 영국은 자국의 양모산업을 보호하기 위해, 날염된 인도산 옥양목에 대한 수입을 금지했다. 옥양목을 생산하는 영국의 제조업자들은 언제나 법의 허점이나 예외를 찾아낼 수 있었다. 날염된 양모의 수입금지 규정을 교묘히 벗어날 수 있는 한 가지 방법은 한쪽 면에 보풀을 세운 코르텐, 면벨벳 등의 능직 면직물인 퍼스티언 천을 사용하는 것이었다. 영국 옥양목은 표면을 아마포로 감싸기 때문에 그런 방법이 가능했다. 한편 스페인도 불법적인 기업가들을 검거해 처벌했다. 1549년에 황제 찰스 1세는 불법적인 사업들을 겨냥한 25가지 조례를 선포했다. 그중 한 가지는 제조사의 상표가 붙어 있는 옷의 가장자리를 절단하도록 규정해 소비자들이 불법적인 제품을 구입한다는 사실을 알 수 있도록 했다. 이런 조치는 제조업자들에게 모욕을 주기 위한 장치였다.

불법적인 영역에 대한 정부의 통제는 아주 다양하고 몹시 엄격했는데, 프랑스의 경우에는 가혹하기까지 했다. 18세기 중반에 프랑스는 양모의 제조와 수입 및 판매를 금지했고, 이 규정을 어길 경우에는 노예형에서 종신형에 이르는 엄한 처벌을 가했다. 그래도 불법적인 영역의 사람들은 좀처럼 포기하지 않았다. 헤크셔는 18세기 어느 한 시점에 프랑스에서는 10년 동안 무려 1만 6천 명에 달하는 밀수업자들과 불법 제조업자들이 날염된 옥양목을 수입하거나 불법적으로 제조한 혐의로 처형되었을 거라고 추정했다. 대다수는 노예형이나 다른 가혹한 형벌을 선고받았다. 발랑스Valence 한 곳에서만 불법적인 기업가 77명이 교수형을 당했고, 58명이 형차에서 찢겨 죽는 형벌을 당했으며, 631명이 노예형을 선고받았다. 이런 참혹한 상황에서 석방된 사람은 단 한 명뿐이었다.

에켈룬드Ekelund와 톨리슨Tollison에 의하면, 정부가 불법적인 영역에 대해 그토록 가혹한 처벌을 가하는 이유는 단순히 기존의 산업을 보호하기 위한 것뿐만 아니라 여러 가지 색으로 날염한 섬유는 세금을 징수하기 어렵기 때문이었다.[28] 단색 섬유를 만드는 제조업자들은 확인하기 쉬워서 세금을 납부하는지 여부를 조회하기도 수월했지만 새로운 날염공법의 도입으로 인해 옥양목은 그 출처를 확인하기가 대단히 어려웠다.

위법을 저지르는 사람들을 쉽게 파악하기 위해 국가는 전적으로 길드에 의존했다. (길드의 주요 기능은 합법적인 기업에 대한 접근을 통제하는 것이다.) 그러나 불법적인 제조업을 허용하지 않고 더욱 엄격하게 법을 강화한 정부는 그저 기업가들을 불법적인 영역인 교외로 몰아내는 결과를 초래했을 뿐이다. 1563년에 영국에서는 장인 및 도제법English Statute of Artificer and Apprentice이 제정되어 노동자의 임금을 고정하고 해마다 기본적인 사항에 대한 비용에 따라 임금을 조정하도록 규정하면서 대부분의 초창기 불법적인 제조업자들은 정부의 감독과 통제가 느슨하거나 아예 법 체제의 세력이 미치지 않는 마을의 변두리로 공장을 옮기거나 교외 지역에 새로 공장을 건설했다. 이처럼 교외로 공장을 이전하자 그들은 여러 길드들의 엄격한 감시에서 벗어날 수 있었다. 대체로 길드의 관할권은 도시의 경계를 넘지 못했기 때문이었다.

마침내 불법적인 영역과의 경쟁이 지속되면서 공식적인 사업가들은 어쩔 수 없이 교외에 위치한 공장들에 하청을 맡겨야 할 지경까지 이르렀다. 이런 상황은 세금의 기반을 축소했을 뿐만 아니라 세율 인상을 야기했다. 결국 악순환이 시작되었다. 과다한 세금 부담은 실업과 불안을 유발해 더 많은 이주민들이 교외로 몰려들게 만들었다. 이에 따라 불법적인 제조업자들에게 더 많은 하청이 밀려들었다. 이런 상황에서 일부 제조업자들은 탁월한 능력을 발휘하며 합법적인 사업을 시작할 수 있는 권리를 획득했다. 물론 그 과정에서 상당한 뇌물과 정치적인 압력을 활용해야만 했다.

여러 길드들도 반격에 나섰다. 튜더 왕조 때 영국은 수많은 법규를 통해 교외에서 운영되는 불법적인 공장들을 규제했다. 그러나 엄청난 수의 불법적인 제조업자들과 그들이 보유한 기술력은 이런 노력을 모두 허사로 만들었다. 가장 참담한 사례는 노리치에서 모자와 침대보를 제조하는 길드들이었다. 그들은 오랜 기간에 걸쳐 불법적인 제조업자들을 상대로 공개적인 캠페인을 펼쳤지만 결국 모자와 침대보를 독점으로 제조하는 합법적인 권리를 유지할 수 없었다.[29] 이처럼 경쟁으로 인해 길드들은 휘청거리고 말았는데, 콜먼은 그들이 쇠퇴한 요인으로 "노동수요의 증가와 수요의 변화, 거래의 확장"을 꼽았다. 새로운 산업의 성장과 농촌산업의 확장이 하청 체제를 이끌어낸 것이었다.[30]

기존 질서의 붕괴

오늘날 개발도상국가들과 과거 사회주의국가들이 그런 것처럼 그 당시 유럽 국가들의 정부는 점차 불법적인 영역에 굴복했다. 스웨덴에서 불법적인 거주지들의 성장을 억제하지 못한 구스타부스 아돌푸스 Gustavus Adolphus 국왕은 일일이 그런 거주지들을 방문해 정부의 통제를 받도록 설득해야만 했다. 영국 정부는 새로운 산업들이 대체로 기존의 길드가 없거나 합법적인 규제가 없는 영역에서 시작되고 있다는 사실을 인정할 수밖에 없었다. 실제로 불법적인 산업들은 정부와 길드의 통제를 피하기 위해 자체적으로 교외에서 도시를 세우고 있었다. 더욱이 그들은 아주 효율적인 운영을 통해 성공을 거두었다. 특히 면사산업이 큰 호황을 누릴 수 있었던 요인이 양모산업만큼 엄격한 통제를 받지 않았기 때문이라는 것은 누구나 인정하는 사실이었다. 사람들은 곧 불법적인 거주지들에서 창출되는 생산품과 서비스가 종 모양 단지의 내부에 있는 합법적인 경쟁자들보다 우수하다는 사실을 인식하기 시작했다. 1588년에 엘리자베스 1세의 국무대신 세실Cecil 경은 새로이 등장한 불법적인 거주지들 가운데 한 곳인 할리펙스Halifax 거주민들에 대한 보고서를 받았다.

> 그들은 거래나 상황을 대단히 잘 활용하기 때문에 정책과 산업에서 탁월한 능력을 발휘하며, 초기의 거칠고 오만한 방식을 거친 후에는 기술이나 부에서도 타의 추종을 불허한다. 그들은 새롭고 더 편리한 것

을 구할 수 있다면, 기존의 형식에 부합하지 않으며 주저하지 않고 낡은 방식을 포기한다. … 선천적으로 그들은 융통성이 없는 산업에서 새로운 발명을 추구하는 열정을 지니고 있다.[31]

불법적인 영역은 도시들의 내부에 들어서기 시작했다. 한 역사학자에 의하면, 독일에서는 합법적인 건축 허가를 얻기 위해 반드시 시험을 거쳐야 하는데, 모든 지역에서 합법적인 승인도 받지 않은 채 수많은 주택이 건설되는 모습을 볼 수 있었다고 한다.[32]

불법적인 영역의 확장과 성공은 중상주의 질서의 기반을 서서히 잠식하기 시작했다. 어떤 분야에서든 정부의 규제를 극복하며 성공을 거두었던 탓에 그들은 정부를 적으로 간주하는 성향이 있었다. 불법적인 기업가들을 흡수할 수 있는 체제를 개발하지 않고 그들을 억압하고 통제했던 국가들에서는 경제발전이 지연되었을 뿐만 아니라 사회불안이 증폭되면서 폭동이 일어나기까지 했다. 가장 대표적인 사례가 바로 프랑스 혁명과 러시아 혁명이었다.

반면 이런 상황에 신속하게 적응한 국가들은 비교적 평온하게 시장경제로 전환했다. 불법적인 영역이 사회적 · 정치적 · 경제적 측면에서 폭증하는 이주민 실업자들을 기꺼이 수용한다는 사실을 깨달은 정부들은 차츰 길드에 대한 지지와 후원을 철회하기 시작했다. 그 결과 영국에서 길드에 가입하려는 사람들은 점점 더 감소했고 정부가 사업을 추진하는 방식에도 극적인 변화가 이루어졌다.

더불어 국가 권력도 축소되었다. 산업혁명 이전에 존재했던 합법적인 체제들은 부정부패로 인해 모두 무용지물이 되고 말았다. 1692년에 제정된 영국의 법령은 세무 공무원들이 공장을 방문해 실제 생산량을 조사하지 않고 사전에 협의된 세금만을 징수하고 있다는 사실을 언급했다. 길드 소속이든 정부 공무원이든 대부분의 생산 감독관들은 끊임없이 직무유기와 부정부패 혐의로 기소되었다. 이런 현상은 법을 존중하는 의식의 결여로 인해 발생한 것이었다.

심지어 17세기 후반에 사업 허가권을 손에 넣은 의회 의원들까지 특혜에 대한 대가로 뇌물을 받았다는 사실이 알려졌다. 지방의 상황은 더욱 심각했다. 1601년 하원의 대변인은 한 치안판사를 12가지 형법을 수호하는 6개의 닭대가리를 달고 있는 존재라고 정의했다. 공무원들은 입법제도가 실패한 이유가 형편없는 법 체제는 물론이고 이런 법의 부적절한 시행에도 원인이 있다고 비난했다. 1577년에 출간된 한 문서에는 이런 내용이 적혀 있었다. "이 시점에서 나는 더 나은 법이 제정될 수 없다는 결론에 이르렀다. 오직 처벌만이 필요할 뿐이다." 조지프 리드Joseph Reid는 모든 제도가 만연한 부정부패로 인해 위협받고 있고 사람들은 체제를 기만할 수 있는 부류와 그렇지 않은 부류로 양분되었다고 말하면서 기존의 질서는 붕괴되었다고 주장했다. 그는 일부 계층에게 법을 위반하도록 부추기면서 다른 계층에게 그 고통을 부담하도록 하는 합법적인 체제는 결국 그 두 계층 모두에게 법의 권위를 상실하고 말 거라는 말도 덧붙였다.[33] 지방의 치안판사들은 도시에서 제정되어 지방 거주민들에게 받아들여질 수 없는 법을 시행할 능력이 거의 없었다. 18세기 후반에 모든 합법적인 체제들이 약화되었고 일부 국가들은 완전히 부패하고 말았다.

정부가 모든 것을 통제할 수 있는 시기가 되자, 사람들은 모든 경제적인 기대를 국가에 의존했다. 이런 현상은 자본주의 전 단계의 전형적인 상황을 이끌어냈다. 임금 상승의 속도가 식량의 가격 상승보다 빨라지면서 상인들은 임금 상한선을 요구했다. 반대로 식량의 가격 상승이 임금 상승의 속도보다 빨라지자 노동자들은 최저임금의 보장과 식량 가격의 안정을 요구했다. 결국 정치적 압력으로 인해 가격과 수입과 임금이 고정되었는데, 이는 산업 생산 및 고용 확대를 저해하는 상황이었다. 따라서 최소 가격도 최대 가격도 생산 부진과 식량 부족 그리고 실업 문제를 해결할 수 없었다. 찰스 윌슨Charles Wilson은 이렇게 적고 있다. "경제적 목표를 추구할 때 끊임없이 권력의 비호를 필요로 하던 폭력의 시대였다."[34] 의회에서도 거리에서도 온통 이념과 파벌의 싸움이 벌어지던 혼란한 시기였던 것이다.

1680년대 초반 경제적인 진보가 사실상 불가능한 상황에 직면하면서 일종의 운명론이 등장했다. "영세한 제조업자들은 대부분 자신들이 10파운드의 가치도 없을 거라고 생각한다. … 만약 그들이 10파운드를 소유한다면, 그들은 일주일에 고작 3일만 일하고 나머지 4일은 일하지 않을 수 있을 것이다."[35]

이처럼 경제적 위기와 사회적 불안이 확대되는 상황에서 자급자족할 수 있는 능력을 갖춘 사람들은 다른 지역으로 이주하거나 혁명운동에 참여했다. 17세기와 19세기 사이에 이탈리아와 스페인과 프랑스를 비롯해 다른 유럽 국가들에서 수십 만 명에 달하는 인파가 더 나은 미래를 찾아 다른 국가들로 이주했다. 프랑스에서는 위그노 교도들과 불법적인 섬유제조업자들에 대한 박해로 인해 수많은 기업가들과 숙련된 노동자들이 영국과 네덜란드로 이주했고, 그곳에서 현지 주민들과 함께 번영을 누렸다.

전환 이후의 유럽

잘못된 규제로 인해 공식적인 사업들이 위축되면서 불법적인 영역의 사람들은 공공연히 법을 위반하고 변두리로 밀려날 수밖에 없는 현실에 대해 불만을 토로했다. 이 단계는 정치가들이 그런 문제들에 대해 현실적으로 적응해야 할 시기였다. 법 체제는 이주민들이 형성한 거주지들이 수많은 도시들을 에워싸는 속도만큼 더욱 보수적으로 변해갔다. 행상인들과 거지들과 도둑들이 거리로 밀려들고, 불법적인 제조업자들이나 밀수업자들이 시장을 장악하면서 공무원의 부정부패가 만연했고 폭력은 시민사회를 붕괴시켰다.

19세기와 20세기 초반에 걸쳐 대부분의 유럽 국가들에서는 법 체제가 일반 시민들의 요구를 수용하기 시작했다. 예를 들면, 정부가 재산권에 대한 시민들의 요구를 받아들였다. 그 당시 유럽인들은 일시적인 미봉책으로 산업혁명과 대규모의 불법적인 영역을 통제하기란 불가능하다고 결론지었다. 마침내 정치가들은 핵심적인 문제는 사람들이 아니라 바로 그들의 생산성을 저해하고 억제하는 법 체제라는 사실을 이해했다.

유럽 대부분의 국가들에서 자본주의 전 단계 사회의 모습과 그 사회가 쇠퇴하는 과정은 아주 유사했지만 그 결과물은 똑같지 않았다. 불법적인 기업들을 합법적인 영역으로 통합하기 위해 노력한 국가들은 이런 변화를 거부했던 국가들보다 훨씬 빠른 속도로 번영하기 시작했다. 낡은 규제로 인해 유발되는 장애를 줄이고 현존하는 지역적인 규약을 입법에 반영해 공식적인 재산에 접근하기 쉽게 만들면서, 유럽의 정치가들은 법 체제와 경제 체제에 존재하는 모순들을 제거했을 뿐만 아니라 자국에서 일어나는 산업혁명을 새로운 국면으로 이끌었다.

과거 유럽의 모습은 오늘날 개발도상국가들과 과거 사회주의국가들의 현실과 너무나 흡사하다. 그러나 후자가 직면한 근본적인 문제는 여러 도시들로 이주해 말썽을 일으키는 사람들도, 부적절한 공공서비스도, 자꾸만 쌓여 가는 쓰레기들도, 누더기를 걸친 채 거리에서 구걸하는 아이들도, 심지어 대다수의 시민들에게 돌아가지 않는 거시적인 개혁 프로그램의 혜택도 아니라는 사실이다. 과거 유럽에 존재했던 이런 난관들은 결국 극복되었다. 진정한 문제는 우리가 여전히 이런 난관들이 변화를 갈망하는 수많은 사람들의 기대를 반영한다는 사실을 깨닫지 못한다는 것이다. 여러 도시들로 밀려들어 불법적인 사회계약을 창출하면서 빈민들은 대대적인 권력의 재분배를 강력히 요구하고 있다. 일단 개발도상국가들과 과거 사회주의국가들의 정부가 이런 요구를 수용한다면, 그들은 거센 파도에 휩쓸리지 않고 오히려 그 파도를 막아낼 수 있을 것이다.

4장

미국 경제사의 미스터리

이 땅은 오직 단 한 명의 독재자만 타도하면

된다는 점에서 축복받은 곳이다.

밀튼 프리드만

우리 연구팀은 경제개발의 측면에서 공식적인 재산 체제의 역할에 더 많은 관심을 가졌고, 재산권에 대한 전문가들이 불법적인 자산을 하나의 합법적인 재산 체제에 통합하는 데 사용했던 방식을 알아보기 위해 여러 선진국들을 방문했다. 13년에 걸쳐 수천 마일을 여행하면서 선진국들에서 재산과 관련된 조직들을 모두 방문했다. 그러나 그 누구도 해답을 제시하지는 못했다. 수많은 전문가들과 재산과 관련된 기관들에서 연구하는 교수들도 내가 던진 질문에 대해 단 한 번도 생각해 본 적이 없었다는 사실을 인정했다.

선진국에서 재산 체제를 운영하는 사람들은 근본적으로 전혀 다른 견해를 보였다. 그들은 대체로 재산권과 관련된 문제들에 집중하고 있었다. 그러나 내 주요 관심사는 재산권 자체가 아니라 재산권에 접근할 수 있는 권리인 '준재산권meta-rights'이었다. 우리가 기록을 유지하는 조직을 재편성해 정보를 하나의 데이터베이스로 통합하는 방식이나 베이스맵에 대한 경계를 디지털화하는 과정을 개발하는 것과 같은 상호 이익에 관련된 수많은 주제를 생각하는 동안에 내게 불법적인 규약을 통해 자산을 보유한 사람들을 합법적인 재산 체제에 통합할 수 있는 방식을 제시한 재산 전문가는 아무도 없었다. 당신은 어떤 방식으로 사람들에게 합법적인 재산권을 얻을 수 있는 권리를 부여할 수 있는가?

나는 서구 역사에 대해 거의 모르지만 과거 어느 시점에서 서구의 모든 국가들이 여기저기 산재한 비공식적인 규약을 하나의 합법적인 재산 체제로 통합했다는 것만은 분명했다. 따라서 나는 서구의 재산 체제가 진화했던 과정을 살펴보기 위해 그들의 역사를 탐험해야만 했다. 내 후원자들은 진심으로 이런 내 견해에 동의했고, 역사에 관심이 많은 HM 토지등기소의 직원들과 독일 공인감정사 협회도 내게 좋은 책들을 추천해주었다.

엄청난 분량의 책들을 읽고 난 후에 나는 합법적인 통합 재산 체제로의 전환이 기술력과 거의 무관하다는 중요한 결론에 도달했다. (5장에서 살펴보겠지만 기술력이 아주 중요한 역할을 한 것은 사실이다.) 이 결정적인 변화는 법 체제를 대다수 국민들의 사회적·경제적 요구에 적용하는 것과 밀접한 관련이 있다. 점차 서구 국가들은 합법적인 체제를 벗어난 사회계약이 법 체제의 원천이라는 사실과 이런 사회계약을 흡수하는 방법을 찾아야 한다는 점을 모두 인정했다. 따라서 법은 자본 형성과 경제성장에 공헌해야만 한다. 이것이 바로 오늘날 서구의 재산제도에 활력을 불어넣은 원천이다. 또 이런 재산혁명은 언제나 정치적인 승리를 거두었다. 모든 국가들에서 이런 승리를 거둘 수 있었던 것은 대다수의 국민들이 법 체제의 외부에 있다면 그 법 체제는 아무런 의미도 없다는 사실을 발견한 일부 계몽사상가들 덕분이었다.

서유럽 국가들과 일본 그리고 미국에서 재산과 관련된 사항들의 다양한 변천사는 모두 오늘날 개발도상국가들과 과거 사회주의국가들의 관심사에 대한 유용한 참고 자료가 될 수 있다. 수많은 국가들이 겪는 명백한 무법 상태는 사실상 범죄에 대한 것이 아니라 일반 대중을 위한 제도와 상류층을 위한 제도를 마련하는 과정에서 벌어지는 충돌에 대한 것이다. 모든 경우에 이 두 체제는 혁명을 통해 점진적으로 합병되었다.

그러나 모든 국가들에서 일어났던 변천사의 자세한 내용을 이 책에서 다루기에는 너무나 방대하다. 따라서 나는 미국의 역사에 중점을 두기로 결심했는데, '150년 전에는 미국도 제3세계 국가'였기 때문이다. 아직 합법적으로 통합되지 않은 신생 주들의 정부와 사법부는 이주민들과 무단점거자들, 금광업자들, 무장한 갱단, 불법적인 기업가들 그리고 다른 여러 부류의 사람들이 유발하는 엄청난 무질서에 대처하기 위해 노력했다. 미국 서부를 좋게 말하면 낭만적이고, 나쁘게 말하면 너무나 거칠고 험한 곳으로 만든 주인공들이 바로 그들이었다. 제3세계 사람인 나에게 이런 미국의 과거사는 깜짝 놀랄 만큼 익숙하게 느껴졌다. 토머스 제퍼슨이 출생한 버지니아에서 활개쳤던 무단점거자들이나 대니얼 분이 개척한 켄터키에 산재했던 통나무집들에서 너무나 친숙한 기분을 느꼈던 것이다.

오늘날 제3세계 국가들의 정부처럼 미국 정부도 무단점거자들의 수와 비례해 증가하는 불법적인 규약들의 관계를 규명하기 위해 많은 노력을 기울였다. 그러나 제3세계 정부들과 달리 미국 정부는 "토지 체제는 사실상 붕괴되었다. … 그리고 우리는 그들을 위해 즉시 법을 제정하지 않고 그들이 로키산맥이나 태평양까지 도달한 후에나 법을 제정하려고 했다"고 사실을 인정했다. 결국 미국의 정치가들은 프랜시스 필브릭Francis Philbrick이 언급했던 것처럼 "법 체제를 혁신적인 방식으로 변화시킬 수 있는 힘은 바로 그 체제의 외부에 존재하고 있다"[1]는 사실을 깨달았다. 심지어 홈스테드법Homestead Act(1882년에 제정한 법률로 서부 거주자들에게 공유지를 불하하기로 결정함)조차 그저 기정 사실을 인식한 후에 공식적으로 인심을 베푸는 수준에 불과했다. 이미 수십 년 동안 미국인들은 불법적으로 토지를 점거하고 개발해왔기 때문이다. 정치가들은 점차 이런 현실을 합법적인 체제로 통합하기 위해 법을 수정했고 어느 정도 정치적인 성과도 거두었다. 여러 차례 개정을 통해 기존의 불법적인 규약을 법 체제로 수용한 끝에 서부의 거주민들과 광부들은 비로소 자산을 자본으로 전환할 수 있었다. 19세기에 미국이 그랬던 것처럼 제3세계 국가들과 과거 사회주의국가들이 풀어야 할 과제는 가난한 사람들에게 자본을 공급하기 위해 근본적으로 합법적인 수단을 개혁해야 한다는 것이다. 이것은 중요한 정치적인 도전이다.

이 장에서는 미국 재산 체제의 진화 과정을 살펴볼 것이다. 그러나 미국의 역사를 다시 쓰겠다는 말은 아니다. 단지 있는 그대로의 사실을 탐구하고 조사하려 한다. 미국의 과거를 되짚어보면서 나는 오늘날 개발도상국가들과 과거 사회주의국가들이 처한 현실을 떠올리게 하는 많은 사례들을 발견했다. 대규모의 이주 현상, 폭증하는 불법적인 활동, 정치 불안 그리고 여기에 더해 기존의 정책과 형식이 실제 세계와 전혀 무관하다는 사실을 인정하지 않는 낡은 법 체제에 대한 총체적 불만 등이다. 또 미국의 법 체제가 평화적인 질서를 확립하기 위해 점진적으로 불법적인 규약을 통합하는 방식도 발견했다. 이런 질서를 확립하려면 법 체제는 반드시 국민들의 생활 방식에 부합하는 법안을 마련해야 한다. 그리고 법 체제가 효율적으로 유지되기 위해서는 대다수의 사람들이 실제로 따르는 수많은 사회적인 계약에 지속적으로 접근할 수 있어야 한다.

미국 역사를 찾아서

그저 도서관에서 미국 역사책들을 무작위로 읽는 것만으로는 과거 미국에서 일어난 불법적인 압력과 그에 따른 정치적인 대응의 중요성을 이해하기란 대단히 어려운 일이다. 대부분의 개혁적인 정치가들과 재산 전문가들조차 가장 큰 관심을 두고 있어야 할 미국 역사에서 재산의 합법화와 자본의 창출에 대한 상호 관계를 쉽게 발견하지 못한다. 역사가 사회적·정치적으로 실용성을 발휘하려면 총체적인 결합을 통해서 문제를 조명해야 한다. 그러나 대체로 재산 전문가들은 불법적인 권리들이 합법적인 재산 체제로 통합되는 전환과정을 기록으로 남기지 않았다. 이처럼 기록이 남아 있지 않은 이유는 몇 가지로 생각해 볼 수 있다.

첫째, 역사의 과정은 아직 완료되지 않았다. 대중적인 생각과 달리 모든 시민에게 개방된 재산 체제는 약 200년 정도인 비교적 최근에 이루어졌으며 그 전환과정은 아직 완전히 밝혀지지 않았다. 대부분의 서구 국가들에서 대대적인 재산 개혁의 주요 과제는 고작 1세기 전에 완료되었다. 일본의 경우는 채 50년이 지나지도 않았다. 이런 통합 재산 체제가 창출되는 과정은 의식적인 계획보다 무의식적인 진화의 결과에 가깝기 때문에 재산을 창출한 선진국들의 소중한 교훈이 개발도상국가들에게 반영되기까지 상당한 시간이 필요하다는 것은 결코 놀랍지 않은 사실이다.

둘째, 재산은 전통적으로 선진국의 관점에서 탄생한 것이다. 오늘날 재산에 관련된 서적의 대부분은 서구에서 그 기원을 찾을 수 있다.

합법적인 재산의 창출과정을 이해하기 어려운 세 번째 이유는 그 과정을 추적하기가 너무나 힘들기 때문이다. 불법적인 관행과 관습과 규칙이 합법적인 체제로 흡수되는 속도가 너무 늦어서 그 과정은 다른 역사적인 사건들에 의해 묻혀버리고 말았다. 마침내 자본을 창출하고 확장된 시장에서 거래할 수 있는 기반을 구축한 계기가 된, 이주민들과 무단점거자들에 대한 합법적인 재산권을 인정한 일은 미국이 제국주의 야망을 촉진하고 개척자들에게 방대한 자원의 개발을 유도하고 여러 분야의 긴장을 완화하기 위한 일종의 정치적 전략으로 취급되었다. 그러나 그 과정을 통해 미국이 합법적인 체제와 불법적인 규약의 갈등을 초월할 수 있었다는 사실은 재산 전문가들의 주요 관심사가 아니었다.

다시금 강조하지만 나는 이 장에서 미국 역사를 다시 쓰겠다는 것이 아니라 오늘날 혼란에 빠진 개발도상국가들과 과거 사회주의국가들이 새로운 합법적인 질서를 찾고 있다는 사실에 대한 이해를 돕기 위해 친숙한 방식으로 역사적 사실을 다시 정리하려는 것이다. 이제 초창기 미국에서 불법적인 '법'이 공식적으로 법전에 수록되는 전환과정에 대해 살펴보자.

영국법의 잔재

16세기에 서부 유럽에서는 전례가 없었던 아메리카 대륙의 해안을 향한 이주가 시작되었다. 역사학자 버나드 베일린Bernard Bailyn은 이 현상을 "유사 이래로 가장 위대한 사건들 가운데 하나"라고 말했다.[2] 또 호퍼Hoffer는 이런 기록을 남겼다. "북아메리카의 대서양 서부해안에 모여든 지친 영국인들은 광활한 수풀 너머를 바라보았다. 나팔총(17, 18세기에 사용된 총부리가 긴 단총)과 성경을 쥔 일부 영국인들은 분명히 자신들이 떠나온 세계에 대한 기억을 떠올렸을 것이다."[3]

그 아련한 기억들에는 지역사회를 건설하고 유지하는 방법, 분쟁을 조정하는 방법, 토지를 획득하는 방법, 통치 제도를 구축하는 방법 등이 포함된다. 합법적인 체제는 이런 다양한 활동으로 인해 일어나는 갈등을 해결하는 데 중요한 역할을 담당했다. 실제 초창기 미국에서 법은 어디에서나 적용되었는데, 최초의 식민지 정부는 합법적인 문서인 '헌장charters'에 기초하고 있었기 때문에 식민지 경제는 가격과 임금과 품질을 통제하는 법 체제 아래에서 기능을 발휘했다. 법은 사람들에게 토지를 매매하거나 양도할 수 있는 수단을 제시했고, 영토의 경계나 가축에 대한 분쟁을 조정하는 토론장을 제공했으며, 심지어 신앙과 결혼, 자녀의 양육, 하인이나 이웃과 관계하는 방식까지 규정했다.[4]

초창기 식민지 정착민들은 질서를 유지하기 위해 영국 재산법의 원칙을 적용하려고 했다. 그러나 영국의 관습법은 보편적으로 인정되는 확실한 소유권 체제도 없이 재산에 접근하는 새로운 방식을 급속도로 창출하는 사회를 예견하지 못했다. 예를 들면, 영국의 관습법은 법정에서 소유권이 애매한 토지를 매입하거나 상속받은 사람들의 분쟁을 해결할 수 있는 적절한 지침을 제시하지 못했다. 따라서 "지방법원마다 소유권에 대한 공개 재판이 절대적인 필수 사항이 되었다. 이런 소송에서 관련된 사람들은 모두 증언할 수 있었고 법원은 다른 누구도 존재하지 않는다는 대중적인 보증이 있을 때 비로소 판결을 내렸다."[5]

그러나 대부분의 식민지 정착민들은 영국 법의 기술적인 측면에 대한 이해가 너무나 부족했다. 대다수는 영장, 관습법과 형평법(공정과 정의 측면에서 관습법의 미비점을 보충하는 법률) 그리고 다른 미묘한 사항들에 대한 차이점을 알지 못했거나 아예 알려고 하지도 않았다. 더욱이 영국의 관습법이 규정하는 재산은 식민지 정착민들이 직면한 문제를 처리하기에 적합하지 않았다. 풍요로운 북미의 토지는 초창기 식민지 정착민들에게 자신들이 떠나온 유럽에서 전혀 상상하지 못했던 엄청난 기회를 제공했다. "이 대륙은 토지의 대부분이 처음부터 소유권이 없거나 인디언들이 소유하고 있었기 때문에 영국인들과 다른 유럽인들은 앞다투어 새로운 부의 원천을 분배했고, … 결국 세부적인 사항에 대한 문제들은 쉽게 간과되고 말았다. 분배와 기록에 대한 불명확한 태도가 묵인되었고, 반드시 지켜져야 할 계획조차 철저히 무시되었다."[6] 그러나 모든 토지가 다 좋은 것만은 아니었다. 비옥하지 않은 토지가 있는가 하면, 배수와 급수가 원활하지 않은 토지도 있었고, 가축이나 말의 사료로 쓸 목초를 넉넉히 구할 수 있는 초원에서 멀리 떨어진 토지도 있었다.[7] 이따금 적합한 토지를 찾는 과정에서 미국 식민지 정착민들은 한 곳에 경계를 정해서 땅을 경작하고 집까지 지은 후에 이내 그 모든 것을 포기하고 더 비옥한 토지를 찾아 떠나곤 했다.

재산권은 엄청난 변화와 불법을 초래했다. 식민지 시대 매사추세츠 주의 법 체제의 변화를 분석한 데이비드 토머스 코니히David Thomas Konig는 이주 문제를 악화시킨 관료적·기술적 실패에 대한 개괄적인 사항을 제시했다. 일례로 혼란스럽고 불규칙적인 상황이 발생한 원인은 통일된 측량 체제가 없었기 때문이다. 매사추세츠 주 전역에서 식민지 정부는 이따금 토지를 분할하는 방식에 대해 일관된 견해를 보이지 않았다. 예를 들면, "토지를 분할하는 방식에 직선 형태를 사용할지

자연적인 형태를 적용할지 여부를 결정하는 확실한 규정이 없었다." 한 식민지 정착민은 "그가 레딩에 보유하고 있는 300에이커의 토지가 직사각형으로 승인되었다고 생각했지만 나중에 이웃 마을의 수많은 주민들이 토지를 적절히 공제해 '원형'으로 경계를 책정했다는 사실을 알고서 크게 실망했다."[8] 측량 과정의 기술적인 단점도 불확실성과 혼란을 가중시켰다. 코니히는 자오선의 기준이 확립되지 않았던 북아메리카에서는 1763년에 존 윈스럽 4세John Winthrop IV가 토지측량 편차표를 완성할 때까지 이따금씩 중복된 재산권으로 인해 혼란한 상황이 발생하곤 했다는 사실을 지적했다.[9]

본질적으로 영국에서는 거의 선례를 찾아볼 수 없었기 때문에 식민지 정부는 혼란스러운 재산 분쟁에 대한 결정을 내리는 과정에서 영국의 법 체제를 쉽게 따를 수 없었다. 오히려 법원은 지역의 관습에 의존하거나 그 관습을 토지 거래를 안정시킬 수 있는 새로운 법 체제로 전환했다.[10] 정치적 자치에서 토지의 사용과 분배에 이르기까지 식민지 정착민들은 식민지 생활과 거의 무관한 영국의 법 체제에서 이탈하기 시작했다. 피터 찰스 호퍼Peter Charles Hoffer는 이런 주장을 제기했다. "이론상으로 그들은 영국 국왕의 사유지에 속해 있으므로 영국의 법에 복종해야 하지만, 실제적인 현실은 이론을 대신했다. 영국에서 멀리 떨어져 있고, 인구도 많지 않고, 천연자원도 풍부하고, 거래를 잘 하는 현명한 사람들이 정착해 있던 이 식민지는 자치를 향해 나아가고 있었다."[11]

무단점거, 초기 아메리카의 전통

초창기 이주민들은 주로 영국의 법을 따르던 영국인들이었다. 그러나 일단 아메리카 대륙에 도착하면서 현실은 전혀 달라졌고 그들이 서로 관계하는 방식은 변화하기 시작했다. 영국에서는 소유권 증서title가 없이 장기간 토지를 점유하는 행위, 즉 무단점거는 명백한 위법 행위였다. 그러나 초기 거주자가 없어서 무한한 기회가 기다리는 미국에서는 유용한 토지에 대한 무단점거가 순식간에 너무나 흔한 일이 되었다. 무단점거는 미국이라는 국가가 탄생하기 전부터 오랜 역사를 이어왔던 것이다. 식민지 시대 미국의 토지 체제에 대해 연구한 아멜리아 포드Amelia Ford는 이런 기록을 남겼다. "이주민들이 뉴잉글랜드 매사추세츠 베이에 도착하기 전에 그곳에는 어떤 특권이나 허가도 없이 거주하던 정착민들이 있었다. … 최초의 코네티컷 정착민들은 합법적인 무단점거자들로, 그들은 오직 인디언들에게 토지를 빼앗거나 매입하는 방법을 통해서만 그 권리를 주장할 수 있었다."[12] 초창기 메릴랜드에서 프랑스인을 비롯한 비영국계 정착민들은 합법적인 승인이 없으면 절대로 소유할 수 없는 토지에 거주하고 있었다. 1727년에 펜실베이니아 주의회의 의원들은 소유주가 없는 토지를 임의로 점거하지 못하도록 규제했다. 한 역사학자에 의하면, 이런 무단점거자들은 '일체의 권리도 없이' 이미 10만 에이커에 달하는 토지를 점거해 개간했다고 한다.[13]

뉴잉글랜드에서 토지를 소유한 정치인들은 그저 성가신 범법자들의 무리라고 치부했던 무단점거자들의 행동을 그냥 방관하지 않았다. 1634년 초반에 매사추세츠 주의회는 자유민들에게 허가되는 토지를 모두 기록으로 남기고 그 사본을 의회로 발송하도록 규정해 무단점거를 금지하려고 했다. 또 모든 마을에는 경관 한 명과 자유민 네 명을 파견해 측량을 실시했다.[14] 그러나 이 정책도 효과를 거두지 못했다. 1634년과 1635년에 제정된 강제명령의 시행에 실패하면서 주의회는 1637년에 토지를 등록하는 과정을 마련하고 이를 위반하면 벌금을 부과했다.[15]

그러나 수많은 분쟁을 효과적으로 해결할 수 있는 합법적인 수단이 전혀 없었다. 결국 무단점거자들은 무단점거를 합법화하는 장치를 고안하는 데 주력했다. 가장 심각한 분쟁은 대부분 오늘날 버몬트와 메인이라는 지명으로 알려진, 인적이 드문 외곽 지역에서 일어났다. 독립전쟁 이전에 뉴욕과 뉴햄프셔는 모두 버몬트 지역에 대한 소유권을 주장했다.[16] 뉴욕의 주장을 묵살하기 위해 뉴햄프셔의 주지사 베닝 웬트워스Benning Wentworth는 "손에 쥔 사람이 임자라는 원칙에 따라 그 지역에서 뉴햄프셔와 매사추세츠 시민들에게 마구잡이로 허가를 남발했고, … 그 결과, 1764년부터 1769년 사이에 무려 6천 명이 넘는 사람들이 허가를 받았다."[17]

이런 상황이 일어나자 다른 지역의 무단점거자들이 그 지역으로 몰려들었다. 실제로 "수많은 사람들이 버몬트로 밀려들면서 모든 토지를 점거하기 시작했다."[18] 이미 집단행동의 중요성을 인식한 그들은 먼저 뉴햄프셔 주지사에게, 그 후에는 뉴욕 주지사에게도 자신들의 거주를 허가하거나 자신들의 토지 소유권을 승인하는 법령을 제정하도록 청원했다.[19] 이 두 주는 여러 차례 부동산 점유회복 소송을 제기하며 무단점거자들의 요구를 제지하기 위해 노력했지만 그들은 그 지역을 완전히 장악하고 있었기 때문에 에단 앨런Ethan Allen과 '무단점거자 일당'은 독립전쟁 이후에 버몬트를 주로 승격시킬 수 있었다. 이런 무단점거자들의 예상치 못했던 승리가 가져온 결과는 바로 그들의 재산 규약에 대한 공식적인 인식이었다.

이따금 무단점거는 식민지의 자원을 개발하려는, 재산을 소유한 정치인들의 후원을 받아 일어나기도 했다. 대부분의 지역에서 정치인들은 오직 이주를 통해서만 토지개발이 이루어질 수 있다고 생각했다. 이런 목표를 달성하기 위해서 식민지 정치인들은 거주와 개발에 대한 권리를 약속하면서 개인과 집단에게 아직까지 개간되지 않은 토지에 정착할 수 있도록 허가했다. 포드에 의하면, "버지니아에서 거주한다는 말의 의미는 집을 짓고 1에이커의 땅에 작물을 심고 1년 동안 가축을 사육하는 것인데, 만약 3년 안에 이 모든 사항을 실행하지 못하면 그 토지는 국가에 귀속되었다"고 한다.[20] 매사추세츠 법은 정착민의 의무로 3년 이내에 보통 18~20 제곱피트의 집을 건설하고 5~8에이커에 달하는 토지를 개간하고 경작해야 한다는 사항을 포함시켰다.[21]

1670년대 메릴랜드에서 볼티모어 경은 동부 해안과 델라웨어 베이의 일부 지역을 차지하기 위해 무단점거자들을 끌어들였다.[22] 파산한 상태에서 지속적으로 수입을 거두기 위해 펜실베이니아 의회는 모든 토지에 정착하는 사람들이 정착을 시작하는 시점부터 개발 가치를 공제한 이자를 납부하고, 이 사항을 이행할 수 없는 사람들은 매입 가격에 비례한 면세 지대를 납부하라는 지시를 내렸다.[23] 그러나 펜실베이니아 사람들은 곧 무단점거자들이 납부를 거부한다면 이런 강압적인 규정을 시행하기란 대단히 어렵다는 사실을 깨달았다. 실제로 토지에 강한 집착을 보이는 이 무단점거자들과 어떤 타협이 이루어지지 않으면 틀림없이 막대한 수입을 잃을 수밖에 없다는 사실이 명확해졌다. … 따라서 펜실베이니아 국유지 관리국은 그들의 토지 사용을 묵과하거나 어쩔 수 없이 승인해야만 했는데, 국유지 관리국은 자신들이 승인하는 권리 이외에 생겨나는 수많은 소유권들을 규제할 방법이 전혀 없었다.[24]

이런 거주 정책을 통해 자신들의 권리를 지킬 수 있다고 기대했던 무단점거자들은 때때로 공식 체제가 지나치게 번거롭고 복잡하다고 생각했다. 아멜리아 포드가 언급했던 것처럼 국유지 관리국은 너무나 접근하기 어려웠고 상황은 너무나 혼란스러웠으며, 무단점거자들이 활용할 수 있는 실질적인 수단은 턱없이 부족했다.[25] 영국의 법은 점차 수많은 사람들의 생활 방식에 부적합한 형태로 변하고 있었다.

새로운 사회계약

법과 토지, 재산을 둘러싼 혼란한 분위기에서 이주민들은 평화로운 삶을 살아가기 위해서는 설사 법 체제를 벗어날지라도 반드시 자체적인 질서를 확립해야만 한다는 사실을 깨달았다. 그들은 자체적으로 '토마호크 권리tomahawk rights' '오두막 권리cabin rights' '옥수수 권리corn rights'와 같은 불법적인 재산권을 만들어내기 시작했다. '토마호크 권리'란 샘 근처에 있는 나무 몇 그루를 고사시켜 한 그루 이상의 나무 껍질에 처음 개발을 시작한 사람의 표시를 남겨서 그 토지에 대한 권리를 보장받는 것이었다. 1660년대 초반에 메릴랜드의 무단점거자들은 식민지 국유지 감독관의 측량 허가를 받기도 전에 자신들이 원하는 토지의 나무들에 임의로 표시를 남기기 시작했다.[26] 독립전쟁이 끝날 무렵에 토지의 소유권을 확보하기 위한 이런 관행이 극에 달했던 나머지 어느 장교는 국방장관에게 이런 편지를 보냈다. "미개척 지대에 있는 이 무단점거자들은 이런 행위를 통해 충분한 소유권을 주장할 수 있다고 생각하면서 가장 좋은 토지에 토마호크 권리를 표시하고 있다."[27]

'오두막 권리'와 '옥수수 권리'는 통나무집을 짓거나 옥수수를 경작해 토지에 대한 권리를 주장한다는 의미다. 아주 특이한 사항이라면, 이런 불법적인 권리가 마치 합법적인 소유권처럼 매매와 이전이 가능하다는 사실이었다.[28] 이런 오두막 권리와 옥수수 권리를 통해서는 합법적인 토지 소유권이 주어지지 않았지만, 이런 불법적인 소유권은 분쟁을 해소하는 데 효과가 있었다. 더욱이 이 관행은 아메리카의 미개척지에서 널리 통용되었을 뿐만 아니라 후일 합법적인 소유권을 결정하는 근거로 활용되기까지 했다.

이런 불법적인 규약을 지역 정치인들이 묵인했는데도 무단점거자들은 아주 적대적인 세계에 직면할 수밖에 없었다. 그들이 무단으로 토지를 침범하면서 아메리카 원주민들과 끊임없이 분쟁을 일으켰던 것이다. 심지어 그들은 자신들의 막대한 재산을 잃지 않으려고 걱정하는 엘리트 집단에게도 위협적인 존재였다. 1783년에 조지 워싱턴이 "수많은 사람들의 희생 따위에는 아랑곳하지 않고 국가의 소중한 재산을 제멋대로 사취하는 악한들"에 대해 불만을 표시한 것도 바로 이런 이유에서 비롯된 것이다.[29]

혼돈의 시대

이주민들은 정부가 그런 권리를 부여하기 훨씬 이전부터 미개척지에 정착해 토지를 개간하고 집을 지으면서 소유권과 그에 따른 신용을 확보했다. 비록 그들은 위험을 무릅쓰고 토지를 개간했지만 정부는 이 새로운 정착민들이 고의로 법을 위반하고 있기 때문에 반드시 처벌해야 한다고 확신했다. 하지만 처벌은 결코 쉬운 일이 아니었다. 심지어 미국의 국부 조지 워싱턴이 버지니아 농장을 무단점거한 사람들을 몰아내려고 했을 때에도, 변호사들이 "만약 워싱턴이 소송에서 승리하더라도 무단점거자들이 창고와 울타리를 모조리 불태울지도 모른다고 경고했을 정도였다."[30]

여러 주들에서 무단점거자들과의 관계가 악화되기 시작했다. 독립전쟁 이전에 매사추세츠에서 이주한 사람들은 1691년에 이미 매사추세츠 주의회가 소유권을 주장한 지역인 메인에 정착하기 시작했다. 처음에 매사추세츠의 정치인들은 메인의 외곽 지역에서 급속도로 증가하는 무단점거자들을 묵인했다. 그러나 독립전쟁 이후 재정 상태가 파산에 이르고 화폐가치가 하락하면서 매사추세츠의 정치인들은 메인의 방대한 토지를 새로운 수입원으로 여겼다.[31] 그 결과 메인의 무단점거자들은 순식간에 방대한 토지를 매매하는 데 방해가 되는 성가신 장애물로 취급되었다. 결국 1786년, 주지사는 메인에서의 무단점거를 금지하는 성명을 발표했다.[32]

미래의 구매자들에게 확신을 심어주기 위해 매사추세츠의 정치인들은 불법적인 '침입자들'을 조사하고 그들에게 세금을 부과할 위원회를 구성했다.[33] 하지만 대부분의 무단점거자들은 철수하지 않았고 세금을 납부하지도 않았다. 주의회도 그들과 타협하지 않고 오히려 철거를 강행하기 위해 보안관들을 파견했다. 이 결정은 후일 한 역사학자가 '공개적인 전쟁'이라고 표현했던 것처럼 오히려 화약고에 불을 지르는 결과를 초래하고 말았다.

1800년에 메인의 한 변호사는 "무단점거자들의 가장 두드러진 특징은 법 체제에 대한 맹목적인 반감과 폭력적인 성향"이라고 언급했다. 무단점거자들이 노리던 카운티의 보안관과 경관들은 희생양이 되었고, 처벌이라는 무서운 말은 더 이상 그들에게 두려움을 주지 못했다. 그들은 법과 관련된 직업은 모두 사라져야 하며 변호사들은 사무실과 함께 먼지 속에 파묻혀야 한다고 선언했다.[34] 배심원들은 무단점거자를 추방하던 한 보안관이 살해되었을 때 이 명백한 살인용의자에게 유죄를 선언하지 않았다. 1820년에 매사추세츠는 메인을 주로 승인하는 데 동의했는데, 이는 부분적으로 메인에 정착한 무단점거자들의 적대적인 성향을 약화하려는 정치적인 활동의 결과였다.[35]

다른 주들도 국유지와 사유지에 대한 무단점거를 막기 위해 최대한의 노력을 기울였다. 1730년부터 펜실베이니아의 스코틀랜드계 아일랜드 이주민들은 인디언들의 영토로 이동하기 시작했고, 이런 그들에 맞서 아메리카 원주민들은 즉시 저항했다. 식민지 정부는 무단점거자들의 오두막을 모두 불태우라는 지시를 내리며 인디언들의 토지를 침탈하지 못하도록 경고했다.[36] 실제로 1763년부터 1768년까지 펜실베이니아 의회는 무단점거를 억제하기 위해 사형 제도를 도입하려고 했다. 그러나 주지사 윌리엄 펜William Penn은 군대에게 그저 무단점거자들을 추방하라고 지시하는 수준에서 그쳤다.[37] 이런 노력이 있었지만 무단점거자들의 수는 오히려 두 배로 증가했다. 그 당시 한 역사학자에 의하면, 분노한 주지사는 인디언들의 토지에 거주한 사람들을 모두 처벌하겠다고 선언했다고 한다. 그러나 그런 수감자들에 대한 평결 기록은 전혀 찾아볼 수 없었다.[38]

선매권법의 제정

모든 정착민들이 이주민이나 그와 관련된 사람들로 이루어진 국가에서 무단점거자들은 식민지 정부의 지지자가 될 운명이었다. 이미 그 정부는 영국의 관습법을 새로운 수많은 정착민들에게 적용하기가 너무나 어렵다는 사실을 깨닫고 있었다. 영국의 법 체제에서는 비록 고의가 아닐지라도 타인의 토지를 무단점거하고 개발한 사람은 절대로 그 개발을 통해 발생한 가치를 획득할 수 없었다. 그러나 효율적인 통제가 이루어지지 않고 신뢰할 만한 기록이나 측량 자료마저 부족한 식민지에서 정부는 토지에 대한 개발을 인정하고 세금을 징수할 수밖에 없었고, 널리 통용되는 지역적 규약은 재산권의 원천으로 인정되었다. 1642년에 버지니아에서는 실제 소유주가 아닌 무단점거자가 개발한 모든 토지의 가치를 인정했다. 버지니아 법은 "확실한 소유주가 없는 농장이나 토지에 정착한 사람은 12명으로 구성된 배심원의 판결을 통해 소유권을 인정받을 수 있다"고 규정했다.[39] 더욱이 소유주가 이런 무단 개발에 대한 배상을 청구할 의지가 없다면, 그 무단점거자는 지역 배심원들이 책정한 금액으로 그 토지를 매입할 수 있었다.[40] 점차 다른 주들도 이 법을 채택하기 시작했다. 이런 조항은 자신들의 토지로 잉여가치를 창출하려는 사람들에게 공감하는 지역 엘리트들의 성향을 반영하고 있었다.

어떤 토지에 대한 공개적인 매각이 이루어지기 전에 그 토지를 개간한 정착민에게 매입을 허가하는 이 합법적인 제도는 '선매권'이라는 명칭으로 알려졌다. 이 원칙은 이후 200년 동안 미국의 불법적인 재산 규약을 통합하는 데 핵심적인 역할을 했다. 정치인들과 배심원들은 '개발'이라는 용어를 무단점거자들에게 대단히 유리한 방식으로 해석했다. 노스캐롤라이나와 버지니아는 오두막 권리와 옥수수 권리를 '개발'의 개념으로 인정했다.[41] 매사추세츠는 토마호크 권리도 포함시켰다.[42] 이런 불법적인 지역 규약들을 법 체제로 통합한 것은 "모든 위험을 감수한 첫 번째 정착민의 권리에 대한 부분적인 인정일 뿐만 아니라 무단점거자들을 범법자가 아닌 개발자로 인식하는 사회적인 분위기를 반영한 합법적인 표현이었다."[43] 독립전쟁이 일어날 무렵에 이리저리 떠도는 무단점거자의 '옥수수 권리'는 대담한 개척자의 점유권으로 전환되었다. 심지어 조지 워싱턴은 버지니아에 침범한 '악한들'이 다른 지역에서는 자신들의 불법적인 소유권을 보호하려는 정치인들의 비호를 받고 있다고 한탄했다.

자금이 부족한 주들에서 선매권은 주요한 수입원이었다. 그런 주들은 무단점거자들이 점거한 토지를 측량하고 합법적인 소유권을 허가하는 조건으로 세금을 부과했다. 결국 독립전쟁을 전후로 선매권법은 크게 활성화되었다. 1777년에 노스캐롤라이나는 서부 카운티에 국유지 관리국을 개설해 이미 그 지역을 무단으로 점거한 정착민들에게 640에이커를 허가하는 특혜를 주었다.[44] 2년 후에 버지니아는 서부 미개척 지역을 무단으로 점거한 정착민들에게 그들이 개발한 토지에 대한 선매권을 인정하는 법안을 통과시켰다.[45]

합법적인 장애물의 증가

수많은 전투에서 승리를 거두었지만 아메리카 대륙의 무단점거자들은 정작 전쟁에서는 승리를 거두지 못했다. 미국이 탄생한 이후 첫 번째 세기 동안에도 무법자들은 여전히 존재했고, 새로운 연방정부는 갑작스럽게 방대한 규모의 공유지에 대한 권리를 손에 넣었다. 1784

년부터 1850년까지 미국은 전쟁과 매입을 통해 약 9억 에이커에 달하는 토지를 획득했다. 루이지애나 매입(1803년)으로 5억 에이커, 플로리다 매입(1819년)으로 4,300만 에이커, 개즈던 매입(1848년)으로 1,900만 에이커, 멕시코와의 전쟁으로 3억 3,400만 에이커를 획득했다.[46] 더불어 1802년에 연방정부는 동부 해안에 접경한 주들의 서부 영토를 모두 획득했다.

1784년 초반에 새로 합병된 주들의 의회(아직 제도적으로 단일화되지 않았다)는 국유지에 대한 접근과 권리를 제한하는 계획을 구상하기 시작했다. 가장 핵심적인 사건은 오하이오 강 이북의 오대호에 걸친 노스웨스트 지역이 궁극적으로 처음 13개 주와 똑같은 권리와 특권을 지닌 주가 되어야 한다는 결정이었다.[47] 1785년에 의회는 공유지의 측량과 매각에 대한 체제를 제시하며 전년도에 제정한 법령을 확대해 실시했다. 뉴잉글랜드의 사례를 따른 이 측량체제는 토지를 36제곱마일의 타운십township(미국의 측량 단위)으로 구분하고 다시 그 타운십을 1제곱마일이나 640에이커의 구역으로 세분화했다. 일단 한 지역에 대한 측량이 끝나면, 640에이커로 세분화된 구역들은 1에이커에 1달러의 가격으로 매각할 수 있었다.

1787년에 의회는 이전의 법령을 노스웨스트 법령으로 통합했는데, 이 법령은 노스웨스트 지역을 여러 구역으로 구분하고 이 지역을 주로 승격시키기 위한 세 단계의 절차를 전개하는 것이었다. 주목할 만한 사실은 이 법이 '무조건 토지상속권(무제한으로 토지를 매각하거나 상속할 수 있는 영구적인 권리)'의 개념을 확립하면서 미국에서 최초로 자유계약을 보장하는 제도였다는 것이다.[48] (역사학자들은 노스웨스트 법령을 미국 헌법의 전 단계에 도달하게 했던 주요한 업적으로 여긴다.) 이런 연방법이 공유지를 분배할 수 있는 우아한 구조를 제시했지만, 그들은 점차 증가하는 미개척 지역의 이주민들을 통제하지도 수용하지도 못했다. 한 가지 중대한 문제는 연방정부 소유 토지의 너무 비싼 가격이었다. 그 당시에 엄청난 금액이던 640달러의 가격으로 인해 수천 명에 달하는 이주민들은 순식간에 연방정부가 소유한 토지매입 경쟁에서 밀려나고 말았다.[49] 그러나 노스웨스트 법령의 기안자들은 부유한 투자자들이 소규모 토지를 매각해 신용을 확장하거나 적절하게 임대할 것이라고 예상했다. 이런 투기적인 선택은 개척자들에게 꿈도 꿀 수 없는 방법이었다.[50] 이주민들은 불법적인 거주라는 '불확실한 선택'에 의존할 수밖에 없었다.[51] 결국 수만 명에 달하는 사람들이 불법적인 규약을 기반으로 하는 무단점거자들이 되고 말았다.

즉시 연방정부는 이런 무단점거자들을 단속하고 처벌하기 시작했다. 그들은 노스웨스트 법령의 채택과 관련된 상황들에 대해 강력하게 반발하고 나섰다. 뉴욕의 윌리엄 버틀러William Butler는 이런 기록을 남겼다. "나는 의회가 국민들의 악행에 익숙해졌다고 생각한다. 그들은 사방에서 몰려들어 다른 지역들뿐만 아니라 이곳까지도 점거하고 있다. 날마다 수백 명에 달하는 사람들이 가족을 이끌고 강을 건너고 있다. 나는 의회가 현명한 정책을 통해 폭증하고 있는 악행을 제지해주기를 바란다."[52] 이런 분위기에 영향을 받아 의원들은 이따금 무력을 동원하면서까지 무단점거자들을 몰아내는 데 주력했다. 1785년에 의회는 공유지에 대한 무단점거를 금지하는 법안을 통과시키면서 국방 장관에게 노스웨스트 지역의 연방정부 소유지를 무단으로 점거한 사람들을 철거시킬 수 있는 권한을 부여했다. 이 정책은 1785년 봄에 머스킹엄강과 오하이오강의 미개척 지역에서 미국 군대가 10가구의 집을 부수고 그들이 되돌아오지 못하도록 요새를 건설하면서 효력을 발휘하기 시작했다.[53] 4년 후 조지 워싱턴 대통령은 원주민들이 소유한 펜실베이니아 미개척 지역에 정착한 무단점거자들을 추방하고 그들이 지은 오두막을 모두 철거하라는 지시를 내렸다.[54]

그러나 대부분의 정치인들이 이런 기존의 법을 지지하려고 했지만 일부는 과연 그 법이 최대한의 국익을 이끌어낼 수 있을지 의심하고 있었다. 그 당시 선매권의 문제가 거의 동시에 제기된 것도 바로 이런 이유에서 비롯된 것이다.[55] 1789년 새로운 의회의 첫 번째 회기에 한 의원은 무단점거자들이 직면한 현실에 대해 날카로운 지적을 했다.

지금 수많은 사람들이 자신들이 정착하고 있는 토지를 매입해 그 소유권을 획득할 수 있기를 바라고 있다. 아무도 없는 토지에 정착해 오직 정부의 조치만을 애타게 기다리는 사람들은 100만 에이커의 토지를 독점으로 매입해 얻은 선매권을 찾기 위해 어떤 방법을 모색하고 있는 것일까? 수많은 사람들은 자신들이 이처럼 토지를 독점한 사람들의 희생양이 될 거라고 생각할 것인가? … 그들은 두 가지 중 하나를 선택할 것이다. 적대적인 성향이 아주 심하지 않은 스페인 영토로 이주해 우리와 위험한 미개척 지대를 형성하고 있는 그곳에서 권력을 증대하거나, 미국 영토로 이주해 당신의 허락도 없이 토지를 점거하는 것이다. 그 다음에는 어떤 일이 벌어질 것인가? 그들은 당신에게 돈을 지불하지 않을 것이다. 그러면 당신은 무력을 동원해 그들을 쫓아낼 것인가? 그런 시도는 이미 이루어졌다. 그들을 쫓아내기 위해 군대가 파견되었던 것이다. 군대는 그들의 오두막을 불태우고 울타리를 부수고 감자밭을 헤집어놓았다. 그러나 군대가 철수한 지 3시간 만에 그들은 그곳으로 되돌아와 피해를 복구하고 이제 연방정부에 공개적으로 도전하며 그 토지에 정착하고 있다.[56]

그 당시에 의회는 전형적인 모순을 범하고 있었다. 그것은 바로 하원의 공유지위원회가 보인 일관성 없는 태도였다. 1801년 의회에 선매권을 요구하는 무단점거자들의 요청을 거부할 것을 권고한 이 위원회는 "무단점거자들이 온갖 어려움 속에서 엄청난 노동으로 토지를 개간하고 경작해 … 그 토지의 가치를 증대했을 뿐만 아니라, 인근 지역까지 영향을 미쳐 국가에 크나큰 이익을 가져왔다"고 현실을 인정했다. 그러나 위원회는 "그들의 요구를 승인하는 것은 공유지에 대한 침탈을 권장하는 것이나 다름없기 때문에 공익에 위반되는 부당한 사안"이라고 주장했다.57 결국 의원들 사이에서는 그들에게 어떤 권리도 허락하지 않겠다는 견해가 지배적이었다.

이런 제도가 시행되고 나서 20년 동안 의회는 미국 헌법 1조에 따라 공유지에 불법적으로 거주하는 정착민들에 대해 단호한 자세를 유지했다. 1796년에 의회는 1785년에 제정된 토지 법령에서 1에이커에 1달러로 규정했던 공유지 최소가격을 1에이커에 2달러로 인상했다.[58]

1807년에 의회는 불법적인 정착민들을 추방하기 위해 제정된 법령을 위반하는 무단점거자들에게 벌금을 부과하고 감옥에 수감하는 법안을 통과시켰다.[59] 1812년에 발행된 하원의 한 문서에는 이런 내용이 언급되었다. "공유지에 대한 난잡한 무단점거는 여러 가지 측면에서 공익을 해치는 행위다."[60]

그러나 문제는 오늘날 대부분의 국가들의 경우와 마찬가지로 의회가 실제 현실과 완전히 동떨어져 있다는 사실이었다. 의회는 무단점거자들이 가하는 엄청난 압력의 중요성을 알지도 못했고, 그들에게 지시를 내릴 수 있는 체계적인 수단도 갖추지 못했다. 심지어 1812년에 공유지에 대한 측량과 매각과 등록을 위해 설립된 국유지 관리국조차 제대로 업무를 수행할 수 없었다. 지역관리국들에서 보내온 토지특허권을 확인하기 위해 새로 설립된 연방관리국이 신용을 통한 구매 기록을 유지하는 업무까지도 감독해야만 했다.

입법가들은 국유지 관리국이 토지를 요구하는 시민들에게 봉사하는 정보 센터의 역할을 해주기를 기대했다. 그러나 이 모든 업무는 곧 직원들을 과도한 업무에 시달리게 만들었고, 결국 대부분의 다른 업무들 때문에 고스란히 뒷전으로 밀려나고 말았다.[61] 패트리샤 넬슨 리머리크Patricia Nelson Limerick가 지적했던 것처럼 의원들은 국유지 관리국을 혼란에 빠뜨린 장본인들이었다. "의원들은 국민들에게 국유지 관리국의 업무처리 속도가 더디다고 맹렬히 비난했지만, 정작 수많은 정보를 요구하며 국유지 관리국 직원들의 업무 시간을 쓸데없이 잡아먹은 사람들은 바로 그들이었다. 심지어 의원들은 국유지 관리국에 대한 정부지출금의 인상을 거부하기까지 했다."[62]

초창기에 미국이 보유한 재정적 자원은 지극히 한정되어 있었기 때문에 필요한 재원을 확보하기 위해서는 특정 계층에 대한 무상 토지 불하에 의존해야만 했다. 여러 역사학자들은 19세기의 식량배급표와 다를 바 없는 '토지 가주권land scrip'을 발행하면서 정부가 불법행위와 무단점거를 장려했다고 생각한다.[63] 1780년부터 1848년까지 의회는 독립전쟁에 참전한 병사들을 위해 200만 에이커의 토지를 할당했고, 1812년 영미전쟁에 참전한 병사들에게는 500만 에이커의 토지를 제공했으며, 멕시코전쟁에 참전한 병사들에게도 1,300만 에이커에 달하는 토지를 분배했다. 1851년부터 1860년까지 의회는 추가로 4,400만 에이커에 달하는 토지를 독립전쟁과 1812년 영미전쟁, 인디언전쟁, 멕시코전쟁에 공헌한 사람들을 위해 할당했다.[64] 독립전쟁 기간에 의회에서 처음 구상되었던 토지 가주권 정책은 정부가 국가에 봉사한 장교들과 병사들에게 보상한다는 측면에서 어느 정도 명분이 있었다. 또 의회는 자체 병력으로든 프랑스나 영국의 용병을 고용해서든 새로운 공화국을 세우기 위해 동분서주하는 토착민들의 끊임없는 군사적 위협에 대해 고심하고 있었다. 미개척 지대에 전직 군인들을 정착시키려는 목적은 바로 이 두 가지 문제를 동시에 해결하기 위한 것이었다.

그러나 19세기 중반에 토지 가주권을 거래하는 암시장이 등장하면서 무단점거와 투기가 동시에 활기를 띠기 시작했다. 보통 토지 가주권을 받은 100명의 군인들 중 84명은 그 권리를 암시장에 팔아 넘겼다. 이런 상황은 오늘날 수많은 개발도상국가들과 과거 사회주의국가들이 일부 시민들에게 공공주택을 보급하면서 일어나는 현상과 대단히 유사하다.[65] 한 역사학자는 이렇게 말했다. "그 누구도 무려 50만 명에 달하는, 토지 가주권을 받은 미망인들과 노인들이 외세의 침략에 대비해서 장벽을 쌓을 거라고는 기대하지 않았다."[66]

연방정부는 수백만 에이커에 이르는 자유지free land를 대륙횡단 철도공사에 제공했다. 19세기 동안 무려 3억 1,800만 에이커를 상회하는 방대한 토지(연방정부가 소유한 전체 토지의 5분의 1에 육박하는 면적)가 철도회사들에게 직접적으로 분배되거나 여러 주들에 할당되어 다시 철도회사들에 분배되었다. 이 대규모 토지분배의 근본적인 목적은 미개척 지역의 질서 정연한 정착을 촉진하기 위한 것이었다. 비록 대부분의 토지는 거의 가치가 없었지만 상당 부분에는 광물이 매장되어 있었고 충분히 작물도 경작할 수 있었다.[67] 가장 좋은 토지는 대륙횡단 철도공사에게 돌아갔는데, 그 회사는 선로를 따라 정부의 토지와 철도공사의 토지가 번갈아 가며 위치한 장기판 같은 형태를 만들어냈다. 의회는 철도공사가 정착민들을 위해 필요하지 않은 토지를 저가에 신속하게 매각할 거라고 기대했다.[68] 그러나 현실은 다시금 정치인들의 기대에 어긋나고 말았다. 한 학자에 의하면, "이런 장기판 같은 배열은 수백만 에이커에 달하는 최상급 토지에 사람들이 정착할 수 있는 시기를 지연시켰고 정착민들이 토지를 매입할 수 있는 기회조차 차단했다고 한다."[69] 심한 경우에는 철도공사와 정착민들 사이에 공개적인 투쟁이 일어나기까지 했다. 스티븐 슈워츠Stephen Schwartz는 1880년 당시에 머셀 슬로우Mussel Slough로 불리던 캘리포니아 산호아킨 계곡에서 철도회사 부지에 정착한 농부들과 목장주들이 철도회사들의 판매 방침에 응하지 않으면서 일어났던 갈등에 대해 보고했다. 두 진영의 갈등은 소송으로 이어졌지만 법원에서도 해결하지 못했고 정착민 5명이 사망하는 총격전까지 일어났다. 책임자는 "누가 먼저 발포했는지 확실하지 않다"는 사실을 인정했다. 이 사건을 다루는 과정에서 《샌프란시스코 크로니클*San Francisco Chronicle*》은 "그들이 어떤 합법적인 권리를 지녔든 간에 모든 자산은 정착민들에게 유익하게 사용되어야 한다는 사실을 부인할 수 없다"고 언급하면서 철도회사들을 비난했다. 정착민들은 막강한 무력을 갖추고 있었는데, 공무원들은 그들을 물리치려면 적어도 200명에서 1,000명에 이르는 우수한 병사들이 필요하다고 추정했다.[70]

연방정부는 체계적인 토지체제를 구축하기 위해 노력했지만 국유지에 대한 권리를 주장하는 일반시민들의 강력한 의지를 극복할 수 없었다. 한 무단점거자는 이렇게 주장했다. "나는 소유주가 없는 모든 토지에 정착할 수 있는 확실한 권리를 인정하고 … 의회에 그것을 금지할 수 있는 권력이 주어지지 않는다면, 미국에서 제정된 헌법은 모든 인류가 공유할 수 있는 법이라고 확신한다."[71] 19세기 초반에 정치인들과 무단점거자들은 재산권을 양도하는 방식을 둘러싼 투쟁을 벌였다. 정치인들은 다양한 의견을 주고받았다. "이 문제를 어떻게 처리해야 할까요?" 일부는 이렇게 대답했다. "군대에 맡겨야 합니다." 또 일부는 이렇게 주장했다. "국가의 부채를 탕감하는 데 활용해야 합니다." 다른 한편에서는 이런 견해도 제시했다. "미래를 대비해서 그대로 유지해야 합니다." 마지막으로 이런 의견을 제시하는 정치인들도 있었다. "토지를 원하는 사람들에게 정착할 수 있는 권리를 주어야 합니다."[72]

합법적인 체제와의 충돌

19세기 초반 미국의 재산 체제는 혼란한 상태에 빠져 있었다. 재산법과 적대적인 입법가들의 존재는 이주민들이 직면한 위기를 악화할 뿐이었다. 폴 게이츠Paul Gates는 버지니아와 켄터키의 토지법 및 무단 점거자들에 대한 연구에서 "법 체제는 소유권을 정리하고, 사람들을 퇴거시키고, 불법적인 침입과 강탈에서 토지를 보호하기 위해 제기되는 소송비용이 한없이 증가하는 데 공헌했다"고 주장했다. 소송비용에다 대출을 받은 자본에 대한 높은 이자까지 겹치면서 무력한 법 체제는 언제나 안전한 투자에 위협이 되었고 그로 인해 소송이 끊이지 않았다.[73]

따라서 이런 토지에 정착한 이주민들은 재산에 대한 공식적인 소유권을 갖지 못했고 보통 두 명 이상의 다른 소유주들과 소유권 협상을 벌여야만 했다. 심지어 토지를 매입해 개간한 후에도 그들은 그 토지에 대한 우선권을 지닌 다른 사람들에 의해 철거될지도 모른다고 걱정해야 했다.[74] 1802년에 켄터키를 여행하던 한 여행자는 집집마다 다른 사람들이 확실한 소유권을 지니고 있는지 궁금하게 여겼다는 사실을 지적했다.[75]

1785년부터 1890년까지 미국 의회는 재산 체제를 개혁하기 위해 무려 500가지가 넘는 법안을 통과시켰는데, 표면상으로는 모두 재산을 시민들에게 분배한다는 민주주의 이념에 근거한 것이었다. 그러나 이 법안들과 관련된 복잡한 과정은 이따금 그런 목표를 저해하기도 했다. 설상가상으로 여러 주들이 오직 재산을 보유한 엘리트들만을 위하고, 그들만을 보호하는 재산법과 토지분배 규정을 개발했다. 그 결과 재산 체제를 개혁하려는 시도는 토지와 관련된 여러 가지 문제들을 더욱 악화하면서 이주민들이 그나마 허물뿐인 소유권마저 잃을지 모른다는 극심한 걱정에 휩싸이게 만들었다. 그 당시에 한 사람은 켄터키의 개혁에 대해 언급하면서 "수많은 거주자들이 이런 혼란을 틈타서 부동산을 확보하고 있으며 … 그로 인해 사람들은 막대한 배상금을 지불해야 한다는 두려움 때문에 감히 자신들의 소유권을 주장하지 못한다"는 사실을 강조했다.[76] 18, 19세기를 거치는 동안 해묵은 문제들이 해결되면서 새로운 문제들이 등장하기 시작했다. 소유권을 결정하는 문제는 오랜 세월 어려운 과제였고 소유권은 장기적이라기보다 순간적인 개념으로, 줄기라기보다 열매와 같은 개념이 되었다. 토지 소유권법이 폐지되면서 소유권은 어렵고 성가신 주제가 되고 말았다.[77] 요컨대 미국의 법 체제는 증가하는 이주민들에 효과적으로 대처하는 데 근본적으로 실패했던 것이다.

1820년에 접어들면서 미국 최초의 재산 체제는 극심한 혼란에 빠져들었던 나머지 대법원장 조지프 스토리Joseph Story는 이런 기록까지 남겼다. "아마도 재산법에 대한 수많은 소송들이 모두 마무리되려면 아주 오랜 세월이 흘러야 할 것이다. … 그것은 몇몇 외국의 법 체제처럼 이상한 방언으로 기록되어 영원히 해독할 수 없는 규범으로 남을 것이다."[78] 미국이 낡은 보수적인 사회가 아니라 합법적인 체제를 갖춘 새로운 국가라는 사실은 대법원장 조지프 스토리에게 역설적인 것이었다.[79]

미국의 법 체제는 자신들의 재산권을 보장받고 '무단점거자'라는 신분에서 벗어나기를 원하는 정착민들에게 거대한 장벽을 만들어냈다. 그들은 영국의 법과 미국의 전통에 자체적인 상식을 혼합해 특히 재산에 관계된 측면에서 자신들만의 '법'을 개발할 수밖에 없었다. 그 결과로 두 개의 합법적 · 경제적 체제(하나는 법전에 성문화된 것이고 다른 하나는 실제로 운영되는 것)에서 '기득권 계층'이 등장했다.[80] 결국 미국은 복수 법 체제로 분리되었는데, 수많은 재산권과 소유권에 대한 규약은 불법적인 법에 의해 규정되었다.

정치적 · 합법적 제도는 법 체제의 충실한 이행과 불법적인 규약을 창출하려는 정착민들에 대한 동정심 사이에서 갈등을 겪었다. 다음에 나오는 토머스 제퍼슨Thomas Jefferson의 연설은 불법적인 규약에 대한 정치인들의 모순된 견해를 정확히 지적하고 있다. "이런 불법적인 규약은 그야말로 천차만별이기 때문에 … 기존의 그 어떤 관습법이나 형평법도 그들에게 적용할 수 없다. 대부분의 불법적인 규약은 한 지역에서 통용되던 관례나 관습에 기초하고 있으며 그들만의 고유한 양도 방식에서 찾아볼 수 있다. 따라서 모든 소유권을 완전히 무시할 수는 없었다."[81]

주 정부 차원의 노력

미국의 정치인들은 몇 가지 선택을 했다. 그들은 끊임없이 불법적인 영역을 억제하거나 아예 무시할 수도 있었고, 마지못해 특허를 내주거나 불법적인 권리를 옹호할 수도 있었다. 19세기 초반 60년 동안 미국 전역에 걸친 점유법occupancy laws(토지를 개발한 권리를 인정한 법)의 확산은 정치인들이 점차 최종 방침을 따랐다는 사실을 암시하고 있다. 점유법이 채택되면서 미국에서는 불법적인 영역이 정치세력으로 등장했다.

이런 상황에 대한 전환점은 신생 주였던 켄터키에서 시작되었다. 다른 주들과 마찬가지로 켄터키의 재산 체제도 총체적인 혼란에 빠져 있었다. 켄터키 주지사는 사람들이 요구하는 토지가 주 전체 토지 면적의 3배를 넘어선다고 불평했다. 폴 게이츠는 이런 사태가 발생한 원인이 1791년과 1820년 사이에 불법적인 지지자들을 위해 법을 제정한 정치인들 때문이라고 주장했다. 이런 법안들은 미국 성문법에서 위대한 형평법이 탄생하는 데 공헌했다. 7년 동안 다른 사람들의 요구가 없고 그 후로 세금을 납부했다면, 토지를 개간한 점유자와 개인적으로 토지를 소유한 정착민들의 권리를 인정하고 다른 사람들에게서 그들의 소유권을 보호해주었다.[82] 그러나 켄터키 법은 합법적인 체제를 구축하는 데 공헌했다는 측면보다 개척자들의 정치적 위력을 인정했다는 측면에서 그 의미를 찾을 수 있다. 결국 이런 불법적인 정착민들이 정치인들에게 압력을 행사하면서 여러 주정부들은 대규모의 불법적인 영역을 척결하려는 미국 대법원의 결정을 거부하기에 이르렀다.

1821년에 대법원은 켄터키의 점유법이 위헌이라고 선언했다.[83] 이 소송에는 방대한 토지를 소유한 존 그린John Green의 상속자들과 그린의 토지에 불법적으로 정착한 리처드 비들Richard Biddle의 분쟁도 포함되었다. 이 문제의 토지는 원래 버지니아에 속했지만 이제는 켄터키에 속하게 되었다. 그린과 비들의 소송에서 대법원은 영국 관습법의 선례를 바탕으로 확립된 '재산 규정'을 지적하면서 켄터키의 점유법을 불법으로 간주했다.[84]

이 결정은 전적으로 이미 점유하고 있는 토지에 대한 합법적인 소유권을 가진 사람들에게만 혜택을 주는 것이었다. 법원에 의하면, 켄터키 법은 불공정하고 강압적으로 운영되었는데, 그 이유는 합법적인 소유주들이 실질적인 토지 개간과 그로 인해 증대된 가치에 대한 비용이 아닌 자신들의 의사와 상관없이 토지를 점거한 사람들이 개간을 가장해 지출한 비용을 지불해야 했기 때문이다.[85] 1823년 그린과 비들의 소송을 재심한 후에 법원은 점유법이 "합법적인 소유주들이 토지 점거자들에게서 받은 지대와 수익을 박탈한다"는 사실을 강조하면서 앞선 판결을 확정했다.

불법적인 영역 출신의 지지세를 키워가던 정치인들은 비들을 "켄터키 주민들에게 가장 치명적이고 위험한 결과를 가져온 인물"이라고 비난했다.[86] 대법원은 급속도로 팽창하는 미국의 미개척지대에서 형성되고 있는 새로운 정치적 현실을 감지하지 못할 수도 있었지만 서부의 정치인들은 그저 창 밖을 내다보기만 해도 급변하는 상황을 볼 수 있었다. 19세기 초반에는 수만 명에 달하는 대담한 이주민들이 비옥한 처녀지에 정착하기 위해 애팔래치아 산맥을 넘어 서부로 향했다. 그 당시 미국의 인구는 20년마다 두 배씩 증가하고 있었다. 1620년에 영국이 점령한 북아메리카에는 정착민들이 약 5천 명 정도에 불과했다. 그러나 1860년에는 그 수가 무려 3천만 명을 넘어섰다. 더욱이 미국 인구의 50퍼센트는 애팔래치아 산맥 서부에 거주하고 있었다.

이 이주민들은 법원에서 자신들의 재산권을 인정해주기를 원했다.[87] 따라서 대법원이 그린과 비들의 소송에 내린 평결에 대한 정치적·사회적 반발은 불법적인 영역에게 크나큰 승리였다. 그들은 이내 공격적인 태도를 취하기 시작했다. 수많은 정치인들과 지역 신문들은 이제 미국 대법원을 악당으로 간주하고 있었다. 한 지역신문은 '비거주자들과 이방인들'의 권리를 '절멸'하려는 법원이 '반역 행위'를 한다는 내용을 언급했다.[88] 법원의 권위에 대한 저항이 한창 격렬하던 시기에 켄터키의 유력인사 리처드 존슨Richard Johnson은 상원에서 발표한 연설을 통해 "그 결정은 켄터키에서 신중하게 마련한 정책을 전복시킬 수 있으며, … 만약 실제로 발효된다면 오랜 세월 논란이 끊이지 않던 지역에서 수많은 소송이 제기되어, 그동안 존중되던 부동산 체제가 엄청난 혼란에 빠지는 치명적인 결과를 초래할 것"이라고 주장했다.[89] 오랜 세월 무단점거자들의 권리가 걷잡을 수 없이 확장되는 것을 견제했던 켄터키의 다른 인사들과 유력한 상원의원인 헨리 클레이Henry Clay조차 이런 사실을 인정했다. "그들은 집을 짓고, 과수를 심고, 울타리를 치고, 토지를 경작하고, 그곳에서 가족을 부양한다. 한편 많은 이주민들이 몰려들면서 그들이 개간한 농장들의 가치가 상승하고 그런 농장들에 대한 수요가 생겨나자 그들은 새로운 이주민들에게 매각해 큰 수익을 거두고 더 먼 서부로 이주했다. … 이런 식으로 날마다 수백 만에 달하는 사람들이 토지를 개발해 스스로 생활환경을 개선하고 있다."[90] 켄터키의 주지사와 의원들은 모두 소리 높여 대법원의 결정에 반대했다.[91]

초창기부터 법원은 선출을 통해 선발되지 않은 판사들의 권위에 비판적이던 정치인들의 주요 공격대상이었다. 그러나 이례적인 사건들을 겪으면서 켄터키의 법관들도 대법원의 결정에 반발했다. 2년 후에 유사한 사례를 접한 켄터키의 한 판사는 그린과 비들의 판례를 적용할 수 없다고 주장했는데, 그 이유는 "7명의 대법원 판사들 가운데 고작 3명에 의해 내려진 결정이기 때문에 과반수에 미치지 못하는 인원을 통해 내려진 판결은 합법적인 판례로 인정할 수 없다"는 것이었다.[92] 1827년에는 또 한 명의 켄터키 판사가 헤아릴 수 없이 많은 사례에 인용되는 점유자 우선법occupying claimants law이 합법적이라는 사실을 강조하며 비들의 요구를 기각했다.[93]

그린과 비들의 소송에 대한 논쟁이 격렬하던 시기에 서부의 정치인들과 전국의 민주당원들은 점차 증가하는 무단점거자들의 지지자들을 전혀 다른 시각에서 바라보기 시작했다. 그들은 더 이상 국가의 소중한 재산을 좀먹는 사악한 범법자들이 아니라 국토의 개발에 앞장서는 '고귀한 개척자들'이었다. 물론 그들은 잠재적인 유권자들이기도 했다.[94] 그런 정치인들은 미국의 재산 체제를 공격하기 시작했다. 캔자스 출신의 한 의원은 이런 사실을 강조했다. "우리 주의 전역에서 정착민들은 공유지를 점거한 후에 토지를 개간하고 세금을 냈지만 나중에는 내무장관의 지시에 따라 이런저런 이유로 보상조차 받지 못하고 그 토지에서 쫓겨났다."[95]

연방 정부 차원의 노력

그린과 비들에 대한 논쟁이 한창이었던 1816년에, 영미전쟁의 영웅이자 서부개척자들의 후원자인 앤드류 잭슨Andrew Jackson은 치열한 경합 끝에 대통령의 자리에 올랐다. 두 차례의 재임기간 동안 선거권 보유 및 정치 사무실의 운영을 제한하는 재산 자격이 폐지되고, 여러 주들에서 형법이 완화되고, 채무자 수용소가 철폐되면서 무단점거자들의 권리에 대한 공감대가 확산되었다. 그와 동시에 부유층과 권력층의 대리인들로 여겨지던 판사들과 변호사들에 대한 대중적인 반감도 확산되었다.[96]

1830년에 이르면서 처음에 13개였던 주가 24개로 증가했다. 이런 신생 주들 가운데 서부의 7개 주에서 워싱턴으로 파견된 대표자들은 무단점거자들을 위한 정책을 수립하기 위해 많은 노력을 기울였다. 이처럼 점차 영향력이 증대되는 블록bloc이라고 불리는, 정치 · 경제상의 특수 이익을 위해 제휴한 국민과 단체의 후원을 얻기 위해서, 북부와 남부의 주들은 경쟁적으로 자신들이 서부를 지지한다는 사실을 내세웠다.[97] 방대한 토지를 장악하고 있던 서부의 여러 주들과 무단점거자들은 자신들의 증대된 정치적 영향력을 행사하기 시작했다. 그 결과는 대단히 인상적이었다. 1834년부터 1856년까지 미주리, 앨라배마, 아칸소, 미시건, 아이오와, 미시시피, 위스콘신, 미네소타, 오리건, 캔자스, 캘리포니아는 모두 그린과 비들의 소송에서 대법원이 위헌이라고 선고했던 켄터키의 법과 유사한 점유법을 채택했다.[98] 폴 게이츠는 대법원이 내린 그 어떤 판결도 주의 입법부와 법원에 의해 이처럼 철저히 전복된 적은 없으며 연방법원은 그 판례를 적용하지 못했고 의회도 연방법원의 적용 범위를 그린과 비들의 경우처럼 무단점거자들까지 확장하는 법안을 별다른 이견 없이 통과시켰다고 주장했다.[99]

결국 연방정부도 이런 메시지를 받아들이기 시작했다. 1806년에 공유지 위원회는 무단점거자들이 스스로 곤경에 빠져들고 있다며 비난했지만, 1828년에는 무단점거자들이 소중한 사회봉사 활동을 수행하기 때문에 그에 대한 보상을 받을 자격이 있다고 하원에 보고했다.[100] 한때 추악한 존재로 취급받던 무단점거자들은 이제 그만한 보상을 받을 수 있는 권리를 보장받았다. 그들은 공유지를 매각할 수 있는 자격을 얻었는데, 만약 그들이 개발하지 않았다면 아무런 가치도 없고 입찰자조차 없었을지도 모르는 토지를 이제 경매할 수 있는 것이다.[101]

의원들은 정착민들의 자체적인 규약을 무난히 합법적인 체제로 흡수할 수 있는 법안을 마련하기 시작했다.[102] 그 중심에는 식민지 시기에도 무단점거자들의 유일한 희망이었던 합법적인 장치가 있었다. 그것은 바로 선매권이었다. 1830년에 서부와 남부 의원들의 연합은 1829년 이후에 공유지에 정착하거나 점거해 그 토지에서 경작하는 모든 사람들에게 적용되는, 일반선매권 법령general pre-emption act을 통과시켰다.[103] 무단점거자들은 자신들이 개간한 토지를 포함해서 160에이커의 토지를 1에이커 당 1달러 25센트에 매입할 수 있었다. 매입대금은 반드시 그 토지가 공매에 나오기 전까지 지불해야 하며 선매권에 대한 양도나 매매는 엄격하게 금지되었다.

의회는 1832년, 1838년, 1840년 이렇게 세 차례에 걸쳐 1830년에 제정된 일반선매권 법령을 개정했다. 이런 개정은 언제나 가장 열악한 상황에 처한 무단점거자들의 권리를 강화하면서 선매권이 악용되는 것을 방지하려는 취지에서 이루어졌다. 일례로 1832년 법령은 무단점거자들이 매입할 수 있는 최소 토지면적을 160에이커에서 40에이커로 대폭 축소했다.

1841년에 접어들면서 선매권 법령이 아주 확실한 체제로 자리잡자 의회는 확대 일반선매권 법안general prospective pre-emption bill을 시행했다. 1841년 법령은 기존의 무단점거자들뿐만 아니라 장차 공유지에 정착할 가능성이 있는 사람들을 모두 적용 범위에 포함시켰다.[104] 사람들이 정착한 토지는 반드시 측량이 실시되었지만 결국 이 법안도 제대로 실시되지 못했다.[105]

불법적인 영역의 노력

이따금 재산에 대한 정치적·법률적 논쟁에서 지리적으로 고립된 수많은 무단점거자들은 자신들이 점유한 토지를 보호할 수 있는 모든 수단을 동원했다. 일부는 한 토지에 두 번씩이나 대금을 지불했고, 다른 일부는 토지에 대한 합법적인 소유권을 얻기 위해 변호사에게 엄청난 돈을 지불했다.[106] 대다수는 합법적인 체제에서 소요되는 비용을 충당할 수단이 없었던 탓에 그들만의 불법적인 규약을 만들어 미개척지대의 재산에 대한 접근과 보유에 필요한 새로운 재원을 창출했다. 그들은 활용할 수 있는 모든 수단을 동원해 법을 자신들에게 유리한 방향으로 만들었다. 그러나 정치인들이 법 체제와 더불어 불법적인 사회계약이 형성되어 국가 재산권 체제의 필수적인 부분을 구성했다는 사실과 전국적으로 시행할 수 있는 합법적인 체제를 구축하기 위해서는 사람들이 재산권을 정의하고 사용하고 분배하는 방식을 파악해야만 한다는 사실을 깨닫기까지는 상당한 시간이 걸렸다.

우리는 두 가지 중요한 사례를 통해 비공식적으로 획득한 재산권을 보호하는 불법적인 조직이 등장한 배경을 이해할 수 있다. 청구지조합claim associations은 19세기 전반기에 미국 중서부 전역에서 활성화되었고, 금광지구miner districts는 캘리포니아에서 황금이 발견된 이후에 서부에서 확산되었다. 수많은 미국 역사학자들은 청구지조합과 금광지구가 "민주적인 행동을 지향하는 미개척지대 사람들의 능력이 구현된 것"이라고 여겼다.[107] 다른 역사학자들은 이런 조직이 "선량한 소유주들에게 훔친 토지를 감추는 보호막 역할을 수행했다"고 주장했다.[108] 나는 이런 사항을 다루려고 하지는 않는다. 내가 청구지조합과 금광지구에 대해 관심을 갖는 이유는 이런 조직들을 통해서 불법적인 집단들이 미국의 재산권을 정의하고 토지의 가치를 증대하는 데 중요한 역할을 담당했다는 사실을 알 수 있기 때문이다. 도널드 피사니Donald Pisani의 말을 빌면, 비록 불법적으로 공유지를 점유했지만 이 무단점거자들은 준법정신이 대단히 투철하기 때문에, 오히려 법률가들보다 법을 정의하고 해석할 수 있는 더 큰 권리를 가졌다.[109] 이런 까닭에 불법적인 조직들은 정부와 협상하는 일부터 무단점거자들이 요구하는 재산과 권리를 등록하는 일에 이르기까지 다양한 기능을 수행했다.

청구지조합

미국 중서부의 토지조합은 원래 투기업자들이나 선취특권 횡령자들에게서 자신들의 권리를 보호하기 위해 정착민들이 마련한 단체였다. 일례로 아이오와에 있는 두 조합은 토지를 매각한 후에 2년 동안 회원들의 권리를 보호하는 자체적인 규정에 합의했다.[110] 이 아이오와 '청구지조합'을 연구하는 역사학자 앨런 보그Allen Bogue는 "무단점거자들이 조합원들의 도움을 받아 선취특권 횡령자들의 위협에 대처하고 … 조합원들의 힘을 빌어 토지경매에서 낙찰가를 조작하려는 투기꾼들을 협박할 수 있었다"는 사실을 지적했다.[111] 한 아이오와 역사학자는 이런 기록을 남겼다.

> 어느 정착민(집을 마련하기 위해 즉시 토지를 점거하려는 사람)이 조합의 토지에 정착했을 때, 그는 곧바로 사냥개들에게 쫓겼다. 그는 그 토지에 대한 권리를 포기하든지 조합원들이 요구하는 금액을 지불해야 했다. 만약 그가 이전에 설정된 토지 권리에 대해 이의를 제기한다

면, 조합은 자신들의 권리를 입증하기 위해 곧바로 한 명 이상의 증인을 내세울 것이다.[112]

이런 조합들은 원시적이지만 엄격한 자체 규정을 운영하고 있었다. 그 지역의 목사가 한 조합원에게 선취특권 횡령자가 그의 권리를 가로챈다면 어떻게 할 것인지 물었다. 그는 이렇게 대답했다. "물론 그자를 죽여버리겠다. 정착민들이 합의한 조항에 따라 나는 보호받을 것이다. 만약 재판에 회부된다면, 배심원들은 내게 불리한 평결을 내릴 것이다."[113] 그러나 청구지조합은 이런 선취특권 횡령자들이 연관된 소송에 조합원들을 배심원들로 참석시켜 마치 정당한 절차를 진행하는 것처럼 가장했다. 아이오와의 한 카운티에서는 조합원이 소유한 토지를 점유하려던 어느 선취특권 횡령자가 성난 조합원들에게 붙잡혀 불과 1시간 만에 배심원 앞으로 끌려왔다.[114]

이런 조합들의 기능은 단순히 제3자들에게서 조합원들을 보호하는 수준을 넘어섰다. 예를 들면, 보통 한 지역을 먼저 점유한 무단점거자들인 조합원들은 토지경매에서 서로 경쟁하지 않고 다른 사람들이 조합원들과 경쟁하지 못하도록 제지하기로 합의했다.[115] 한 토지조합이 제정한 법규의 머리말에는 조합의 임무에 대해 사실적으로 설명하고 있다.

정부의 허가를 받아 우리는 이 토지에 정착하고 시간과 돈을 투자해 토지를 개발했기 때문에 마땅히 공시가로 토지를 매입할 수 있는 권리

> 를 갖는다. 만약 우리의 권리를 침해하려는 사람들이 있다면, 그로 인해 불신과 불안이 퍼지고 동요가 일어날 수도 있다. 따라서 우리는 서로 분쟁을 일으키지 않고 안전하게 정착해 서로 이권을 교환하고 자칫 불신이나 불안을 유발할 수 있는 일을 모두 피할 것을 결의한다. 또 오직 조합을 통해 몇몇 수탁자들에게 토지를 맡기고 그들에게 부과되는 의무를 면제하여 보호한다.[116]

이 내용은 오늘날 제3세계 국가들의 무단점거자 집단이 만들어낸 '정착 계약settlement contracts'과 놀라울 정도로 너무나 흡사하다.

모든 청구지조합은 자체적인 법규를 제정하여 규정에 의거해 운영위원을 선출하고 분쟁을 조정하기 위한 규약을 마련하고 토지의 등록 및 보호를 위한 절차를 확립했다.[117] 일례로 아이오와 존슨 카운티 조합의 법규는 의장과 부의장, 사무관과 서기를 두도록 했고 7명의 판사를 선출해 그중 5명으로 법정을 구성하여 분쟁을 조정할 수 있게 했으며, 2명의 치안경관을 선출해 조합의 법규를 시행하는 임무를 부여했고 토지에 대한 재산권을 처리하기 위한 절차를 수립했다.[118] 앨런 보그에 의하면, "대부분의 법규는 토지의 구획과 등록 및 양도에 대한 지침을 제시하고, 조합원들이 서로 권리를 주장하거나 선취특권 횡령자들의 위협이 있거나 토지매각 날짜가 임박할 경우에 따라야 할 절차를 비롯해 조합이 필요로 하는 광범위한 사항들을 규정한다."[119]

청구지조합의 정착계약은 분명히 무단점거자들이 요구하는 토지의 가치를 증대했다. 아이오와의 포시크·존슨·웹스터 카운티 조합은 조합원들이 반드시 개간해야 할 토지 범위를 규정하는 특별한 규칙을 기안했다.[120] 또한 조합원들이 보호받을 수 있는 최대 및 최소 토지 면적을 설정했고, 조합원들이 재산의 가치를 파악하기 위해 토지를 매각하는 것을 허용했다. 그러나 여러 조합원들이 법규에 의해 부여되는 토지에 만족하지 않고 방대한 토지를 청구하는 바람에 정작 구매자들이 청구되지 않은 토지를 찾기 어려운 경우가 종종 발생했다.[121] 이런 현상은 조합원들의 암묵적인 동의가 있었기에 가능했다. 조합원들은 대규모 투기업자들을 비난했지만 화이트가 지적했던 것처럼 그들도 '소규모 투기꾼'이었다.[122] 미국 역사에서 청구지조합은 단순히 택지를 보호하는 조직을 초월해 토지의 거래를 보호하는 역할을 했다.[123]

이런 청구지조합은 대중적인 동의와 요구를 바탕으로 일종의 관습법이 탄생되는 데 기여했다.[124] 테터Tatter가 구체적으로 지적했던 것처럼, 비록 법이지만 그들이 만든 토지법은 미국 정부가 제정하지도 않았고 성문법으로 명시되지도 않았다. 그것은 국민들이 스스로 만들어 낸 법으로 상당한 강제력을 지녔다.[125] 그러나 정착민들은 법 체제를 완전히 무시하지는 않았다. 그들의 불법적인 규약은 법 체제를 존중하기 위한 과정에서 잠시 거치는 임시정류장일 뿐이었다.

금광조직

1848년 1월 24일, 제임스 마샬James Marshall을 비롯해 인디언들과 모르몬교도들은 캘리포니아의 아메리카 강을 따라 형성된 대규모 금광을 발견했다. 광부들은 이 사실을 비밀에 붙이고 절대로 누설하지 않기로 맹세했다. 그러나 이 소식은 불과 4개월만에 샌프란시스코의 지역신문들에 실렸다. 이 놀라운 소식이 퍼지면서 세계 역사에서 유례가 없는 대규모의 자발적인 이주 현상이 일어났다.[126] 그 여파는 상상을 초월했다. 농부들은 들판에 쟁기를 팽개쳤고 병사들은 탈영을 시도했다. 선원들은 배를 버리고 떠났고 상인들도 가게문을 닫았다. 이처럼 샌프란시스코는 하룻밤 사이에 유령도시로 변하고 말았다.[127] 1년 만에 캘리포니아의 광부 인구는 10만 명이 되었고, 2년 후에는 거의 30만 명에 육박했다.

이처럼 일확천금을 노리며 캘리포니아로 몰려든 사람들은 그 어디에도 울타리가 없고 측량 사무실도 없다는 사실을 깨달았다.[128] 그러나 그들이 원하는 토지는 대부분 수백 명에 달하는 다른 경쟁자들도 노리고 있기 때문에 그들은 모두 법적으로 무단점거자였다.[129] 이 시기에 대부분의 토지는 연방정부가 소유하고 있었다. 캘리포니아에서는 전체 토지의 9퍼센트가 멕시코인들에게 무상으로 불하되었고 나머지는 사막과 산이거나 접근하기 어려운 지역이었다.[130] 앞서 살펴본 것처럼 연방정부는 토지 사용을 규제하는 수백 가지 조항을 만들었지만, 귀중한 광물을 포함하고 있는 연방정부 소유의 토지에 대한 매각이나 임대를 규제하는 법은 없었다.[131] 더욱이 의회는 1841년에 제정된 일반선매권 법령에서 '광산 지역'을 제외했다.

멕시코인들에 대한 무상 토지불하 정책과 부재지주들의 이해 관계와 토지를 갈망하는 정착민들의 욕구 그리고 연방법의 부재가 복잡하게 엉키면서 순식간에 불법적인 규약의 필요성이 제기되었다. 피사니와 같은 역사학자들은 정착민들에게 별다른 선택권이 없다고 생각했다. 그들의 주장은 이러했다. "만약 그들이 무상 불하가 취소되기를 바라면서 멕시코인들의 토지에 정착했다면, 그들은 자신들이 토지를 개발한 권리를 잃고 말 것이다. 더욱이 불하된 토지의 경계가 대폭적으로 조정되거나 그 권리를 상실한 사람들에게 토지를 매입했다면, 그들은 토지를 개발한 권리뿐만 아니라 토지를 매입한 비용까지 모두 잃고 말 터였다."[132] 정착민들이 자체적인 규약을 마련하는 동안에 정부는 기존의 법을 바탕으로 해결책을 찾으려고 했다. 여기서 문제는 정부가 진행하는 속도가 너무나 늦다는 것이었다. 1851년에 의회는 멕시코와 스페인 사람들에게 제공하는 무상 불하 토지의 적법성 여부를 심의하기 위한 위원회를 구성했다. 이 위원회는 공식적으로 1856년까지 활동했지만 법원과 국유지 관리국은 그 기간을 몇 년 더 연장했다. 그 결과로 정착민들은 질서를 유지하기 위해 점점 더 불법적인 규약에 의존했다. 피사니에 의하면, 그들에게는 선택의 여지가 없었다. 이런 심의 과정이 길어질수록 소송과 폭동이 일어날 가능성은 더 커졌다.[133]

중서부 지역의 청구지조합을 조직한 무단점거자들과 마찬가지로 광부들은 자신들에게 유리한 두 가지 선례를 확보했다. 바로 선매권과 토지 점유자에 대한 개발권이었다.[134] 따라서 그들은 자신들의 불법적인 권리를 통제하고 반드시 지켜야 할 의무사항을 규정하는 조직을 구성했다. 이런 정착 계약은 '광산지구 법규'라는 명칭으로 알려졌다. 광부들은 이 법규를 기존의 법 체제처럼 견실하게 제정하면 머지않아 정부가 자신들과의 협상에 응할 수밖에 없을 거라는 사실을 알고 있었다.

광부들은 선택의 여지가 없었다. 광산지구는 대체로 9단계의 과정을 통해 지정되었는데, 각 단계별 내용은 다음과 같다. 1단계, 광부들은 새로운 지구를 설정하기 위해 대규모의 집회를 소집한다는 공지사항을 발표했다. 2단계, 집회의 첫 번째 안건으로 광부들은 지구의 경계를 규정하고 명칭(대체로 그 지역의 지형적 특성이나 처음에 지구를 조직한 사람의 이름에서 착안한다)을 설정했다. 3단계, 광부들은 토지의 위치와 토지를 신청한 인원에 따라 소유권을 제한했다. 대부분의 광산지구에서 새로운 광맥을 최초로 발견한 사람은 다른 사람들보다 2배 넓은 면적을 청구할 수 있는 권한이 허용된다. 만약 기록된 정보가 양호하고 기록관이 발행한 소유권과 같은 확실한 신용을 통해 매입한다면 토지를 매입하는 데는 제한이 없었다.

4단계, 광산지구는 오직 미국 시민들이나 합법적으로 시민권을 취득한 사람들만 수용했다. 그 당시 만연했던 인종차별로 인해 멕시코인들과 아시아인들은 배척되는 경우가 허다했다. 심지어 멕시코와 아시아 출신 광부들은 미국인들이 힘겹게 얻은 부를 가로채고 젊은 청년들의 윤리의식을 해친다는 비난까지 받았다. 5단계, 광산 청구지의 면적은 길이를 기준으로 대규모 광산은 150에서 300피트로 소규모 광산은 광부의 삽 길이로 규정했다. 보통 갱도에 설치한 선로는 다른 청구지를 침범하지 않는 한 길이의 제한을 받지 않았다. 6단계, 광부들은 서로가 청구지의 경계를 구분할 수 있는 지침을 설정했다. 대체로 청구지에 대한 권리는 경계를 설정한 사람의 이름과 광구의 명칭을 적은 표지판을 게시하는 것으로 시작한다.

7단계, 기록보관소를 설치해 광산지구에 대한 공식 기록을 보관하고 청구지에 대한 기록 방법을 설정한다. 이따금 기록관들은 1년에 한 번씩 선출했다. 한 가지 중요한 사항은 광부들이 청구지에 대한 권리를 공지한 날부터 5일에서 30일 이내에 기록관에게 그 사실을 전달해 기록관이 그 기록을 서류로 보관하고 광산지구에서 이루어진 소유권의 변동 사항을 기록하도록 규정했다는 것이다. 8단계, '개발기간, 개발범위, 개발용도'와 같은 청구지를 소유하기 위해 반드시 처리해야 할 항목을 규정하는 청구지 개발을 위한 필수 요건을 마련했다. 이 규정을 이행하지 않을 경우에는 처벌로 모든 권리를 박탈당할 위기에 처했다. 9단계, 마지막으로 분쟁을 해결하기 위한 체제를 확립했다.[135]

연방 광산법이 합법적인 효력을 발휘할 수 없는 상황에서 광부들은 자체적인 광산법을 제정했다. 정부가 자신들의 청구지를 합법적으로 승인할 때까지 그들은 자체적인 협상을 통해 자신들의 권리를 보호하고 재산의 가치를 증대하기 위해 노력했다. 불법적인 수단을 통해 재산권을 창출하는 것은 결코 보기 드문 현상이 아니었다. 오늘날 제3세계와 마찬가지로 불법적인 영역이 번성하고 있었기 때문이다. 캘리포니아에서 황금이 발견된 이듬해에 자체적인 규정을 보유한 관할지구는 무려 800군데가 넘었다.[136] 모든 관할지구는 주민들의 동의를 기반으로 합법성과 권위를 획득했다. 이런 지구들은 외부의 압력에 의해 시장을 선출하지도 않고 의회를 구성하지도 않으며 치안판사도 임명하지 않았다는 사실을 지적했다. 이런 지구들은 정치적인 조직으로 여러 주들이 탄생한 지 오랜 후에 생성되었다. 이따금씩 지구별로 파견된 임원들은 다른 지구들의 임원들과 만나서, 각 지구의 경계나 지역 정부의 문제를 협의하거나 지구별로 구성원들에 대한 사항을 보고하기도 했다. 일반적으로 이런 회의는 언덕이나 강둑에서 공개적인 형태로 이루어졌다.[137]

마침내 대부분의 정치인들은 광부들의 권리를 지지했고, 법원은 불법적인 규약을 승인했다. 1861년에 캘리포니아 대법원의 한 판사는 고어Gore와 맥브라이어McBreyer의 소송에서 광부들의 불법적인 규약을 합법이라고 선언했다. "만약 사기행위가 발생하지 않았거나 일부에서 법규를 거부하는 사람들이 없었다면, (공개적인 회의를 통해서든 적절한 공지를 통해서든) 광부들이 자체적인 법규에 동의했고 이런 법규가 공동의 규칙으로 인정되었다고 볼 수 있다"는 판결을 내렸다.[138]

금광지구의 법규가 합법적인 체제에 쉽게 수용될 수 있었던 한 가지 요인은 이런 법규가 기존의 법 체제와 큰 차이가 없는 원칙과 절차를 기반으로 제정되었기 때문이다. 레시Lacy는 이런 금광지구의 법규가 콘월의 주석광산 협의회, 하이피크 지구High Peak District와 더비셔 바모트 코트Barmote Court of Derbyshire, 작센 지방의 버거마이스터Burgermeister of Saxony, 페루의 스페인 식민지 법령, 미주리의 일부 납광산 지대의 관례 등에서 축적된 지식과 관례를 반영하고 있다는 사실을 지적했다.[139] 예를 들면, "어떤 지역에서 한 광부가 광산법과 관례에 따라 광산에 대한 권리를 청구했다면, 그는 그 광산에 대한 소유권을 가질 수 있다. 이 사례는 그저 불법점유의 법칙을 적용한 것처럼 보일 것이다."[140] 광부들을 옹호하던 한 변호사는 그들의 법규가 합법적인 재산권 체제를 요약해 그와 동등한 권위를 얻은 과정을 설명했다.

> 광부들의 법규에서 광구의 경계 선정자는 그 광산에 수행원을 파견해 경계를 설정하고 자신이 소유권자임을 선언한다. … 이런 공지는 서면 신청을 대체하고 경계의 표시는 측량의 의도를 나타낸다. 광산법은 면허나 다름없고 공무원의 기록은 등기의 효력을 갖는다. 여기서 유일한 공무원은 바로 수많은 대중으로, 그들은 바로 광부들이며 그들의 법규는 냉정하다.[141]

비공식적인 법규와 기존 법규의 혼합은 오늘날 제3세계에 존재하는 무단점거자들의 조직처럼 아메리카의 방대한 광산 지역에서 일어나는 법질서의 공백을 무난히 메워주었다. 1850년대에 의회는 서부의 광산 자원을 흡수하기 위한 노력을 전혀 하지 않았다. 역사학자들은 자치에 성공한 광부들이 그 당시 정치철학에 강렬한 인상을 남겼거나 국가가 노예 문제와 남부 여러 주들의 이탈 문제에 지나치게 골몰했기 때문이라고 추측했다.[142] 어쩌면 미국 입법부의 법률가들은 그들의 법규를 보면서 훌륭한 법이라고 생각했을지도 모른다. 한 가지 확실한 사실은 의회 활동의 부재로 인해 광부들이 직접 제정하고 시행했던 사회계약은 그저 신뢰성이 더해졌을 뿐이라는 것이다.[143]

그러나 1860년대에 남북전쟁이 발발해 전쟁을 치르기 위한 자금이 필요해진 캘리포니아와 네바다, 콜로라도의 투자자들은 의회에 수천 개에 달하는 광산법을 단일화된 체제로 통합할 것을 강력히 요구했다. 토지 소유권에 대한 투자자들의 관심은 이 논쟁에서 대단히 중요한 역할을 담당했다. 한 사람은 표준화된 소유권체제가 없기 때문에 "자본주의자들이 갱도를 파고 기계를 세우고 건물을 짓는 일에 막대한 돈을 투자하지 않을 것이며 광산법이 광산의 매장량에 따라 천차만별로 달라진다는 사실을 인식할 것"이라고 언급했다.[144] 연방정부는 연방정부가 소유한 토지에 대한 채굴을 규제할 수 있는 방법을 강구하기 시작했다.[145] 레시에 의하면, 서부 의원들의 가장 큰 관심사는 "소유권의 보장과 합리적인 가격에 광산부지를 매입할 수 있는지 여부"에 대한 것이었다.[146]

1866년에 의회는 최초로 미국 시민들에게 자유롭게 광산부지를 발굴할 수 있는 기회를 부여한다는 공식 성명을 발표했다. 수십 만의 광부들이 연방정부가 소유한 캘리포니아의 토지에 매장된 황금을 찾기 위해 몰려든 지 18년이 지난 후의 일이었다. 1866년 법령에는 광물을 발굴하려면 미국 법 체제와 마찰을 빚지 않는 몇몇 광산지구의 규정이나 관습에 따라야 한다는 조항이 명시되어 있다.[147] 이 법령을 제정한 의도는 불법적인 권리를 말살하려는 것이 아니라 불법적인 권리를 보유하고 운용하는 방식에 대한 전반적인 규제를 통해 그런 권리를 강화하기 위한 것이었는데, 이런 규제는 기존의 광산법과 마찰을 일으키지 않고 전체적인 체제에 일관성과 통일성을 부여한다.[148] 이 최초의 광산법의 또 다른 중요한 면은 이 법안의 내용을 캘리포니아 네바다 카운티의 그래스밸리 광구, … 네바다 스토리 카운티의 골드마운틴 광구의 광산법에서 직접 가져왔다는 사실이다.[149] 이 법안을 통과시키는 과정에서 의회는 불법적인 규약을 고안한 개척자들에게 경의를 표하기까지 했다.

> 최고의 능력을 지닌 개척자들이 제국과 질서를 위해 고안하고 제정한 이 위대한 체제는 반드시 승인되고 보존되어야 한다. 이제 우리는 국민주권설에 의거해 그 체제를 붕괴하는 것이 아니라 그 체제에 국가적인 권력과 권위를 부여하고자 한다.[150]

따라서 1866년 법령은 합법적인 체제의 외부에서 탄생한 사회계약을 합법적인 것으로 인정했을 뿐만 아니라 정착민들이 획득한 권리를 선매권과 정착용 청구지로 통합했다. 또한 이 법령은 측량 여부에 관계없이 어떤 토지에 대해 1천 달러 이상의 비용을 들여 개발한 개인이나 단체에게 특허권을 부여했다. 이 조치는 자산에 더해진 가치는 법에 의해 권장되고 보호된다는 사실을 명백히 나타낸 것이었다.

1872년 5월 10일 의회는 오늘날까지 이어지는 미국 광산법의 기본구조를 형성하는 일반 광산법general mining law을 통과시켰다. 이 법은 1866년 법령의 중요한 원칙을 포함하고 있었다. 바로 광산을 개발한 사람의 소유권을 정부가 인정하는 것이었다.[151] 20년 동안에 광부들의 불법적인 권리와 불법적인 규약은 새로운 합법적인 체제로 통합되었다. 심지어 한때 불법적인 권리에 적대적인 태도를 보이다 오히려 무단점거자들의 지지자들에게 역습을 당했던 대법원조차 제니슨Jennison

과 커크Kirk의 소송에서 1866년과 1872년 연방정부가 제정한 광산법을 합법적인 것으로 인정했다. 대법원에 의하면, 두 가지 조항에 근거해 "정부는 지역의 관습과 법, 법원의 결정에 의해 획득한 소유권을 인정했고 … 정부의 묵인을 통해 생겨난 개인적인 권리를 존중했다. 정부는 새로운 체제를 고안하지 않고 기존의 체제를 인정해 사람들이 그 체제를 따르도록 규제했다."[152] 1880년대에 접어들면서 불법적인 광산지구의 규칙과 관습은 하나의 합법적인 재산법으로 통합되었다.[153]

19세기 후반에 미국의 정치인들과 판사들은 재산법 시대의 기나긴 여정을 시작했다. 그들을 그 길로 인도한 장본인은 바로 무단점거자들이었다. 주택 분야도 마찬가지였다. 1862년에 의회가 한 토지에 5년 동안 정착해 개발하는 사람에게 160에이커를 무상으로 불하한다는 '홈스테드법'을 통과시킨 것도 이미 정착민들이 실행하고 있던 관례를 인정한 것에 불과했다.[154] 전설적인 법안으로 유명했던 이 홈스테드법이 시행되기 전에 이미 정착민들은 모두 자리잡고 있었던 것이다. 1862년에서 1890년 사이에 미국 인구는 3,200만 명까지 증가했지만 고작 200만 명만이 홈스테드법을 통해 청구된 372,649개소의 농장에 정착했다.[155] 마침내 의회가 정착민들의 권리를 인정했을 때도 이미 그들은 공유지에 대한 소유권을 획득할 수 있는 여러 가지 합법적인 대안들을 마련해둔 상태였다.[156] 그러나 홈스테드법은 역사적으로 엘리트들이 제정한 법 체제와 대규모 이주를 거치며 대두된 새로운 질서와 열린 사회에 대한 열망 사이에서 벌어진 지루하고 소모적인 분쟁에 종지부를 찍었다는 커다란 상징적 가치를 지닌다. 궁극적으로 정착민들이 제정한 수많은 불법적인 규약을 포용함으로써 합법적인 체제는 소수를 위한 예외를 두지 않고 대다수의 미국인들을 위해 운영되는 법규로 자리잡았다.

제3세계와 과거 사회주의국가들에게 주는 교훈

개발도상국가들과 과거 사회주의국가들은 자본주의로 전환하기 위해 자체적인 노력을 기울이기 때문에 미국의 선례는 너무나 중요하다. 불법적인 재산권의 승인과 통합은 미국이 전세계적으로 가장 중요한 시장경제의 중심지와 자본의 생성지가 되는 데 결정적인 요소로 작용했다. 고든 우드가 강조했던 것처럼 이 시기에는 사회적 · 문화적으로 어떤 중대한 현상이 일어나면서 평범한 사람들에게 영감과 활력을 불어넣었는데, 이는 "미국 역사상 유례가 없는 일대 사건"이었다.[157]

이 '어떤 중대한 현상'은 재산권에 대한 혁명이었다. 비록 의식적인 것은 아니었지만 미국인들은 점차 빈민들이 제정한 불법적인 재산 기준과 규약을 합법화해 하나의 토지법으로 통합했다. 19세기 초반에 재산에 대한 정보와 재산을 통제하는 규칙은 곳곳에 산재한 탓에 서로 유기적으로 연결되지 않고 있었다. 이런 정보나 규칙은 모든 농장과 광산, 정착지에서 허름한 장부와 개인적인 기록, 비공식적인 규정, 지역적인 규칙 혹은 구술을 통한 선서의 형태로 수많은 농장과 광산에서 통용되고 있었다. 오늘날 개발도상국가들과 과거 사회주의국가들과 마찬가지로 이런 정보의 대부분은 오직 해당 지역사회에서만 통용될 뿐이고 체계화된 네트워크에서는 전혀 쓸모가 없었다. 어쩌면 사전에 의도한 것도, 확실히 인식한 것도 아닐 수 있지만 미국의 공무원들은 선매권이나 광산법과 같은 국가적인 법안을 제정하면서 이 허술하고 고립된 재산정보를 새로운 하나의 합법적인 체제로 통합하는, 명시화된 형태를 창출했다.

그것은 쉬운 일도 아니었고 빠르게 처리할 수 있는 일도 아니었다. 더욱이 불가피한 폭력사태를 피할 수도 없었다. 그러나 미국의 사례는 오늘날 제3세계와 과거 사회주의국가들이 겪고 있는 상황과 너무나 흡사하다. 법 체제는 앞서가는 대중의 요구를 따라갈 수 없었고 정부는 통제력을 상실하고 말았다. 결국 오늘날 비서구 국가의 국민들은 에드워드 화이트Edward White가 언급했던 상황과 유사한 모순된 세계에서 살아가고 있다. "광부가 오두막을 떠나 직장에 가면 그는 최신 산업기술 분야에서 일할 수 있다. 또 농부는 판잣집을 벗어나면 이따금 근대화된 농기계를 사용할 수 있다."[158] 제3세계 국민들은 허름한 판잣집들이 빽빽이 들어찬 빈민촌에서 텔레비전과 전자제품을 사용하며 살아가고 있다. 현재 그들도 청구지조합을 조직하고 있다. 그리고 정부도 그들에게 선매권을 부여하기 시작했다.

그러나 여전히 그들은 재산으로 자본을 창출할 수 없다. 그들에게는 재산을 합법적인 체제로 통합할 수 있는 권리가 없기 때문이다. 점유법과 선매권, 홈스테드법, 광산법을 통해 미국인들은 새로운 재산개념을 구축했다. 이 개념은 재산의 역동적인 측면을 강조하고 재산을 경제성장과 접목한 것으로 재산의 정적인 측면을 강조하고 급격한 변화에 대한 안정성을 보장하는 기존의 개념을 대체했다.[159] 미국인들의 재산은 기존의 경제질서를 유지하는 수단에서 새로운 질서를 창출하는 강력한 도구로 전환되었다. 그 결과로 폭발적인 경제성장의 원천이 되는 확장된 시장과 자본이 탄생했다. 이것이 바로 오늘날까지 미국 경제성장을 이끌고 있는 '중대한' 변화였다.

결국 미국의 역사에서 얻을 수 있는 교훈은 기술적인 측면에 대한 세부 사항이 아니라 정치적인 태도의 변화와 광범위한 법 체제의 흐름이라고 할 수 있다. 불법적인 영역을 통합하기 위한 법을 통과시키면서 미국의 정치인들은 오직 사회적인 요구에 부응할 수 있을 때만 합법적인 체제가 살아남을 수 있다는 혁신적인 견해를 밝혔다.[160] 미국의 합법적인 체제가 활력을 얻을 수 있었던 요인은 미국의 현실과 동떨어진 영국의 관습법을 거부하고 국민들이 직접 고안한 불법적인 규약과 대중적인 현실에 기반을 두고 있기 때문이다. 불법적인 재산권을 통합하는 길고 험난한 과정에서 미국의 입법가들과 판사들은 생산적이고 역동적인 시장경제에 적용할 수 있는 새로운 체제를 창안해냈다. 이 과정은 평범한 사람들의 기대에서 비롯된 혁명이었고, 결국 정부는 체계적이고 전문적인 구조를 개발했다.

오늘날 개발도상국가들과 과거 사회주의국가들이 이런 미국의 전환과정을 철저히 모방해야만 한다고 말할 수는 없다. 미국은 수많은 부정적인 결과를 경험했고, 이런 역효과는 반드시 피해야만 한다. 그러나 이미 살펴본 것처럼 그들이 배워야 할 사항이 너무나 많다. 가장 중요한 교훈은 합법적인 영역으로 흡수하려는 전략도 없이 불법적인 규약이 존재하지 않는 것처럼 가장하거나 불법적인 규약을 억제하려는 것은 어리석은 행동이라는 사실이다. 특히 앞선 1장에서 살펴본 것처럼 불법적인 영역이 인구의 대다수를 차지하고 그들이 수십억 달러에 이르는 죽은 자본을 보유하고 있는 개발도상국가들의 경우가 그러하다.

재산 제도의 혁명을 창출하기 위해 노력하는 제3세계와 과거 사회주의국가들은 저마다 다른 상황에 처하면서 수많은 장애와 기회를 맞이할 것이다. 우리는 급변하는 정보통신기술, 도시화의 혁명에 대처해야 하지만 기본적인 상황은 모두 똑같다. 오늘날 수많은 개발도상국가들과 과거 사회주의국가들에서 이제 재산법은 대다수 국민들의 생활방식과 조화를 이루지 못한다. 만약 인구의 80퍼센트가 제외된다면, 어떻게 법 체제가 합법성을 유지할 수 있단 말인가? 우리가 해결해야 할 과제는 이런 실패한 법 체제를 바로잡는 것이다. 미국의 사례에서 이런 상황은 세 가지 차원으로 나타났다. 우리는 재산에 대한 실질적인 사회계약을 찾아내고, 그것을 법 체제로 통합하고, 개혁을 이끌어낼 수 있는 정치적 전략을 개발해야 한다. 다음 장에서는 정부가 이런 과제를 해결할 수 있는 방법에 대해 살펴볼 것이다.

5장

실패한 법 체제의 미스터리

법의 생명은 논리가 아니라 경험이다.

올리버 웬델 홈즈

거의 모든 개발도상국가들과 과거 사회주의국가들도 공식적인 재산 체제를 유지하고 있다. 그러나 여기서 문제는 대부분의 국민들이 그 체제에 접근할 수 없다는 사실이다. 그들은 페르낭 브로델이 언급했던 종 모양 단지에 직면하고 있는데, 이것은 과거 서구에서 자본주의를 사회의 협소한 영역으로 제한했던 보이지 않는 구조다. 만약 그들의 자산을 자본으로 전환할 수 없다면, 그들이 선택할 수 있는 유일한 대안은 자신들이 일하고 생활할 수 있는 불법적인 영역으로 자산을 숨기는 것이다.

이런 종 모양 단지를 들어올리기 전에 우리가 알아야 할 중요한 사실이 한 가지 있다. 바로 우리가 최초로 그런 시도를 하는 사람들이 아니라는 것이다. 이 장에서 살펴보겠지만, 개발도상국가들의 정부는 재산 체제를 가난한 사람들에게 개방하기 위해 무려 180년 동안이나 노력해왔다. 그런데 어째서 그들은 실패했던 것일까? 그 이유는 그들이 다음의 다섯 가지 편견에 근거해 체제를 운영했기 때문이다.

- 불법적인 영역이나 지하 영역에 은신한 모든 사람들은 세금을 납부하지 않으려고 한다.
- 부동산은 합법적인 소유권이 없는데, 소유주들은 합법적으로 측량하지도 않고 공식적으로 등록하지 않았기 때문이다.
- 재산법은 적절히 시행되고 있고, 정부는 그 법을 시행하는 데 소요되는 비용을 무시할 수 있다.
- 기존의 불법적인 규약이나 사회계약은 무시할 수 있다.
- 높은 수준의 정치 리더십이 없이도 당신은 합법적이든 불법적이든 사람들이 보유한 자산을 전환하는 방식과 같은 중요한 분야를 변화시킬 수 있다.

지하경제가 인구의 50~80퍼센트에 의해 운영되는 이런 국가들의 지하경제를 탈세의 측면에서 설명하는 것은 부적절하다. 대부분의 사람들은 불법적인 영역에 의존하지 않는다. 그 이유는 기존의 법이 그들의 요구와 기대를 충족해주지 못하기 때문이 아니라 불법 영역이 바로 세금의 천국이기 때문이다. 내 연구팀이 소규모의 불법적인 기업을 합법적인 체제로 진입시키기 위한 프로그램을 운영했던 페루에서 그런 기업가들 가운데 새로 설립된 등기소에 자발적으로 사업 신고를 한 사람은 약 27만 6천명 정도였다. 이 등기소는 그들에게 세금 감면의 혜택도 주지 않는다. 그들의 불법적인 사업은 전혀 세금을 납부하지 않았다. 4년 후에 과거 불법적인 사업 영역에서 거둔 세금 총액은 무려 12억 달러에 육박했다.

우리는 기업과 재산법을 불법적인 규칙에 익숙한 기업가들의 요구에 맞도록 수정하는 성공적인 결과를 이끌어냈다. 또한 사업을 등록하는 데 소요되는 비용도 대폭적으로 줄였다. 그렇다고 해서 사람들이 세금을 전혀 걱정하지 않는다는 것은 아니다. 비록 달러 단위도 아니고 고작 센트 단위의 초라한 수익을 거두는 불법적인 제조업자들과 소매상인들도 기초적인 산수는 할 줄 알았다. 우리가 반드시 해결해야 할 사항은 합법적인 사업의 운영비를 불법적인 영역에서 생존하기 위한 비용보다 낮추고, 합법적인 사업의 등록 절차를 간편하게 만들고, 이런 체제의 장점을 적극적으로 홍보하는 것이다. 그 후에는 수십 만에 달하는 기업가들이 행복한 표정으로 불법적인 영역에서 빠져 나오는 모습을 지켜보기만 하면 된다.

일반적인 통념과 전혀 다르게 불법적인 사업을 운영하는 비용은 결코 저렴하지 않다. 잘 정비된 재산법이 없었던 탓에 불법적인 사업은 세금 부담에 시달려야 했고, 결국 당국의 감시를 피해 끊임없이 은신해야만 했다. 공식적인 등록을 하지 않았기 때문에 불법적인 기업가들은 주식공모를 통해 투자자들을 유치할 수 없었고 좋은 조건에 은행 대출을 받을 수도 없었다. 더욱이 합법적인 주소지가 없었기 때문에 그들은 유한책임을 선언하거나 보험을 통해 위험부담을 줄일 수조차 없었다. 그들의 유일한 '보험'은 주변 사람들과 지역의 마피아들이었다. 더욱이 불법적인 기업가들은 끊임없는 정부의 감시와 부패한 공무원들의 부당 행위에 대한 두려움 때문에 부득이 생산시설을 분산할 수밖에 없었다. 따라서 그들은 경제규모를 확장할 수 없었다. 페루에서 불법적인 영역의 제조업체는 총수익의 15퍼센트를 뇌물로 지불하고 있는데, 그 형태는 '견본품'과 '특별 선물'에서 '현금'에 이르기까지 아주 다양하다. 한쪽 눈으로 항상 경찰의 정황을 살펴야 하는 불법적인 기업가들은 소비자에게 공개적인 광고를 할 수도 없고, 저렴한 비용에 대량으로 판매할 수도 없다.

우리는 불법적인 영역에서 비롯되는 비용과 번거로운 문제들로 고민하지 않는 대부분의 국가들은 국민들이 납부하는 세금에 대해 보상한다는 사실을 확인했다. 종 모양 단지의 내부에 있든 외부에 있든 간에 당신은 세금을 납부해야 할 것이다. 당신이 그 단지의 외부에 있을 것인지 여부를 결정하는 요소는 바로 합법적인 상태를 유지하는 데 소요되는 상대비용이다.

또 다른 중대한 편견은 최신 지리정보 기술을 통해 측량되고 기록되지 않으면 부동산이 합법적으로 등록될 수 없다는 것이다. 이런 견해가 전적으로 사실이라고 할 수는 없다. 유럽인들과 미국인들은 컴퓨터와 지리정보 시스템이 개발되기 수십 년 전부터 모든 부동산을 등록했다. 앞서 4장에서 살펴보았던 것처럼, 미국에서 19세기 전반에 걸쳐 이루어진 새로운 정착지에 대한 측량은 재산권의 교부가 끝난 시점보다 몇 년 이상 뒤쳐지고 말았다. 일본에서 나는 등기소에서 열람할 수 있는 자료들을 조사하면서 제2차 세계대전 이후에 작성된 일부 토지 자산에 에도 막부시대의 지도가 사용되었다는 사실을 발견했다. 이 에도 막부시대는 항공촬영 기법과 인공위성을 통한 위치추적 시스템이 발명되기 3, 4세기 전이다.

그러나 최첨단 컴퓨터 기술과 지리정보 시스템이 가난한 사람들에게 재산 체제를 개방하기 위한 정부의 노력에서 대단히 중요한 역할을 담당하지 않는다는 의미는 아니다. 제3세계의 전역에 걸쳐 대부분의 지역에서 자본이 충분히 공급되지 않는 상황이나 무단점거와 불법 주택의 문제가 일어나는 요인이 최신 정보기술과 지도 제작술의 부재로 인한 것이라고 볼 수 없다는 의미다.

브로델이 언급했던 종 모양 단지는 세금과 지도와 컴퓨터가 아니라 법 체제로 인해 생겨난 것이다. 개발도상국가들과 과거 사회주의국가들에서 대부분의 사람들이 자본을 창출할 수 있는 근대화된 재산을 사용하지 못하는 이유는 법률체제와 행정체제가 제대로 정비되지 않았기 때문이다. 종 모양 단지의 내부에는 서구에서 빌어온 성문법을 활용해 재산을 보유하고 있는 엘리트들이 자리잡고 있다. 대다수의 국민들이 머물고 있는 그 외부에서 재산은 곳곳에 산재한 수많은 불법적인 규약을 통해 사용되고 보호된다. 이런 지역적인 사회계약은 재산의 소유 방식과 소유주들의 상호 관계에 대한 총체적인 모습을 반영한다. 재산에 대한 국가적인 사회계약을 창출하기 위해서는 먼저 수많은 지역적인 사회계약에 대한 사고, 기대, 의도, 관습, 규칙 등 심리적·사회적 과정의 이해가 이루어진 후에 그 지역적인 계약들을 하나의 국가적인 사회계약으로 통합할 수 있는 법 체제를 활용해야 한다. 서구는 이미 오래 전에 이런 과정을 통해 성공을 거두었다.

가장 핵심적인 사항은 바로 재산이 사진이나 지도로 남길 수 있는 물리적인 것이 아니라는 사실을 이해하는 것이다. 재산은 자산이 지닌 기본적인 자질이 아니라 대중이 인정하는 자산의 경제적인 가치에 대한 합법적인 표현이다. 법은 자본을 고정하고 구현하는 도구다. 서구에서 법은 건물이나 부동산의 물리적인 실체를 명시하는 역할보다는 사회가 자산에서 잠재적인 잉여가치를 이끌어낼 수 있는 과정이나 규칙을 제공하는 역할을 한다. 재산은 자산 그 자체가 아니라 자산의 보유와 사용과 교환 방식에 대한 대중의 여론이다. 오늘날 대부분의 비서구 국가들이 극복해야 할 과제는 국가의 모든 토지와 건물을 하나의 지도에 표기하는 것이 아니라, 종 모양 단지의 내부에서 통용되는 합법적인 관습을 그 외부에서 통용되는 불법적인 관습과 통합하는 것이다.

그러나 이런 과제를 달성하기 위해 측량이나 지도 제작은 이루어지지 않을 것이다. 또한 종 모양 단지의 외부에 머물고 있는 사람들이 확장된 시장에 진입해 자본을 창출할 수 있도록 자산의 형태를 전환하는 전산화 작업도 이루어지지 않을 것이다. 앞서 3장에서 살펴보았던 것처럼 자산은 그 자체로 사회적인 행동에 영향을 주지 못한다. 자산은 인센티브를 창출하지 못하고, 개인을 책임이 있는 주체로 만들지 못하며, 계약에 대한 강제적인 시행력도 발휘하지 못한다. 본질적으로 자산은 '자유자재로 형태를 변환할 수 없는 것'이다. 다시 말해, 처음부터 모든 거래에 적합한 형태로 분할하고 조합하고 활성화할 수 있는 것이 아니다. 자산의 물리적인 측면에서 경제적인 잠재력을 분리해 고정시켜 사람들이 그 가치를 발견하고 인식하게 만드는 도구가 바로 법이다. 자산을 경제와 투자의 순환 체제에 연결하는 매개체도 바로 법이다. 자산이 잉여가치를 창출할 수 있는 요인은 합법적인 재산문서의 형태로 고정되어 명시화되기 때문이다. 약 60년 전에 유명한 역사학자 레이놀드 노이예스Reinold Noyes는 이런 기록을 남겼다.

> 오늘날 경제라는 게임에서 사용되는 '칩'은, 거의 경제학 서적에만 등장한다고 여겨지는 물리적인 재화와 실제적인 서비스라기보다 우리가 재산이라고 부르는 모든 것들이 정교하게 맺고 있는 합법적인 관계들이라고 할 수 있다. 그런 관계들 가운데 하나는 사회적인 현실을 보이지 않는 연대로 이루어진 대규모 연결망으로 보는 것인데, 그 속에서 개인들은 개별적인 관계를 맺고 있을 뿐만 아니라, 한데 어우러져 사회를 조직하고 있다. 우리가 살고 있는 실제 세계에 대해 이해하는 과정은 바로 이런 관계들을 객관화하는 과정이다.[1]

따라서 종 모양 단지를 들어올리는 것은 근본적으로 법 체제를 통해 해결해야 할 과제다. 법 체제는 이 단지의 외부에서 통용되는 불법적인 규약과의 상호작용을 통해 재산과 자본에 대한 사회계약을 창출해야 한다. 이런 통합을 이루려면 경제학자들은 비용과 수치를 정확히 산출해야 하고, 도시계획자들과 농업전문가들은 우선순위를 결정해야 하며, 지도 제작자들과 측량사들 및 전산 전문가들은 정보 체계가 제대로 운영되도록 노력해야 한다. 그러나 통합된 국가적인 사회계약은 오직 법에 의해 구체화될 수 있다. 다른 요소들은 그저 보조적인 역할을 수행할 뿐이다.

그러면 법률가들이 이런 통합 과정을 이끌어야 한다는 말인가? 물론, 그렇지 않다. 법 체제의 대대적인 변화는 정치적인 사안이다. 그 이유로는 여러 가지를 들 수 있다. 첫째, 일반적으로 법은 재산권을 보호하는 데 관여한다. 그러나 개발도상국가들과 과거 사회주의국가들에서 법의 실제적인 임무는 기존의 권리를 완벽하게 만드는 것이 아니라 모든 국민에게 재산권에 접근할 수 있는 권리(준재산권)를 부여하는 것이다. 이런 준재산권을 부여하는 것은 정치적인 업무에 해당한다. 둘째, 극소수에 불과하지만 대부분 국가에서 가장 유능한 변호사들의 보호를 받는 막강한 권력을 지닌 기득권 계층은 자신들의 견해와 어긋나는 변화에 반대할 가능성이 크다. 유능하고 부유한 사람들을 주류에 끌어들이기 위해 필요한 사람은 자신들의 고객에게 최고의 서비스를 제공하는 컨설턴트들이 아니라 국민들에게 최선의 정책을 제공하는 유능한 정치인들이다. 셋째, 통합적인 체제를 창출한다는 것은 겉보기에 그럴싸한 법안이나 규정을 기안하는 것이 아니라 국민들의 신뢰를 바탕으로 존중되고 시행될 수 있는 규범을 확립하는 것이다. 실제 사람들에게 다가서는 것은 정치인들의 임무다. 넷째, 지하경제를 합법적인 영역으로 이끌어내는 것은 중대한 정치적 도전 과제가 되었다. 정부는 정부를 불신한 채 엄격한 지역적인 규약에 의존해 살아가는 가난한 국민들과 이런 국민들이 자유로운 시장에 진입하지 못하도록 방해하는 마피아들을 설득해야만 한다. 또한 막강한 세력을 지닌 좌익세력(수많은 국가들에서 이들은 대중들과 친숙한 관계를 맺고 있다)에게 그들의 지지자들이 자본을 창출할 수 있게 하는 것이 최선의 방법이라는 사실을 납득시켜야 한다. 종 모양 단지의 내부와 외부에서 살아가는 국민들은 정부가 통합적인 재산 체제가 기존의 혼란스러운 불법적인 규약들보다 효율적이고 비용도 절약되고 국가에 이득이 된다는 확실한 사례를 보여주기를 바라고 있다.

이런 법적·정치적 측면에서 성공하지 못한다면, 어떤 국가도 자본을 창출할 수 있는 사람들과 그렇지 못한 사람들 사이에 존재하는 합법적인 차별정책을 극복해낼 수 없다. 만약 합법적인 재산이 없다면, 아무리 많은 자산을 축적하고 아무리 열심히 노력한다고 해도 대부분의 국민들은 자본주의 사회에서 번영할 수 없다. 그들은 항상 정책입안자들의 시선 밖에 머물러 있고 공식적인 기록의 확인 범위를 벗어나 있기 때문에 경제적인 측면에서 한낱 보이지 않는 존재에 불과하다.

서구의 정부들은 이 종 모양 단지를 들어올리는 데 성공했다. 그러나 그것은 수백 년에 걸쳐 이루어진 전혀 예상하지 못했던 무의식적인 과정이었다. 나와 동료들은 그들이 이루어낸 형식을 정립했다. 우리는 그것을 '자본화 과정capitalization process'이라고 부른다. 자세한 내용은 이 책에서 다루지 않지만 그 과정의 기술적인 측면에 관심이 있는 독자들은 자유민주협회ILD 문서보관소를 방문해 미출간 자료를 참고하기 바란다. 이 장에서는 이 과정에서 없어서는 안 되는 두 가지 필수 요소에 대해 집중적으로 다루고자 한다. 그것은 바로 법적인 과제와 정치적인 과제다.

법적인 과제

비서구 국가들에서 통합적인 재산 체제의 창출은 불가능한 일이다. 불법적인 재산규약은 수많은 지역들에 산재해 있고, 소유권과 다른 정보는 오직 내부인들만 알 수 있다. 대부분의 제3세계와 과거 사회주의 국가들에 산재해 있는 이런 허술한 불법적인 재산규약은, 법의 보편적인 원칙을 통해 단일화된 체제로 통합되어야 한다. 요컨대, 수많은 사회계약들이 하나의 총체적인 사회계약으로 통합되어야 한다는 것이다.

이런 통합 체제를 어떻게 이루어낼 수 있을까? 정부는 불법적인 재산규약을 어떻게 찾아낼 수 있을까? 바로 이런 사항들이 인도네시아의 국회의원 5명이 내게 던진 질문이었다. 내가 이전에 출간된 책을 인도네시아어로 번역하기 위해 인도네시아에 머물고 있을 때, 그들은 때마침 내게 찾아와 불법적인 영역에 거주하는 인도네시아인들 90퍼센트를 대상으로 누가 무엇을 소유했는지 알아낼 수 있는 방법에 대해 물었다. 만약 불법적인 영역과 합법적인 영역을 연결할 수 있는 방법에 대한 기술적인 사항을 설명하면 자칫 그들이 실망할지도 모른다고 생각한 나는 인도네시아의 실정에 알맞게 다른 방식으로 그 질문에 대답했다. 내 저서를 홍보하기 위한 해외방문 일정에서 나는 며칠 휴가를 내서 지구상에서 가장 아름다운 휴양지로 알려진 발리섬을 찾았다. 벼가 자라고 있는 드넓은 논을 지나면서 나는 각 농지의 경계, 즉 소유권의 경계가 어디인지 도무지 알 수 없었다. 그러나 개들은 그 경계를 확실히 알고 있었다. 한 농장을 지나 다른 농장으로 갈 때마다 농장들 사이의 경계에서 개들이 시끄럽게 짖어댔다. 그 개들은 인도네시아의 법 체제를 전혀 알지 못하지만 주인들이 소유한 자산은 확실하게 알고 있었던 것이다.

나는 그 국회의원들에게 농장을 지키는 개들이 합법적인 재산 체제를 구축하는 데 필요한 기본적인 정보를 알고 있을 거라고 대답했다. 도시와 농촌의 거리를 돌아다니며 개들이 짖는 소리를 듣다보면, 중추적인 사회계약을 접할 때까지 서서히 전국에 산재해 있는 불법적인 규약들을 파악할 수 있었다. 말하자면, '국민들의 법'인 셈이었다.

이런 '국민들의 법'을 찾는 것은 곧 서구국가들이 합법적인 재산 체제를 구축했던 과정을 조사하는 것이다. 비공식적인 재산규약을 재정비해 하나의 합법적인 사회규약으로 통합하려고 한다면, 정부는 반드시 농촌에서 짖어대는 개들의 소리에 귀기울여야만 한다. 모든 형태의 재산을 단일화된 체제로 통합하기 위해서 정부는 지역적인 관례가 왜 생겨났는지, 어떻게 운영되는지 또 얼마나 강력한 권위를 지니는지 파악해야 한다. 이런 조사에 실패하기 때문에 개발도상국가들과 과거 사회주의국가들이 시도했던 법 체제의 변화가 효력을 발휘하지 못한 것이다. 사람들은 '사회계약'을 오직 로크나 흄 혹은 루소 같은 철학자들의 마음속에만 존재하는 보이지 않는 추상적인 개념으로 여기는 성향이 있다. 그러나 나와 동료들은 불법적인 영역에서 통용되는 사회계약이 단순히 사회적 행동에서 추론할 수 있는 사회적 강제력을 의미하는 것이 아니라 실제로 사람들에 의해 문서로 명시된 규약이라는 사실을 깨달았다. 따라서 이런 불법적인 사회계약은 직접 눈으로 확인할 수 있을 뿐만 아니라 그 사회에서 인식되고 시행될 수 있는, 재산 및 자본 형성 체제를 구축할 수도 있다.

한 세기에 걸친 개혁 작업

만약 통합된 합법적인 재산 체제가 없었다면, 근대 시장경제는 결코 존재할 수 없었을 것이다. 서구의 선진국들이 모든 명시화 문서를 표준화된 재산 체제로 통합해 모든 사람들이 접근할 수 있도록 만들지 못했다면, 그들은 확장된 시장 네트워크와 자본을 창출할 수 있는 노동분업과 노동전문화를 이룰 수 없었을 것이다. 그러면 현재 그들이 보유하고 있는 엄청난 부를 축적할 수도 없었을 것이다. 비서구 세계의 시장이 비효율적인 이유는 지역별로 재산규약이 다르고 표준화된 명시화 체계가 존재하지 않기 때문이다. 이런 통합적인 체제의 부재는 합법적인 영역과 불법적인 영역의 상호교류뿐만 아니라 가난한 사람들 사이의 교류까지 저해한다. 불법적인 사회들에도 상호교류가 이루어지지만 대단히 힘겨운 과정을 거쳐야 한다. 그들은 별이나 나침반과 같은 보편적이고 객관적인 기준에 의지하기보다 그저 서로에게 의지하며 항해하는, 작은 배들로 이루어진 선단과 비슷하다.

법 체제에서 보편적인 기준은 근대 시장경제를 창출하기 위해 필요한 요소다.[2] 레이놀드 노이에스는 이렇게 지적했다.

> 인간의 본성은 규칙성과 확실성을 요구한다. 이를 위해서 이런 기본적인 판단은 일관성을 지녀야 하며 궁극적으로는 우리가 법이라고 부르는 체계화된 논리 체계나 사상 체계 같은 일정한 규칙으로 구체화되어야 한다. 이 대중적인 논리의 편이성은 끊임없이 법 체제를 체계화하려는 노력을 이끌어낸다. 이런 법규화에 대한 요구는 애매하고 불확실한 불문법이나 판례법에서 벗어나려는 사람들의 요구이기도 하다.[3]

사람들이 이미 수많은 불법적인 관습에 의존하는 상황을 하나의 성문화된 합법적 체제로 전환하는 과정은 대단히 힘겨운 도전이다. 이것은 서구 국가들이 자본주의 전 단계의 '기본적인 판단'을 법 체제로 체계화하기 위해 반드시 해결해야 했던 사항이었다. 바로 그들이 종 모양 단지를 들어올린 방법이었다. 이 과정은 성공적이었지만 그들은 그 방법을 기억하지 못하며 확실한 기록도 남겨두지 않았다. 심지어 산업혁명의 혜택을 극대화하기 위해 노력했던 영국조차 정부가 부동산 체제를 정비해 이런 자산의 등록과 거래를 용이하게 만들기까지 거의 한 세기(1829년~1925년)에 걸쳐 개혁을 진행했다. 존 C. 페인 John C. Payne은 너무나 힘겹고 예측을 불허하는 영국의 재산개혁을 이렇게 요약했다.

> 수많은 법안이 제정되면서 영국의 재산법은 완전히 변모했다. 이 개혁은 대부분 즉흥적으로 이루어졌는데, 어떤 사람은 이 개혁을 이끌던 지도자들이 자신들이 무엇을 하고 있는지, 왜 그것을 하고 있는지 확실하게 알고 있지 않은 것 같다는 인상을 받았을 정도였다고 한다. 영국의 토지법은 지나치게 기술적이었고 수세기에 걸쳐 많은 변화가 있었기 때문에 처음에 이 개혁은 무모한 일처럼 여겨졌을 것이다. 가장 큰 문제는 주의해야 할 세부적인 사항들이 너무 많아서 핵심을 파악하기가 어려웠다는 사실이다. 이런 까닭에 영국의 개혁가들은 명확한 개념을 파악하지 못했지만 열정과 근성으로 모든 문제들을 긍정적인 태도로 헤쳐나가기 시작했다. 결국 그들은 성공적으로 개혁을 이루어냈지만 그것은 1세기에 걸친 기나긴 시련이었다. 그 과정에서 그들은 수많은 시행착오를 거쳤고 결국 타협점을 찾을 수밖에 없었다.[4]

위임법의 실패

혹자는 오늘날 개발도상국가들과 과거 사회주의국가들은 상대적으로 '종 모양 단지'를 들어올리기가 쉽다고 생각할지도 모른다. 무엇보다도 재산에 대해 접근할 수 있는 권리는 이제 전세계 거의 모든 국가들의 헌법과 국제적인 관례를 통해서 인정되고 있다. 거의 모든 개발도상국가들과 과거 사회주의국가들은 빈민들에게 재산을 공급하는 프로그램을 운영하고 있다. 과거 18세기와 19세기에 서구에서 이루어진 개혁은 합법적인 재산권을 공유하는 것에 반대하는 지적 · 도덕적 저항에 직면했던 반면, 오늘날 재산에 대한 접근은 인간이 지닌 기본권의 일부로 여겨지고 있다. 1948년에 제정된 세계인권선언과 천주교 교리문답에서 1989년에 제정된 독립국가의 토착민 및 부족민들에 대한 국제노동사무국 169차 규약에 이르는 다양한 국제조약들도 재산을 인간의 기본권으로 주장하고 있다. 전세계 모든 국가들의 법원도 그 정도에 차이가 있지만 이 권리를 가장 중요한 원칙으로 간주하고 있다. 1899년 헤이그 국제협약이 체결된 이래로 침략군이 재산을 강탈하는 오래된 관례는 국제법으로 명백히 금지되었다. 이처럼 국제법은 한 국가의 정부가 자국의 영토를 상실할지라도 그 영토에서 재산을 보유한 소유주들은 그 소유권을 잃지 않는다는 전제 아래 개인의 재산권을 국가의 주권보다 더 신성한 권리로 취급했다.

미국과 캐나다, 일본 그리고 유럽의 여러 국가들을 비롯한 전세계 25개국의 선진국가들은 접근이 가능한 통합적인 재산 체제가 없는 국가들과 비교할 수 없을 만큼 번영했기 때문에 오늘날 그 누구도 감히 합법적인 재산의 필요성을 무시하는 경제적인 해결책을 제시하지 못한다. 바로 이런 까닭에 오늘날 대부분의 개발도상국가들과 과거 사회주의국가들은 재산권에 대한 자유로운 접근을 자국의 거시경제와 시장개혁 프로그램을 위한 절대 요소일 뿐만 아니라 정치적인 필수 요소로 인식한다.

남미 국가들은 거의 2세기 동안 가난한 사람들의 자산을 합법화하려는 온갖 정치적인 노력을 기울였다. 스페인에서 독립한 2년 후인 1824년에 제정된 최초의 페루헌법은 페루 원주민들의 대부분을 차지하는 빈민들이 국토의 합법적인 소유주라는 사실을 명시했다. 페루의 엘리트 계층이 점차 빈민들의 재산을 강탈하고 있었지만 정부는 여러 해에 걸쳐 헌법의 원칙을 강화하기 위해 수많은 법령을 시행했다. 그러나 그 어떤 법령도 실효를 거두지 못했다. 페루 원주민들은 자신들의 자산이 합법적으로 자신들의 소유라는 사실을 인정받았다. 그러나 정작 법에 의해 보호받는 형태로 자신들의 자산에 대한 경제적인 권리를 고정시킬 수 있는 메커니즘은 존재하지 않았다.

이제 그 이유는 아주 명확하게 밝혀졌다. 페루에서(그리고 비서구권 많은 나라들에서) 합법적 재산을 창출하기 위한 절차를 진행할 때, 법 밖에 존재하고 명시적 표시가 없는 소유권의 증거들을 감안하지는 않았다. 그러나 그 불법적인 증거들이야말로 가난한 사람들이 가진 전부였다. 더욱이 기존의 법은 거래를 통해 재산관계가 끊임없이 변하는 동안에 자산의 소유권에 생긴 중요한 변화를 추적하거나 기록하지 못한다. 앞서 2장에서 살펴보았던 것처럼 오늘날 근대화된 지도와 첨단 전산체계가 도입되고 여러 인권단체들이 설립되면서 전세계적으로 최상의 조건이 형성된 상황에서도 소유권을 등록하고 변경하기 위한 합법적인 절차는 무려 20년 이상 소요될 수 있다. 이런 사실을 통해 미루어 보면, 19세기 페루 원주민들은 그보다 전혀 나을 것도 없고 어쩌면 더 열악한 상황에 직면했던 듯하다. 이런 엄청난 장애에 직면한 사람들에게 유일한 선택은 자신들의 자산을 보호하기 위한 불법적인 규약을 창출하는 것이었다.

위임법이 페루 원주민들의 권리를 확립하는 데 아무런 효과도 없다는 사실이 명백해지자 경제계의 엘리트들은 법의 근본 취지를 교묘히 회피할 수 있는 새로운 책략을 강구하기 시작했다. 합법적인 소유권이 존재하지 않는 곳에서 재력가들과 그들의 변호사들은 문서 기록을 위조하고 지역당국과 공증인을 매수해 자신들에게 합법적인 소유권을 발행하도록 했다. 다시금 엘리트들은 원주민들의 재산을 강탈하거나 그들에게 헐값에 재산을 매각하도록 강요했다. 정부는 가난한 사람들이 법을 제대로 활용하지 못하는 이유를 파악하지도 않고 모든 문제를 허술한 법 체제가 아닌 선천적으로 열등한 빈민들의 탓으로 돌렸다. 따라서 엘리트들은 법 체제를 개혁하지 않고 법과 권력의 주류에서 일부 빈민들을 소외시키고 자신들의 토지에 거대한 성벽을 구축했다. 1924년에 페루는 원주민들을 합법적인 책략에서 보호하기 위해 수천 명의 빈민들을 토지의 이전이 일체 금지된 농촌 지역으로 이주시키는 법안을 시행했다. 교활하고 탐욕스러운 엘리트들에게서 가난한 사람들을 보호하려는 과정에서 정부는 본래의 취지와 달리 자본을 창출하기 위한 기본적인 수단까지도 박탈하고 말았다.

그러나 이런 농촌 군락은 원주민 인구의 소수에 불과했다. 1960년대 후반과 1970년대 초반까지 대다수의 원주민들은 여전히 열악하고 어려운 상황에서 벗어나지 못했고, 따라서 잘 조직된 강력한 좌익세력이 등장하면 순식간에 폭발할 수 있는 잠재적인 폭동 계층이 되어 있었다. 이 새로운 위협을 제거하기 위해 페루 정부도 다른 제3세계 국가들과 마찬가지로 농업개혁 프로그램을 시행해 대규모의 농장들과 목장들의 토지를 몰수하여 약 600여 곳에 달하는 정부가 운영하는 농업조합을 창출했다. 이 개혁도 근본 취지는 더없이 훌륭했다. 원주민들이 부동산에 접근할 수 있는 권리를 보장하려는 것이었다. 이런 노력이 실패로 돌아간 원인은 수많은 원주민들이 강압적인 관료 체제 아래에서 일하는 것을 싫어했기 때문이다. 그들은 조합을 파기하고 개인별로 토지를 분할한 후에 자신들의 새로운 권리를 보호하기 위해 다시금 친숙하고 융통성 있는 불법적인 규약에 의존했다. 정부는 사람들이 재산을 획득하면 자신들만의 방식으로 그것을 사용하고 거래한다는 사실을 전혀 예상하지 못했던 것이다. 만약 합법적인 체제가 사람들의 기대와 요구를 수용하지 못한다면, 그들은 그 체제를 벗어나야 할 것이다.

페루의 사례는 모든 정치개혁가들에게 소중한 교훈을 제시하고 있다. 지난 150년 동안 빈민들에게 재산을 제공하기 위한 정부의 프로그램들은, 이를테면 위임법을 통해 사유재산권을 보장하는 우익적인 성향이든, 아니면 정부가 운영하는 집단농장의 형태로 빈민들의 토지를 보호하는 좌익적인 성향이든 모두 실패로 끝나고 말았다. 좌익과 우익의 대립에서 비롯되는 정책의 혼돈은 대체로 개발도상국가의 국민들의 요구와 전혀 동떨어진 것이다. 그들이 법 체제를 빠져나가는 이유는 법이 사유화나 집단화를 추구하기 때문이 아니라 자신들이 원하는 사항을 충족하지 못하기 때문이다. 만약 법 체제가 그들을 도와주지 못한다면, 그들은 법 체제를 벗어나 스스로를 도울 것이다. 개발도상국가들과 과거 사회주의국가들에서 재산과 자본형성을 가로막는 적들은 그들이 좌익이냐 우익이냐의 여부가 아니라 현 체제의 옹호자냐 반대자냐의 여부에 의해 결정된다. 개발도상국가들의 정부는 서구인들이 저지른 오류를 되풀이하지 말아야 한다. 수세기 전에 영국에서는 무자비한 엔클로저enclosure(공유지를 사유지로 전환하기 위해 울타리를 치는 행위)를 통해 재산을 창출했고, 미국 전역에서는 원주민들에 대한 잔혹한 약탈이 이루어졌다. 이런 윤리적 타락의 대가는 서구가 치러야 하며 결코 비서구 세계까지 이어져서는 안 된다. 비서구 국가들의 정부는 자국의 농촌에서 짖어대는 개들의 소리에 귀기울이며 법 체제가 지향해야 할 방향을 찾아야 한다. 이런 환경이 조성된 후에야 비로소 사람들은 법 체제를 벗어나려고 하지 않을 것이다.

사람들이 끊임없이 법의 통제력이 미치지 못하는 재산을 창출하면서 점차 합법성을 상실하고 있다. 우리가 해외에서 수집한 자료에 의하면, 1960년대부터 1990년대까지 불법적인 영역은 비단 페루뿐만 아니라 다른 개발도상국가들과 과거 사회주의국가들에서도 대폭적으로 확장되었다. 이런 위임법의 실패가 오직 페루에서만 일어난 현상은 아닐 것이라고 가정하고 1994년에 특별연구팀을 조직해, 지난 30년 동안 제3세계에서 자본을 창출할 수 있도록 모든 재산을 적절하게 명시화하고 하나의 체제로 통합하는 성공적인 대규모 '합법화' 프로그램이 시행된 사례가 발표된 것이 있는지 많은 국제경제연구소의 자료를 뒤지며 조사했다. 수개월에 걸쳐 미국 재무성과 여러 국제기관들의 기록을 철저히 조사했지만 우리는 성공한 선진국들의 사례와 조금이라도 유사한 경우조차 찾아볼 수 없었다.

우리가 발견한 사실은 지난 40년 동안 여러 나라들의 정부가 측량과 지도제작, 전산화된 기록체제와 같은 재산과 관련된 대대적인 활동에 필요한 재정을 충당하기 위해 수십억 달러를 할당해 이런 프로그램을 시작했다는 것이다. 이런 프로그램들은 두 가지 공통점이 있었다. 대부분은 형편없는 결과 때문에 조기에 중단되고 말았다. 브라질의 한 정부 담당자가 보고한 내용에 따르면, 새로운 지도와 컴퓨터는 대량 도입되었지만 새로운 소유주는 거의 없었다. 또 태국은 지방의 일부 프로그램에 예외를 적용했던 탓에 불법적인 자산을 합법적인 자산으로 전환하려는 노력이 모두 실패로 끝났다. 우리는 자산이 자본으로 전환되고 있다는 뚜렷한 증거를 발견하지 못했다.

이런 상황은 정부가 진정으로 관심을 갖지 않기 때문에 일어나는 것일까? 결코 그렇지는 않다. 일례로 페루 정부는 스페인의 침략 이후 400년 동안 최소한 22차례나 재산을 합법화하려는 시도를 전개했다. 그러나 이런 시도는 모두 실패로 끝났다. 우리는 다른 개발도상국가들에서 소유권을 관리하는 정부기관을 방문했지만 별다른 차이는 없었다. 대다수의 프로그램은 실패했고 극소수가 그저 미미한 성과를 거두었을 뿐이었다. 이런 국가들에서 시행된 프로그램을 통해 발행된 수많은 소유권은 자본형성이 이루어질 수 있는 통합된 네트워크의 일부가 될 수 있는 형태로 전환되거나 고정된다고 주장할 수 있는 사람은 아무도 없었다.

그 증거는 너무나 명백했다. 개발도상국가들과 과거 사회주의국가들은 아무리 좋은 취지를 가지고 아무리 열심히 노력해도 위임법이 규정하는 범위와 위임법이 담당해야 할 범위에는 너무나 큰 간격이 존재하고 있다. 위임법은 충분하지 않다. 안드레이 라파친스키Andrzej Rapaczynski는 이렇게 지적했다.

> 적절한 합법적인 제도를 제정하는 것만으로 근대적인 경제 체제를 뒷받침할 수 있는 재산권을 확립할 수 있다는 개념은 도무지 납득할 수 없다. 대부분의 재산권은 합법적인 체제에 의해 시행되는 아주 사소한 부분에 불과하기 때문이다. 소유권 제도의 핵심은 대체로 법 체제의 발전과 무관한 무의식적인 사회적 · 경제적 관습의 문제다. 이것은 과거 홉스Hobbes가 제기했던 문제와 유사하다. 대부분의 사람들이 법을 준수할 때, 정부는 법을 효율적으로 시행할 수 있고 법을 위반하는 소수를 비교적 쉽게 제재할 수 있다. 그러나 반대로 법을 위반하는 사람들이 많을 때는 어떤 정부도 그들을 모두 통제할 수 없다. 이런 상황에서 법의 시행이 점차 느슨해진다면, 개인은 어떤 통제에도 관계없이 그들만의 이익을 추구할 기회를 얻는다.[5]

최근의 역사를 돌아보면, 개발도상국가들과 과거 사회주의국가들은 정치적인 의지나 예산이 부족하지도 않았으며, 대다수의 국민들에게 재산권을 부여하기 위한 위임법도 제정되었고, 여러 국제선언을 통한 지원도 있었다. 정작 문제는 빈민들의 재산권을 보장하기 위한 정책을 시작할 때마다 각국의 정부는 마치 재산이 존재하지 않는 진공상태의 장소로 여행하는 것처럼 행동했다는 것이다. 그들은 이 진공상태를 위임법으로 채우는 것이 최선의 방법이라고 생각했다. 그러나 대부분 진공상태가 아니었다. 이미 사람들은 불법적인 규약을 통해 엄청난 재산을 보유하고 있었다. 가난한 사람들의 자산은 법 체제의 외부에 존재했지만 이런 자산에 대한 소유권은 그들이 자체적으로 제정한 사회계약을 통해 통제되었다. 위임법이 이런 불법적인 관례를 수용하지 못하면, 그 관례를 따르는 사람들은 강압적인 법 체제에 분개하며 강력히 반발할 것이다.

사회계약에 근거한 법

재산에 대한 불법적인 사회계약은 거의 모든 재산 체제의 토대를 이루고 있으며 오늘날 거의 모든 국가들, 심지어 미국에서조차 현실의 일부로 자리잡고 있다.[6] 리처드 포스너Richard Posner가 언급했듯이 재산은 사회적으로 구축되는 것이다.[7] 이 말은 사람들이 자산의 소유권과 이런 자산의 사용과 변화를 통제하는 규칙에 대한 공감대를 형성할 때 재산규약이 최고의 효과를 발휘한다는 의미다. 비서구 세계의 불법적인 사회계약은 한 가지 측면에서 성공을 거두었다. 이런 불법적인 계약은 자산을 통제하는 방식에 대한 사람들의 공감대를 형성하는 데 있어 법보다 훨씬 더 나았다. 기존의 재산규약을 토대로 하는 총체적인 계약을 고려하지 않고 재산 체제를 단일화하려는 시도는 대부분의 사람들이 자산을 보유하기 위해 의존하는 권리와 충돌하고 말 것이다.

재산권을 개혁하려는 노력이 실패하는 요인은 새로운 법안을 기안하는 공무원들이 대부분의 시민들이 사회계약을 통해 자체적인 규칙을 확립했다는 사실을 인식하지 못하기 때문이다.

사회계약이 성공적인 법의 기초가 된다는 개념은 과거 플라톤 시대까지 거슬러 올라가는데, 그는 합법성은 일종의 사회계약에서 찾아야만 한다고 생각했다. 심지어 임마누엘 칸트는 로크에게 보내는 답장에서 사회계약은 실제 소유권을 선행해야 하며 모든 재산권은 그 요구의 합법성에 대한 사회적 인식에서 비롯되는 것이라고 적었다. 어떤 권리가 합법성을 지니기 위해서 굳이 법에 의해 정의되어야 할 이유는 없다. 사람들이 특정한 관례를 강력히 지지한다면, 그 관례는 권리로 충분히 인정될 수 있고 법 체제에 맞설 수 있는 위력을 갖는다.

이런 까닭에 기존의 사회계약을 고려하지 않은 재산법과 소유권은 언제나 실패할 수밖에 없다. 그런 재산법과 소유권에는 합법성이 결여되어 있는 것이다. 그것들이 합법성을 발휘하기 위해서는 기존의 재산권을 결정하는 불법적인 사회계약과 연계되어야만 한다. 그러나 문제는 이런 사회계약이 여러 도시와 마을에서 수많은 형태로 산재해 있다는 사실이다. 이런 사회계약을 합법적인 재산 체제로 통합할 수 있는 유일한 방법은 일종의 연결장치로서 합법적·정치적 구조를 구축해 사람들이 자체적으로 제정한 불법적인 규약과 연계시킨 후에 그들이 자발적으로 이 새로운 합법적인 사회계약의 틀로 진입하도록 만드는 것이다. 이 연결 장치는 단 한 사람도 불안해하거나 이탈하는 일이 발생하지 않도록 아주 튼튼하고 넓어야 한다. 이것이 바로 수백 년 동안 서구가 사용했던 방법이다. 해럴드 버먼Harold Berman은 이렇게 적고 있다.

> 다양한 지역사회들 내부에서 법의 체제화가 가능한 경우는 오직 그 지역사회들에 비공식적이지만 이미 법적 관계를 규정하는 구조가 존재하고 있을 때이다. 서구의 합법적인 전통은 집단들의 사회적·경제적 상호관계의 구조를 초월하여 발전했다. 상호관계의 행동 양식은 규범적인 차원을 습득한다. 관행은 관습으로 전환되고 … 관습은 법으로 전환된다.[8]

곳곳에 산재한 수많은 사회계약을 하나의 국가적인 법과 연결하는 합법적·정치적 연결 장치를 구축하는 것은 20세기 초반에 오이겐 후버Eugen Huber가 스위스에서 실행했던 일이다. 후버는 스위스 전역에 산재된 관습과 규칙과 행동양식에 로마법을 적용했다. 재산에 대한 모든 관례를 통합해 단일한 법을 제정한 것인데, 이 법은 사람들이 익숙해져 있는 지역적인 기준이 제시하는 권리와 의무를 규정했다. 후버는 "법은 사람들의 입에서 비롯되는 것이다"라는 독일의 격언을 즐겨 인용했다. 앞서 5장에서 살펴본 것처럼 미국의 법은 기존의 사회계약도 똑같이 존중했다. 그 법의 위력은 이론이나 일관성이 아니라 유용성인데, 개발되지 않은 자산을 생산적인 자산으로 전환하려는 정부를 통해 그 유용성은 극대화된다.

불법적인 관계에서 선진국의 단일화된 재산으로의 전환이 그냥 이루어지는 것은 아니다. 근대 재산권 구조의 토대가 되는 법의 체제화는 정부가 이따금씩 법을 대신해 기존의 불법적인 관계를 허용할 경우에만 가능하다. 버먼은 이렇게 적고 있다. "법은 사회 전체의 구조와 관습을 초월하기도 하고 통치자들의 가치와 정책을 역행하기도 하면서 발전한다. 법은 이 두 가지를 통합하는 데 도움을 준다."[9]

이미 사람들이 존중하고 있는 사회계약에 재산법을 이식해 서구는 어떤 저항도 극복할 수 있는 폭넓은 공감대를 형성하는 데 성공했다. 이를 통해 얻어진 결과는 단일화된 합법적인 재산 체제였다. 이런 체제가 확립되면서 그들은 산재한 관습들을 하나의 사회계약으로 통합할 수 있었다. 한때 실제 소유주와 이웃들만이 그 소유권을 입증할 수 있었지만 합법적인 재산 체제의 출현으로 이제 모든 사람들이 그가 소유주라는 사실을 알 수 있다. 합법적인 소유권을 통해 사람들은 노동의 열매를 협소한 범위에서 벗어나 확대된 시장으로 옮길 수 있었다. 결국 서구 국가들은 근대 시장과 자본주의 체제에 전력을 공급할 수 있는 발전소를 마련한 것이었다.

소유권에 대한 인식이 지역적인 규약에서 질서정연한 대규모 경제적 · 사회적 관계로 전환되면서 일상생활과 비즈니스는 이전과는 비교할 수 없을 정도로 훨씬 더 편해졌다. 사람들은 자산에 대한 권리를 보호하기 위해 더 이상 지역적인 통치 방식에 의존할 필요가 없었다. 이에 따라 합법적인 재산을 통해 사람들은 폐쇄된 사회의 전형이라고 할 수 있는 지긋지긋한 지역적인 규약에서 벗어날 수 있었다. 이제 그들은 자신들의 자산을 스스로 통제할 수 있었다. 뿐만 아니라 적절한 명시화를 바탕으로 그들은 자산의 경제적인 잠재력을 극대화할 수 있었다. 이제 부동산과 비즈니스는 그 소재지를 신속하게 파악할 수 있기 때문에 그 소유주들은 익명성을 상실하고 책임을 갖는 경제적 주체가 되었다. 점차 합법적인 재산 체제는 확장된 시장을 구축하고 자본을 창출할 수 있는 무대를 만들어가고 있었다. 그리고 그 무대는 수많은 사람들이 참여할 수 있었다.

자본주의 전 단계의 사회계약

오늘날 개발도상국가들과 과거 사회주의국가들에서 통용되는 불법적인 사회계약은 합법적인 체제를 이끌어낼 수 있는 기반이 될 수 있을 만큼 견실한가? 물론이다. 정부 공무원들은 자본이 충분히 공급되지 않는 영역을 운영할 때 불법적인 사회계약을 따른다는 증거는 헤아릴 수 없이 많다. 비록 간접적이지만 국제적인 기증단체들의 보고서는 끊임없이 불법적인 관습을 언급하고 있다. 불법적인 조직들과 타협하지 않고 어떻게 국내에서 가장 빈곤한 영역에 대한 농촌과 도시개발 프로그램을 개발할 수 있단 말인가? 각국의 정부와 국제 경제단체들이 재산법을 무시하고 무단점거자들의 거주지에 도로, 전기, 상하수도, 학교 같은 공공서비스를 제공하지 못하는 것은 은연중에 불법적인 재산규약을 의식하기 때문이다. 로버트 쿠터Robert Cooter와 토머스 울렌Thomas Ulen이 언급했던 것처럼 "재산권은 입법가들이 그것을 규정할 때보다 사람들이 동의할 때 훨씬 효율적인 기능을 발휘할 수 있다."[10]

불법적인 사회계약은 즉흥적인 규약과 합법적인 체제에서 빌려온 규칙을 적절히 조화한 관습이다. 대부분의 개발도상국가들에서는 합법적인 보호를 받을 수 없기 때문에 대다수 국민들의 자산을 통제하는 것은 바로 불법적인 법이다. 이 말은 오직 하나의 법을 따라야 한다고 믿는 서구의 독자들에게 다소 모순적이고, 심한 경우에는 절망적으로 들릴 수도 있다. 그러나 여러 개발도상국가들을 방문해 조사하면서, 그 모든 국가들에서 '합법적인 법'과 '불법적인 법'이 공존한다는 사실을 확실히 발견했다. 마가렛 그루터Margaret Gruter는 이렇게 적고 있다.

> 법은 단지 사람들이 맹목적으로 따르는 규칙이 아니다. 오히려 법은 대다수의 사람들이 동의한 행동 규칙을 형식화한 것인데, 그것은 법을 따르는 사람들의 행동 성향을 반영하고 그들에게 잠재적인 혜택을 제공한다. (만약 사람들이 그 잠재적인 혜택을 인식하지 못하거나 믿지 못한다면, 종종 법은 무시되기도 한다.)[11]

또 다른 법학자는 근대에 서구가 법을 만들고 질서를 확립하는 데 정부에 의존하는 현상이 역사적으로 정형화된 것이 아니라는 사실을 지적했다.[12] 한 국가 안에 여러 가지 법이 존재하는 현상은 전혀 새로운 것이 아니다. 13세기와 14세기에 로마법이 재발견되어 모든 법이 서서히 하나의 체제로 통합되기 전까지 법적 다원주의는 유럽대륙을 지배하는 원칙이었다.

그러면 개발도상국가들과 과거 사회주의국가들에서 일어나는 불법적인 활동이 우연한 현상이 아니라는 사실에 깜짝 놀랄 필요는 없는 것이다. 수십 만에 달하는 페루의 소유주들에게 합법적인 소유권을 발행하는 과정에서 나와 동료들은 잘 정비된 공통의 규칙을 따르지 않는 불법적인 집단을 발견하지 못했다. 우리가 방문했던 자본이 충분히 공급되지 않는 지역들 가운데 황무지는 단 한 곳도 없었다. 세심하게 살펴보면 우리는 항상 규칙의 형태를 구분할 수 있었다.

제3세계와 과거 사회주의국가들에 존재하는 자본이 충분히 공급되지 않는 영역들도, 서구와 마찬가지로 다양한 자체적인 재산규칙을 운영하고 있었다. 그들은 자신들이 보유한 최초의 재산권을 보호하기 위해 자체적으로 불법적인 제도를 만들어내야만 했다. 특정한 자산에 대한 배타적인 권리를 당신에게 부여하는 것은 당신의 마음이 아니라 당신과 똑같은 방식으로 그 권리에 대해 생각하는 다른 사람들의 마음이라는 사실을 명심하라. 이런 마음은 서로가 자신들의 자산을 보호하고 통제하기 위해 필요한 것이다. 더욱이 사람들은 약탈자, 특히 정부를 몰아내기 위해 법보다 훨씬 강력한 사회계약을 만들어야만 했다. 사회계약의 위력을 의심하는 사람들은 이런 불법적인 권리에 도전하는 수밖에 없었다. 그 저항은 가장 인상적인 결과를 이끌어낼 것이다.

지난 40년 동안 불법적인 규약은 깜짝 놀랄 만큼 널리 보편화되었다. 사실상 제3세계의 모든 도시들에서 발행되는 신문들에는 '폭증하는 불법적인 영역'에 대한 기사가 축구경기에 대한 기사만큼 아주 흔하게 실리는 듯하다. 그 이유는 법 체제가 급속도로 진화하는 불법적인 규약을 수용할 수 없기 때문이다. 예를 들면, 부동산의 경우에 불법적인 사회계약은 이주민들의 노골적인 무단점거뿐만 아니라 열악한 주택정책과 도시 및 농촌개혁 프로그램, 임대 규제 프로그램의 점진적인 부패 그리고 주거용지 및 산업용지에 대한 불법적인 매입이나 임대 관행에서 비롯되는 것이다. 대부분의 사회계약은 활동적인 대리인들을 통해 한층 더 용이해진다. 상업적·정치적·종교적 경로를 통해 권한을 얻은 부동산 중개업자들은 여러 고객들의 거래를 성사시킨다. 이런 고객들의 공통점은 불법적으로 획득한 재산의 비용을 지불할 수 없다는 것이다. 내가 방문했던 일부 국가들에서 군대는 아직 임관하지 않은 예비장교들을 위한 막사로 활용할 부동산을 불법적으로 확보할 장교를 임명하기도 했다. 심지어 몇몇 도시에서는 부동산의 소유권과 등록을 담당하는 정부기관이 불법적인 무단점거를 통해 공무원들의 주택부지로 공급할 알짜배기 토지를 조성하기까지 했다. 최근에 내가 직접 가본 한 대규모 무단점거지는 다름 아닌 시의회에 의해 조성된 것으로 7천 명에 달하는 공무원 가족들의 주택부지로 사용될 예정이었다. 어떤 나라에서는 우리가 확보한 불법적인 부동산 정보를 바탕으로, 한 지역 신문사가 고위공직자들의 거주지에 대해 합법적으로 등록된 소유권이 있는지 여부를 조사했다. 그들의 거주지에는 합법적인 소유권이 없었다. 그 신문사는 불법적인 거주지에서 국법이 시행되고 있다면서 고위공직자들을 조롱했다.

이처럼 토지에 대한 권리가 불법적으로 창출되면서 소유주들은 자신들이 구축한 사회계약을 시행하기 위한 제도를 마련했다. 불법적인 사업 및 주거 단체들은 정기적인 회합을 통해 의견을 조정하고, 내부 조직을 위한 투자를 확보하고, 정해진 절차에 따라 신용을 발행했다. 그들은 소유권에 대한 규정과 소유지들을 기록한 지도를 관리하고 보관하는 사무소를 운영했다. 이런 제도의 가장 두드러진 특징은 합법적인 영역에 통합되기를 절실히 원한다는 것이다.

도시 지역에서 불법적인 건물과 사업은 합법적인 재산과 거의 구분할 수 없을 때까지 끊임없이 진화한다. 내가 방문했던 모든 개발도상국가들과 과거 사회주의국가들에서는 아주 긴 경계선을 중심으로 합법적인 영역과 불법적인 영역이 분리되어 있었다. 그 경계선을 따라 불법적인 조직들이 정부 공무원들과 연계하는 중계지점들이 있었다. 그곳에서 불법적인 조직들은 합법적인 승인을 획득하는 데 전념했고 정부 공무원들은 양측의 균형을 이루기 위해 노력했다. 대체로 불법적인 조직들은 정부 공무원들과 공존할 수 있는 방법을 모색했다.[13] 대부분은 자신들의 권리를 보호할 수 있는 합법적인 장치를 협상하고 있었던 반면에 이미 일부는 법 체제를 벗어난 자신들의 상황을 안정시킬 수 있는 계약을 체결한 상태였다. 불법적인 영역이 합법적인 영역으로 진입하기를 원했다는 사실을 나타내는 또 다른 증거는 그들의 권익을 위해 협상에 나설 리더로 선출된 사람들이 실제 그들의 진정한 요구를 반영하지 못했다는 사실이다.

불법적인 영역의 실상

개발도상국가들과 과거 사회주의국가들의 정부는 이제 불법적인 영역이 폭발적으로 증가하는 이유가 사람들이 아무런 이유도 없이 갑작스럽게 법 체제를 등지는 것이 아니라 자신들의 재산과 생계 수단을 보호하기 위해 어쩔 수 없이 법 체제를 벗어나기 때문이라는 사실을 인식하고 있을 것이다. 이런 근대의 생활 방식을 수용하고자 한다면, 정부는 거래를 시도해야만 한다. 불법적인 영역은 이미 합법적인 영역으로 넘어올 준비가 된 상태지만 그들은 오직 정부가 그 과정을 용이하고 안전하고 저렴하게 만들어줄 경우에만 확실한 결단을 내릴 것이다. 불법적인 영역에서 재산을 보유한 사람들은 비교적 잘 정비된 조직을 이루고 있었다. 또 그들은 정부가 제정한 법이 아닐지라도 '법을 준수하고' 있었다. 이런 불법적인 규약을 찾아내고 그것을 합법적인 재산 체제로 통합하는 방법을 마련하는 것은 바로 정부의 몫이었다. 그러나 고층건물에서 사무실을 운영하는 변호사들을 고용해서 그런 목표를 이루기란 불가능했다. 정부는 직접 거리와 도로로 나가서 그곳에서 짖어대는 개들의 소리에 귀기울여야 할 것이다.

오늘날 서구에서 통용되는 법은 먼지가 수북히 쌓인 두꺼운 책이나 정부의 법전에서 비롯된 것이 아니다. 그것은 실제 세계에서 태어나서 법률가들의 손에 쥐어지기 오래 전부터 평범한 사람들에 의해 길러진 살아있는 실체다. 법은 체제로 구축되기 전에 발견되어야 하는 것이다. 법학자 브루노 레오니Bruno Leoni는 이렇게 적고 있다.

법은 시행되기보다 발견되어야 하는 것이며 그 사회에 어떤 구성원도 단독으로 토지법을 확인할 수 있을 만큼 강력한 권위를 갖지 못한다는 측면에서 로마인들과 영국인들은 공통된 견해를 가졌다. '법을 발견하는 임무'는 배심원들과 판사들에게 주어졌는데, 오늘날 이 두 부류는 어떤 맥락에서 과학적인 전문가에 속한다.[14]

'법을 발견하는 것'은 지난 15년 동안 나와 동료들이 여러 개발도상 국가들의 정부가 모든 사람들을 수용할 수 있는 합법적인 재산 체제를 구축하도록 돕는 데 첫 번째 단계로 실시했던 사항이었다. 만약 제3세계와 과거 사회주의국가들의 국민을 길거리의 행상인과 콧수염을 기른 게릴라, 슬라브계 갱단으로 구분하는 편협한 할리우드식 기준을 걷어낸다면, 당신은 재산을 보호하고 사업을 운영하는 방식에서 서구와 비서구의 차이가 거의 없다는 사실을 이해할 것이다. 여러 해에 걸쳐 수많은 국가들에서 연구한 끝에 나는 재산에 대한 대부분의 불법적인 사회계약이 기본적으로 서구의 국가적인 사회계약과 유사하다는 사실을 확신할 수 있었다. 이 두 가지 사회계약은 누가 어떤 권리를 지니는지 파악하고, 또 그런 권리의 한계와 거래의 범위를 설정하는 규칙을 포함한다. 그밖에도 자산의 소유권을 기록하고, 재산권과 청구지의 시행 절차를 규정하고, 토지의 경계를 설정하고, 거래를 통제하는 기준을 규정하며, 허가가 필요한 사항과 허가가 필요없는 사항을 결정하고, 소유권의 유효 범위에 대한 지침을 규정하고, 법과 계약을 존중하도록 유도하는 장치를 제공하며, 거래의 익명성에 대한 한계를 설정한다.

요컨대 사람들이 재산권에 대해 유사한 견해를 갖기 시작하는 것이라고 생각할 수 있다. 이것은 결코 엄청난 충격으로 다가오지 않는다. 대중적인 관습은 항상 동시다발적으로 확산되기 때문이다. (제3세계 국민들도 TV를 시청한다. 그들도 영화를 관람하고 전화기와 컴퓨터를 사용할 뿐만 아니라 자녀들에게 더 나은 교육 기회를 제공하기 위해 노력한다.) 더욱이 전세계적인 의사소통 수단의 혁명을 언급하지 않더라도 지난 40년 동안 이루어진 대규모 이주는 우리가 점점 더 많은 가치와 야망을 공유하고 있다는 사실을 의미한다. 결국 한 국가에 존재하는 여러 불법적인 사회계약은 서로 상이하지 않고 유사할 수밖에 없는 것이다.[15]

불법적인 사회계약의 문제점은 재산에 대한 명시화가 그 지역의 기준을 벗어난 광범위한 형태에 적용할 수 있는 방식으로 전환되지도 형식화되지도 않는다는 데 있다. 불법적인 재산 체제는 그 집단에 소속된 사람들에게 의미가 있고 안정된 것이었지만, 그들은 체제를 운영하는 수준도 형편없었고 서로 용이한 상호관계를 맺기 위해 필요한 명시화 체제도 갖추지 못했다. 이런 현실은 합법적인 소유권이 존재하지 않았던 지난날 서구의 상황과 다르지 않았다. 일례로 15세기 이전에 독일에서 등록되었던 일부 불법적인 재산기록은 오늘날까지도 존재하고 있지만 그 당시 재산의 거래를 규정하는 규칙은 성문화되지 않았고 오직 사람들의 입을 통해 구전되었다.

이제 수많은 사람들이 이런 관습과 관례를 오늘날 소유권과 주식과 재산등기에 대한 명시화 절차의 전 단계로 여기고 있다. 18세기 영국

철학자이자 역사학자인 데이비드 흄David Hume에 의하면, 그 당시 유럽의 일부 지주들은 토지 거래를 기념하기 위해 서로의 토지에 비석을 세웠고 농부들은 밀을 거래한 표시로 밀을 저장해둔 창고의 열쇠를 건넸다고 한다. 토지 거래를 입증하기 위해 양피지로 만든 문서를 그 토지에 남겨두었다. 이와 비슷한 사례로 로마제국이 세워지기 수세기 전에 로마법은 재산권의 합법적인 이전을 증명하기 위해 해당 토지에 있는 풀과 나뭇가지를 직접 손으로 건네도록 규정했다. 일본인들도 거래를 입증하기 위한 독특한 의식을 치렀다. 법으로 토지매매를 금지했던 17세기부터 19세기 도쿠가와 막부시대에 구마 코즈케 지방에서 지주들은 친척들과 마을 지도자에게 토지 거래를 입증하는 문서를 작성하고 봉인하도록 하여 자신들이 보유한 자산을 불법적으로 매각했다.

지역 등기소들은 점차 이런 문서들을 수집하기 시작했다. 이런 명시화 문서가 책의 형태로 제작되기까지는 상당한 기간이 소요되었다. 그러나 이런 다양한 재산기록들과 그것들을 통제하는 사회계약이 표준화되고 오늘날 서구가 보유한 재산 체제처럼 단일화된 체제로 통합된 시기는 19세기 이후였다.

제3세계와 과거 사회주의국가들은 수백 년 전에 유럽과 일본과 미국이 거쳤던 것과 똑같은 상황을 겪고 있다. 서구와 마찬가지로 그들도 전국에 산재한 기존의 재산규약을 파악하고 하나의 체제로 통합해 모든 국민들이 자본을 창출할 수 있는 환경을 조성해야 한다.

불법적인 법의 해석

처음에 자본주의 전 단계의 재산규약을 자본주의 재산 체제로 통합하는 임무를 맡으며 나와 동료들은 서구를 기준으로 삼았다. 그러나 선진국이 불법적인 규약을 법으로 통합하는 과정을 연구하면서 우리는 확실한 자료가 없다는 사실을 인식했다. 서구가 불법적인 재산권을 증명하기 위한 수단들 가운데 어떤 것들을 합법적인 재산 체제의 공통 요소로 채택했는지 알 수 있는 기록은 아쉽게도 거의 존재하지 않았다. 존 페인John Payne은 영국의 상황을 이렇게 설명하고 있다.

> 상업적 토지 거래의 일부로서 소유권에 대한 합법적인 증명 수단은 영국법에서 최근에 다루는 부분이지만 그 정보가 너무나 빈약해서 그저 일시적인 정책에 불과하다고 여겨진다. 역사학자들은 중대한 사건들은 연도별로 상세하게 기록되는 반면 가정에서 일어나는 일상사에 대해 기록할 필요성을 느끼지 못하는 세태에 크게 격분한다. 이런 기록은 불필요하고 진부한 것처럼 보이는데, 그 누구도 뻔한 것을 기억하려고 하지 않기 때문이다. 결국 한 시대에 모든 사람들이 당연하게 여기는 것은 다음 시대에 전달되지 않고 그 시대의 일상적인 절차를 재구성하기 위해서는 수많은 단편들을 수집하는 엄청난 고생을 감수해야만 한다. 이것은 19세기에 우리가 부동산 중개업자들의 실질적인 업무에 대해 알기 전까지 그들이 실제로 담당했던 일이었다.[16]

몇몇 역사 자료를 통해 우리는 불법적인 세계에 대해 파악하고 마침내 재산권의 기반이 되는 사회계약을 접할 수 있는 방법을 알 수 있었다. 이런 불법적인 규약을 찾는 작업은 합법적인 재산 체제에서 소유권을 입증하는 방식을 찾는 것과 전혀 다르다. 합법적인 체제에서는 여러 해 동안 창출된 문서자료, 즉 '소유권 순환' 과정을 관리하는 등기체제를 통해 소유권의 기원을 찾을 수 있다. 자본이 충분히 공급되지 않는 영역에서 외부인들은 소유권 순환에 대한 정보를 파악하기 어렵다. 이런 영역에는 합법적인 사회의 중추를 이루는 통일된 등기체제가 존재하지 않는다. 그러나 그들은 서로, 현재 누가 무엇을 소유하고 있는지 자세하고 확실하게 알고 있다.

결국 특정 지역에서 통용되는 재산에 대한 불법적인 사회계약을 발견할 수 있는 유일한 방법은 그곳에서 생활하는 사람들과 직접 접촉하는 것뿐이다. 만약 재산을 나무로 가정한다면, 각 나뭇잎의 기원은 시간의 흐름에 따라 가지에서 줄기로, 줄기에서 뿌리로 거슬러 올라갈 것이다. 불법적인 재산에 대한 접근은 반드시 공시적인 차원에서 이루어져야 한다. 외부인이 누가 어떤 권리를 지녔는지 알 수 있는 유일한 방법은 나무를 빌어 비유하자면, 꼭대기부터 줄기까지 똑바로 잘라서 각 가지와 나뭇잎이 다른 가지와 나뭇잎과 어떤 관계를 맺고 있는지 확인하는 것이다.

공시적인 정보를 획득하기 위해서는 현장조사를 실시해야 한다. 재산이 공식적으로 기록되지 않은 지역(혹은 기록이 제대로 이루어지지 않은 지역)으로 직접 찾아가 그 지역의 합법적인 세력과 불법적인 세력을 모두 접촉해 재산규약을 밝혀내는 것이다. 이 과정은 생각보다 어렵지는 않다. 일부 국가들의 벽지에서는 구전이 주요한 방식일 수도 있지만 도시에서 자본이 충분히 공급되지 않는 영역에서 사람들은 자신들이 존중하고 어떤 측면에서 정부도 인정할 수밖에 없는 규칙에 따라 문서의 형태로 재산을 명시화하는 방식을 찾아냈다.

예를 들면, 아이티에서 우리가 재산권을 고정하는 명시화 문서를 찾아낼 거라고 생각한 사람은 아무도 없었다. 아이티는 전세계에서 가장 가난한 국가들 가운데 하나로 인구의 55퍼센트가 문맹이다. 우리는 도시 지역을 집중적으로 조사한 후에도 소유주가 자신의 권리(심지어 '무단점거권')를 보호할 수 있는 문서를 최소한 하나 이상 보유하지 않은 불법적인 토지나 건물을 단 한 곳도 찾아내지 못했다. 우리가 조사했던 모든 국가들에서 대부분의 불법적인 영역은 자신들의 재산권을 명시화하고 입증하기 위한 몇몇 물리적 수단을 갖추고 있었다. 우리는 기록과 인터뷰뿐만 아니라 바로 이런 불법적인 명시화의 기반에 대한 조사를 통해 재산권을 뒷받침하는 사회계약을 추려낼 수 있었다.

재산권을 확인하기 위해서는 불법적인 정보도 중요하지만 합법적인 정보도 무시할 수 없다. 고위 정치인들은 하위 공무원들이 불법적인 영역과 어느 정도까지 지속적으로 접촉할 수 있는지 거의 인식하지 못했다. 시당국과 도시계획가, 보건공무원, 경찰 등은 관내에서 끊임없이 생겨나는 불법적인 거주지와 단체와 사업의 불법적인 성향에 대한 공식적인 수치를 산출해야만 한다. 우리는 불법적인 사회계약이 통용되는 지역을 찾기 위해 공문서를 해독하는 방법을 배웠다.

일단 불법적인 명시화 체제가 존재하는 지역을 찾아내서 명시화 문서를 확보한다면, 정부는 그 지역의 불법적인 사회계약을 파악할 수 있는 실마리를 찾은 것이다. 명시화 체제는 특정한 집단에 소속된 사람들이 재산의 소유주를 파악하고 그들이 재산을 사용하는 방식에 대한 공통된 견해에 도달해 탄생한 결과물이다. 이런 명시화 문서를 해독하고 그 의미를 밝혀내는 작업은 고고학적인 지식을 필요로 하지 않는다. 그것들은 암호로 기록되어 있지 않기 때문이다. 사업을 구상하는 직선적인 사람들은 자신들이 통제할 수 있는 특정한 자산에 대해 어떤 권리를 주장할 수 있는지 여부를 확실하게 파악하기 위해 이런 문서를 작성한다. 그들은 자신들의 권리에 대한 합법성을 알리기 위해 최대한 많은 증거를 제시하려고 한다. 이런 명시화 문서는 모든 사항을 공개하고 있는데, 애초에 그런 목적으로 작성된 것이다. 그러나 항상 그런 것만은 아니었는데, 유감스럽게도 빈민들을 상대하면서 우리는 기록을 관리하는 통합 체제가 없는 것처럼 착각하는 성향을 보였다. 존 P. 파웰슨John P. Powelson이 《토지 이야기*The Story of Land*》에서 적절한 결론을 제시했던 것처럼 개발도상국가들의 원시적인 벽지에 거주하는 사람들조차 가장 효과적으로 자신들을 변호할 수 있으며 언제나 자신들이 똑똑하다는 사실을 입증할 수 있는 능력을 지니고 있다.[17]

명시화 체제에 대한 확실한 증거를 확보하면, 정부는 그것을 '분석'해 합법적인 사회계약을 구성하는 원칙과 규칙을 파악할 수 있다. 일단 이 작업을 마치면 개혁자들은 불법적인 법에서 가장 적합한 사항들을 찾아낼 수 있을 것이다. 그 다음 임무는 그런 사항들을 성문화하는 것인데, 일단 그것들을 임시로 시행하면서 기존의 합법적인 법과 비교해야 한다. 허술한 체제를 보강하는 것도 어려운 일이 아니다. 그것은 한 국가 내에서(예를 들면, 미국의 통일상법), 혹은 국제적인 관계에서(예를 들면, 유럽연합이나 세계무역기구가 제정한 수많은 강제법) 법을 단일화하는 절차와 크게 다르지 않다. 불법적인 법과 합법적인 법을 비교하면, 정부 지도자들은 이 두 법이 서로 조화를 이루기 위해 변형되는 방식을 볼 수 있어 재산을 통제하는 규칙의 기반, 즉 모든 국민들을 위한 법의 근본원리를 구축할 수 있다. 이 규칙은 합법적인 현실과 불법적인 현실을 모두 반영하기 때문에 그 자체로 합법적이며 탁월한 실행력을 발휘한다. 이것이 바로 개발도상국가들이 법적인 과제를 해결할 수 있는 방법인 동시에 본질적으로 서구의 법이 구축된 방식이기도 했다. 서구의 법은 유용하지 않은 것과 시행할 수 없는 것을 과감히 버리고 점차적으로 효과적인 것만을 수용했다.

만약 이 모든 내용이 합법적인 개혁을 위한 준비라기보다 일종의 고고학적인 과제에 가깝다고 느껴진다면, 그것은 법 체제의 개혁의 본질보다 열정과 지적 호기심에 자극을 받은 학자들과 언론인, 행동주의자들만 빈민들에 관한 지식을 갖고 있다는 믿음 때문일 것이다. 도대체 법률가들은 어디에 있단 말인가? 어째서 그들은 국민들이 창출한 법 체제와 법질서를 세심하게 살펴보지 않았던 것일까? 그 이유는 이런 국가들에서 법률가들은 서구의 법 체제를 연구해 자국에 도입하는 일에만 정신이 팔려있기 때문이다. 그들은 지역적인 관습은 진정한 법이 아니므로 민속학자들이나 연구해야 할 진부한 영역이라고 여겼다.

그러나 진정 훌륭한 법을 제정하기 원한다면, 법률가들은 일단 법전을 덮어두고 불법적인 영역으로 들어가야만 한다. 그곳이야말로 합법적인 체제를 구축하는 데 필요한 정보를 얻을 수 있는 유일한 장소이기 때문이다. 이런 '국민들의 법'을 조사하고 그 근본 원리를 이해한다면, 개혁가들은 탁월한 실행력을 갖춘 합법적인 체제를 창출하는 데 필요한 감각을 얻을 수 있을 것이다.

이 모든 과정을 마쳤다면, 이제 정부는 비로소 사회계약을 접해야 할 것이다. 정부는 빈민들과 그들이 보유한 자산을 합법적인 구조로 통합하는 데 필요한 정보를 얻을 수 있고, 마침내 자본주의 체제를 구축할 수 있을 것이다. 그러나 법 체제의 개혁은 현재의 상황에 대한 변화를 의미한다. 따라서 그것은 아주 중대한 '정치적인 과제'인 것이다.

정치적인 과제

그 누구도 봉건적이고 세습적인 체제가 오늘날 서구에 존재하는 근대적인 재산 체제로 진화할 거라고 예상하지 못했다. 그러나 근대로 향하는 오랜 진화 과정에서 개혁가들은 더 많은 국민들이 재산에 접근할 수 있도록 하는 프로그램들을 개발해 성공을 거두었다. 탁월한 정치적인 전략이 뒷받침되었기에 가능한 일이었다. 18세기 후반에 토머스 제퍼슨은 버지니아에서 바로 이런 전략을 사용했다. 재산이 다양한 형태로 전환될 수 있는 기회를 증대하기 위해 재산을 세습하는 관습을 금지하는 전략을 사용했던 것이다. 19세기 초반 독일에서 슈타인Stein과 하덴베르그Hardenberg가 보편적인 재산권을 확립하려고 했을 때, 또 20세기 초반 오이겐 후버가 스위스에 산재한 모든 재산 체제를 통합하기 시작했을 때, 그들은 모두 현상 유지에 집착하는 사회적인 장벽을 무너뜨릴 수 있는 세심한 전략을 준비했다. 그들은 치밀한 사전계획을 통해 마련한 법안을 시행해서 정부가 대중적인 지지를 받으며 무혈혁명을 이끌어낼 수 있게 했다.

어째서 오늘날에는 정치적인 전략이 필요한 걸까? 도대체 누가 명백하게 부당한 합법적인 차별정책을 폐지하는 데 반대할 수 있단 말인가? 실제로 개혁의 필요성에 대해 반박하는 사람은 거의 없다. 그러나 극소수의 권력층은 개혁이 자신들의 이권을 침해할 거라고 생각하기 때문에 드러나지 않게 개혁에 반대하고 나설 것이다. 이런 현실과 관련된 한 가지 문제는 대다수의 국민들이 자본을 창출하지 못하도록 차단하고 있는 수많은 성문법들이 권력집단의 이익을 보호하는 장치를 포함하고 있을 수도 있다는 사실이다. 가난한 사람들에게 자본주의를 개방하는 것은 불도저로 쓰레기 더미를 밀어내는 작업처럼 간단한 문제가 아닐 것이다. 그것은 독수리를 자극하지 않으면서 거대한 독수리의 둥지를 이루고 있는 수천 개의 나뭇가지를 재배치하는 작업과 유사하다고 할 수 있다. 이런 재배치 작업은 소수의 권력층에게는 그저 사소하고 귀찮은 사건에 불과하겠지만 국가적인 차원에서는 빈민들에게 자본을 창출할 수 있는 기회를 제공하기 때문에 엄청난 국익을 가져다주는 혁명일 것이다. 그러나 강력한 정치적 소신을 바탕으로 폭넓은 지지를 받지 못한다면 그 개혁은 결코 이런 평가를 받을 수 없다.

이처럼 독수리를 자극하지 않고 독수리 둥지를 재배치하는 작업은 분명히 능숙한 정치인들이 담당해야 할 부분이다. 그들은 대다수를 위한 변화와 소수를 위한 안정을 동시에 실행할 수 있는 유일한 존재다. 가난한 사람들에게 자본을 공급하기 위한 전략은 동일한 법 체제 내부에서 극명하게 대비되는 두 재산 체제를 통합하는 것이다. 그 전략이 성공을 거두려면, 대통령이나 수상은 단순한 관료의 역할을 초월해 정부의 핵심정책을 형식화해야 한다. 오직 최고 수준의 정치적 환경에서 개혁은 엄청난 지지 세력을 통제하면서 현재의 상황을 헤쳐 나갈 수 있다. 또 오직 최고 수준에 이른 정부만이 개혁의 진행을 저해하는 관료들간의 내분과 정치적 갈등을 예방할 수 있다. 국가가 대대적인 변화를 감행할 때마다 정부는 항상 앞장서서 그 변화를 주도해야 한다. 가난한 사람들을 구제하는 일은 분명 국가의 지도자가 담당해야 할 몫이다.

역사적인 사실과 실제적인 경험을 통해 우리는 재산 개혁을 이루기 위해서는 지도자가 최소한 세 가지 사항을 실행해야 한다는 사실을 깨달았다. 일단 가난한 사람들의 시각을 가져야 하고, 엘리트를 선발해야 하며, 종 모양 단지를 수호하는 법적 · 기술적 관료체제와 협상해야 한다.

가난한 사람들의 입장에서

범지구적인 자본주의의 혜택은 한 국가의 모든 국민들에게 돌아가지만 가장 확실하고 큰 혜택은 빈민들에게 돌아갈 것이다. 만약 가난한 사람들의 입장에서 개혁을 시도한다면, 그 지도자는 이미 전쟁에서 절반의 승리를 거두었다고 할 수 있다. 그런 지도자와 대다수의 국민들은 어떤 반대나 저항에도 대단히 강력하게 대처할 것이다. 그러나 전쟁에서 승리하려면, 지도자는 확실한 사례를 구축하는 데 필요한 사실들을 확보해야 한다. 이 과정에는 기본적인 조사가 필요하다. 개혁가들은 직접 거리로 나가 가난한 사람들의 입장에서 현실을 바라봐야 한다. 공식적인 통계자료에는 그들에게 필요한 정보가 담겨 있지 않다. 실제적인 현실과 정확한 수치는 오직 종 모양 단지의 외부에서만 파악할 수 있는 것이다.

1980년대에 페루의 빈민들이 합법적인 재산에 접근할 수 있는 가능성에 대해 연구하기 시작할 무렵에 내가 컨설팅을 의뢰했던 모든 법률자문회사들은 자본에 접근할 수 있는 합법적인 사업을 시작하는 데 고작 며칠이면 충분하다고 장담했다. 나는 그 대답이 나와 내 변호사들에게는 적용되지만 대다수의 페루 국민들에게는 해당되지 않을 거라는 사실을 직감했다. 따라서 나와 동료들은 리마의 한 판자촌에서 미싱 두 대로 운영되는 의류공장을 설립하기로 결정했다. 가난한 사람들의 입장에서 그 과정을 체험하기 위해 우리는 리마의 기업가들이 합법적인 절차를 모두 마치는 데 소요되는 시간을 정확히 측정하기로 했다. 우리는 하루에 6시간씩 투자한다 해도 합법적인 승인을 받기까지는 무려 300년 이상의 시간이 소요된다는 사실을 발견했다. 물론 그 비용도 만만치 않았다. 직원의 한 달 임금보다 32배나 많은 금액이 지출되었다. 우리는 불법적인 거주지에서 생활하는 사람이 합법적인 주택의 소유권을 얻기 위해 소요되는 기간을 조사하기 위해 유사한 실험을 시도했다. (정부는 이미 그가 오랜 기간 거주하고 있다는 사실을 인정하고 있다.) 어처구니없게도 그저 리마의 시민권을 취득하는 데만도 무려 728단계의 절차를 거쳐야 했다. 이런 현실은 애초의 짐작에 확신을 더해주었다. 앞서 법률자문회사에서 대답했던 것처럼 기존의 자료는 대부분 이미 종 모양 단지의 내부에 머물고 있는 사람들의 이익을 반영하는 것이었다. 종 모양 단지를 오직 그 외부에서만 볼 수 있는 것도 바로 이런 이유 때문이다. 오직 가난한 사람들의 시각을 통해서만 볼 수 있는 것이다.

일단 이런 정보를 확보했다면, 정부는 빈민들의 이해와 참여를 이끌어낼 수 있다. 그러면 그들은 정부의 개혁을 적극적으로 지지할 것이다. 빈민들은 지속적인 피드백을 통해 개혁의 성공을 위해 필요한 실제적인 사항들을 제공하면서 가장 효과적인 홍보장치가 될 것이다.

이것이 바로 페루에서 일어난 개혁이었다. 1984년부터 1994년까지 나와 동료들은 종 모양 단지를 들어올려서 얻을 수 있는 이점을 사람들에게 알리기 위해 전력을 다했다. (그 당시 우리는 그 이점을 '형식화'라고 칭했다.) 우리의 목표는 겉으로 드러나지 않지만 개혁을 요구하는 전국적인 공감대가 형성되었다는 사실과 가난한 사람들의 자산을 형식화하는 것이 정치적인 필승 전략이라는 사실을 정치인들에게 증명하는 것이었다. 1980년대 후반에 이루어진 여론조사 결과들은 이 사실을 입증하고 있다. 합법적인 재산 체제로 전환하자는 우리의 제안은 무려 90퍼센트에 육박하는 찬성률을 보였다. 이런 수치가 있었기 때문에 1988년과 1990년 초반에 우리가 페루 의회에 제출한 형식화에 대한 법안이 만장일치로 통과된 것은 전혀 놀랄 만한 사건이 아니었다. 1990년 대통령 선거기간 중에 소설가이자 민주보수연합의 후보인 마리오 바르가스 롤사Mario Vargas Llosa와 전폭적인 대중의 지지를 통해 결국 대통령에 당선된 알베르토 후지모리Alberto Fujimori를 비롯한 모든 후보는 열성적인 사회주의자인 현직 대통령 알란 가르시아Alan Garcia와 함께 형식화 안건에 서명했다. 비록 그 시행 과정이 너무나 엉성하고 불완전했지만 오늘날까지도 이 형식화는 페루의 정치사에서 전례가 없는 확고부동한 정책으로 남아 있다.

이런 상황에서 개혁가들과 개혁에 찬성하는 여론에 직면한 정부는 재산에 대한 모든 문제를 경제성장의 안건으로 다루는 극적인 전환을 시도할 것이다. 만약 충분히 감당할 능력이 된다면, 가난을 구제하는 일은 더 이상 자선으로 여겨지지 않을 것이다. 이제 가난한 사람들의 미래는 성장을 지향하는 정부의 정책에서 가장 위쪽에 자리할 수 있다.

개혁을 주도할 엘리트 집단

인구의 대다수를 차지하는 빈민들의 경제적 잠재력이 드러나고 개혁을 지지하는 그들의 의지가 명확히 밝혀졌다면, 개혁가들은 엘리트에게 시선을 돌릴 것이다. 이 순간이 바로 종 모양 단지를 들어올리는 혜택이 오직 가난한 사람들에게만 돌아간다는 그들의 환상이 깨어지는 시점이다. 간격이 벌어진 계층 사이를 이어주는 것은 단순히 보편적인 사회선(社會善)이 아니다. 이런 합법적인 통합은 한 국가의 거의 모든 이익집단에게 도움이 될 수 있다. 빈민들의 지지를 얻기 위해 수많은 자료를 수집하는 것처럼 개혁가들은 기득권에 대해 승리를 거두려면 반드시 다른 자료들도 수집해야만 한다. 엘리트들은 그저 애국심이나 이타심이 아닌 자신들의 지갑을 두둑하게 만들기 위해 개혁을 지지하는 것이다.

예를 들면, 불법적인 영역을 법 체제로 흡수하는 것은 대규모의 저예산 주택정책을 유도한다. 이런 정책을 통해 가난한 사람들은 현재 거주하는 불법적인 영역의 집보다 훨씬 시설이 좋은 집을 훨씬 더 저렴한 비용으로 구할 수 있다. 혼란스러운 불법적인 영역에 집을 짓는 것은 먼저 신발부터 신고 나중에 양말을 신는 것과 마찬가지다. 농촌 출신의 새로운 이주민이 대도시 외곽지대의 빈민촌에 집을 짓는 데 필요한 목록에 대해 생각해보라. 먼저 그는 단순히 집을 지을 장소가 아닌 가족과 함께 점유할 토지를 물색해야 한다. 그런 토지를 찾았다면 짚, 진흙벽돌, 합판, 철판, 양철통 등으로 텐트나 오두막을 짓고 물리적인 권리를 주장해야 한다. (아직 합법적인 권리가 없기 때문이다.) 이제 이주민과 가족은 가구를 비롯한 가재도구를 들여올 것이다. 그들이 필요로 하는 것은 분명히 튼튼하고 편안한 집이다. 그러나 신용에 접근하지 못하는데 어떻게 그런 집을 지을 수 있단 말인가? 그들은 다른 모든 사람들과 마찬가지로 자신들이 구매할 수 있는 한도에서 튼튼한 건축자재로 더 좋은 집을 짓고 있다.

일단 이런 거주민들이 자신들의 자산을 보호할 수 있는 조직을 이루거나 지역 행정당국이 그들의 처지를 안타깝게 여겨서 복지정책을 시행한다면, 그들은 도로와 상수도, 전기, 오물 처리시설을 유치할 수 있다. 그러나 이런 시설을 유치하려면 일부 집들이 철거되는 희생을 감수해야 한다. 여러 해 동안 이런 건축과 재건축이 반복되기를 거듭한 후에야 비로소 그들은 편안한 생활을 영위할 수 있었다.

서구에서 집을 짓는 일은 어렵지 않은 것이다. 위험부담도 적고 비용도 저렴하며 가치가 손실될 가능성도 훨씬 적다. 서구에서 집을 지으려는 사람은 언제나 토지에 대한 소유권을 보유하고 있기 때문에 기반시설(도로를 비롯한 각종 설비)을 유치할 수 있는 권한을 보장받는다. 만약 집을 매각하려고 한다면, 그는 구매자의 기호에 맞게 집을 개조하고 보수한다. 그 집에 이사오는 새로운 구매자는 아마도 대부분의 구매자금을 은행에서 대출받았을 것이다.

합법적인 체제 아래에서 책임을 갖는 주체가 되면서 빈민들은 저예산 주택정책을 통해 건설된 집을 구입할 수 있는 능력을 지닌다. 결국 혼란스러운 불법적인 영역에서 벗어날 수 있는 것이다. 그러면 엘리트들은 그에 따른 보상을 받을 것이다. 건축업자와 건축자재 제조업체들을 비롯해 은행과 근저당 설정 회사, 소유권 대행업체, 보험회사들은 자신들의 시장이 확장되는 것을 발견했다. 형식화가 이루어지면 공공시설 공급자들은 거주지 주소를 신뢰할 수 있는 종착점으로 전환할 수 있다. 그 결과 정부와 기업가들은 판촉 활동과 이윤 보장은 물론이고 부채와 요금 및 세금 징수를 위한 정보와 주소지를 확보할 수 있다. 더불어 합법적인 재산 체제는 보건, 교육, 세금사정, 환경 계획에 대한 투자 결정에 활용할 수 있는 데이터베이스를 제공한다.

합법적인 재산의 보편화는 도시 빈민들이 증가하는 현상으로 인해 발생한 만성적이고 가장 큰 불만, 이를테면 더 많은 '법과 질서'에 대한 필요 따위를 해결할 수 있는 방법을 제시한다. 시장경제에서 시민사회는 절대 아무런 이유도 없이 번영하지 않는다. 재산권은 법에 대한 존중심을 유발한다. 저명한 역사학자 리처드 파이프스Richard Pipes는 러시아혁명에 대해 다룬 자신의 저서에서 이렇게 지적했다.

> 사유재산은 사회적 · 정치적 통합을 위한 가장 중요한 제도임이 분명하다. 재산에 대한 소유권은 정치적 · 법적 질서에 대한 헌신을 이끌어내는데, 특히 법적 질서는 재산권을 보장한다. 재산권은 국민들에게 공동주권을 부여한다. 따라서 재산은 대중에게 법에 대한 존중과 현상유지에 대한 관심을 유도하기 위한 중요한 수단이다. 역사적으로 재산, 특히 토지와 주택의 폭넓은 분배를 시도한 사회는 더 보수적이고 더 안정된 성향을 나타냈고, 그만큼 격변에도 신속하게 회복하는 모습을 보였다. 일례로 18세기에 불안한 사회의 근원이던 프랑스의 농민들은 프랑스 혁명의 결과로 19세기에는 보수주의의 중추가 되었다.[18]

자신들의 토지와 사업에 대한 합법적인 승인을 받으면서 빈민층도 다른 사람들의 재산을 더욱 존중하기 시작했다.

지속적으로 갱신되는 합법적인 재산기록은 경찰에게도 치안에 필요한 정보를 제공한다. 개발도상국가들과 과거 사회주의국가들에서 범법자들의 가장 두드러진 특성은 공식적인 주소지가 없다는 것이다. 따라서 범죄가 발생해도 경찰은 용의자들을 추적하는 데 필요한 기록이나 재산에 대한 기본 정보를 파악하지 못한다. 이런 까닭에 사법당국은 용의자들을 추적하는 과정에서 서구처럼 치밀하게 수사를 진행하지 못하고 시민권을 침해하는 경우가 많은 것이다.

합법적인 재산을 보유한 사람들은 불법적인 행동을 자제하는 성향이 있다. 사람들이 재산을 점점 더 작은 규모로 분할하는 경우에 여러 세대를 거친 상속자들은 더 이상 가족의 토지를 분할할 수 없기 때문에 다른 토지를 무단으로 점거할 가능성이 커진다. 또한 자신의 재산을 입증할 수 없을 경우에 사람들은 관공서에 뇌물을 상납하거나 이웃에게 도움을 청해 법의 허점을 파고든다. 더욱이 강제력을 발휘할 수 있는 법이 존재하지 않는 경우에는 갱단이나 테러집단을 끌어들이기까지 한다. 나와 동료들은 합법적인 소유권 캠페인을 전개해 토지 징발이나 몰수의 위협에 대한 보호 수단으로 테러집단을 대신할 엘리트를 선발했다.

재산은 마약의 유통을 방지할 수 있는 합법적인 대안을 제시한다. 만약 불법적인 토지 소유주의 신분에서 벗어날 수 없다면, 농민들이 단기적인 수입을 거두기 위해 선택할 수 있는 유일한 방법은 코카인이나 대마초 등 마약작물을 재배하는 것뿐이다. 마약거래를 통해 벌어들이는 돈은 개발도상국가들의 일부 지역에 거주하는 영세 농민들에게는 사실상 그들이 접근할 수 있는 유일한 신용이다. 그들의 재산규약은 합법적인 체제가 아니기 때문에 사법당국은 도저히 그들을 찾아낼 수 없으며 대체작물을 재배하도록 협상하려고도 하지 않는다. 이처럼 합법적인 보호가 이루어지지 않는다는 사실은 마약작물을 재배하는 농민들이 자산을 보호하기 위해 자체적으로 결속하거나 마약조직에 의존해야만 한다는 것을 의미한다. 이런 토지 소유주들을 수용하는 합법적인 재산 체제가 없다면, 마약작물을 재배하는 농민을 통제하고 마약조직을 추적하고 환경오염을 일으키는 범법자들을 파악하는 일은 사실상 불가능해진다. 결국 정부가 자신들의 이익을 보호하기 위해 사람들이 창출해낸 치밀한 불법적인 규약을 간파할 수 있는 방법이 전혀 없는 것이다.

재산의 합법화는 단순히 가난한 사람들을 위한 자선정책이 아니다. 소유주들을 책임을 갖는 주체로 만들고 그들에게 확실한 소유권을 부여하는 시장을 창출한다면, 시장은 확장되고 법과 질서가 확립되며 기득권층에게도 이익이 돌아갈 것이다.

기득권층의 저항

일단 개혁가들이 빈민층과 일부 엘리트들을 확보했다면, 이제 현상유지를 위해 운영되는 관공서와 사설사무소를 공략할 시간이 된 것이다. 그 대상은 바로 법률가들과 기술자들이다.

법률가 집단

개혁은 법을 확장하기 때문에 이론상으로 합법적인 사회는 개혁을 선호해야만 한다. 그러나 개발도상국가들과 과거 사회주의국가들에서 대부분의 법률가들은 법을 확장하지 말고 가능한 한 법을 유지하도록 교육받는다. 법률가는 재산과 관련된 대부분의 사업에 관여하는 직업이다. 그들은 정부기관의 요직에 앉아서 중요한 결정에 거부권을 행사한다. 테러집단을 제외하면 법률가들은 자본주의의 팽창을 억제할 수 있는 최적의 위치에 서 있었다. 그러나 테러집단과 달리 법률가들은 그런 억제를 합법적으로 실행할 수 있는 방법을 알고 있었다.

기업가들과 국민들이 자본과 자본주의를 구축한다면, 법률가들은 재산 개념을 전환이 가능한 명시화 형태로 고정하고 그 개념을 성문화한다. 소유권의 보장, 소유주의 책임 범위, 거래의 시행 한계는 궁극적으로 법률가들이 제정하는 규칙과 절차에 의해 구체화되어야 한다. 법률가는 소유권, 등기, 상표권, 저작권, 약속어음, 환어음, 특허권 등 모든 형태의 합법적인 재산을 완성하는 전문직이다. 싫든 좋든 법률가들과 협력하지 않고서는 재산제도와 자본형성 과정은 일어나지 않을 것이다.

한 가지 문제점이라면 법률가들이 자신들의 업무에 따른 경제적인 효과를 전혀 알지 못하고 불법적인 행동과 대대적인 변화에 대해 항상

적대적인 반응을 보인다는 것이다. 내가 만났던 개혁가들은 모두 법조계에 종사하는 사람들을 자신들의 적이라고 여기고 있었다. 1960년부터 1980년까지 52개국에서 수집한 자료를 바탕으로 사마르 K. 다타Samar K. Datta와 제프리 B. 뉴건트Jeffrey B. Nugent는 노동력에서 법률가들이 차지하는 비율이 증가할 때마다 경제성장률은 감소한다는 재미있는 연구 결과를 발표했다. 결국 경제성장은 법률가들의 소심한 정책과 반비례한다는 사실이 밝혀진 것이다.[19]

특히 수많은 개혁가들을 자극하는 것은 법률가들이 형편없는 재산체제에 대한 비난을 다른 사람들에게 전가하는 방식이다. 나는 이따금 법률가들이 합법적으로 발행된 소유권이 사용하기 어렵거나 불가능하다는 사실을 인정하면서도 기존의 재산법을 권장하는 모습을 보았다. 물론 그런 태도는 절대로 용납할 수 없는 것이다. 법률가들은 임의로 법을 제정하고 그 법을 시행할 행정 절차를 수립할 수 없으며 실패한 법에 대해 행정관료들의 무능함이나 국민들의 낮은 교육 수준을 비난할 수도 없다. 단순히 훌륭한 법을 제정하는 것만으로는 충분하지 않다. 법률가들은 법을 시행할 행정적 · 사회적 현실을 고려해야만 한다.

한 가지 흥미로운 사실은 이따금 재산 개혁을 시도하는 법률가들의 노력에 대해 가장 강력히 비난하는 세력이 바로 동료 법률가들이라는 것이다. 유능한 법률가이자 전세계적으로 유명한 토지등기 분야의 저술가인 S. 로턴 심슨S. Rowton Simpson은 동료 법률가들에게 이런 글을 남겼다.

법률가들은 자신들의 방식에 대한 사소한 변화조차 받아들이려 하지 않는 것으로 악명이 높다. … 다이아몬드를 절단하기 위해서는 다이아몬드가 필요하게 마련인데, 대부분의 국가에서 소유권 등기체제는 대체로 법률가 한 사람의 노력에 의해 탄생한다. 그는 현역 동료집단의 노골적인 반발에 직면하지만 어쩌면 소극적인 반발이 더 치명적일 수도 있다. 소극적인 반발은 외부로 드러나지 않기 때문에 진보를 저해할 수 있다. 수많은 법안들이 현역 법률가들의 지지를 받은 후에 허울뿐이거나 터무니없는 구호로 그치는 탓에 열매도 맺지 못하고 시들어버린다. 어떤 법안들은 그 시행 절차가 지나치게 장기적인 탓에 거의 실효를 발휘하지 못한다. 이런 법안은 기존의 판례를 위협하지 않기 때문에 법조계의 지지를 받지만 애초에 그 법안이 지향했던 목표를 이루지는 못한다. 그 법안은 단순히 조항을 부풀린 것에 불과하며, 설사 실패는 아니라고 해도 '성공'도 되지는 못한다.[20]

이따금 법률가들은 다른 규칙들은 모두 역동적이어야 한다는 사실을 인정하면서도 유독 법만은 보수적이어야 한다고 주장한다. 이처럼 법을 숭배하는 분위기는 그 결과에 상관없이 개혁을 지지하는 일부 법률가들이 동료 법률가들에 의해 추방당할 위험까지 무릅쓰는 극단적인 상황에 이르게 할 수 있다. 19세기와 20세기 초반에 독일어권 국가들에서는 재산 개혁에 대한 법조계의 반발이 극에 달했던 나머지 개혁에 찬성하는 법률가들을 메스트베슈무처Mestbeschmutzer(자기 둥지를 더럽히는 추악한 괴물)라고 부르기까지 했다.

개혁가들에게 반가운 소식이라면 가장 유능한 법률가들이 법은 국민들의 삶에 봉사하기 위해 만들어진 것이지 다른 목적을 위해 만들어진 것이 아니라고 믿는다는 사실이었다. 진보적인 법학자들은 로마법의 영향이 있었지만 서구 동료들의 보수적인 성향에 대해 승리를 거두었다. 이 전쟁은 모든 면에서 어려웠는데, 그 이유는 피터 슈타인Peter Stein이 언급했던 것처럼 법률가들이 보수주의에 집착한 나머지 법 제도를 제대로 이해하지 못하고 로마법을 하나의 완성된 체제로 받아들였기 때문이다.[21] 그렇지만 세월이 흐르면서 위대한 유럽의 법학자들이 극단적인 엄숙주의를 극복할 수 있었던 요인은 슈타인이 지적한 것처럼 그들이 복잡한 로마법의 전문가가 되어 시대에 따라 법을 변화시킬 수 있었기 때문이었다.[22] 지나치게 무관심한 서구 동료들과 달리 모든 유럽 국가들의 엘리트 법률가들은 종 모양 단지를 들어올리기 위해 발벗고 나섰다.

결국 통합적인 재산 체제를 열망하는 정부는 반드시 법조계의 협력을 얻어내기 위한 세심한 전략을 준비해야 한다. 가장 중요한 사항은 법률가를 제대로 선택해야 한다는 것이다. 교활한 술책으로 정치인들을 무기력하게 만드는 데 능숙한 법률가들을 피하면서 비록 체제에 대한 반발일지라도 변화를 위한 합법적인 형태를 제시하는 법률가들을 찾기 위해서는 현명하고 노련한 지도자가 필요하다. 개혁을 추구하는 정치인이 직접 법률가를 선발하지 않는다면, 그는 정작 개혁은 외면하면서 허울뿐인 구호만을 외치는 관료들의 엄격한 통제를 벗어날 수 없을 것이다.

한 가지 다행스러운 사실은 모든 국가들에는 개혁을 추구하는 법률가들이 존재하고 있고 일단 개혁을 위한 항목들이 확정되면 개혁에 필요한 사람들을 제대로 선발해낼 수 있다는 것이다. 수많은 사람들은 변화를 주도하는 핵심요소들이 법 체제의 외부에 존재한다고 생각한다. 내가 방문했던 모든 국가들에서 나는 불법적인 영역과 아주 친숙한 정부의 법률가들이 합법적인 체제와 불법적인 규약의 조화를 이룰 수 있는 방법을 찾기 위해 노력하는 모습을 발견했다. 일부 법학자들도 합법적인 법과 불법적인 법이 동시에 운영되고 있다는 사실을 잘 알고 있었다. 그러나 이런 그들의 노력은 정부의 고위층에게 거의 인식되지 않으며 그들의 존재도 외부로 드러나지 않는다. 실제로 이 두 가지 법이 공존한다는 사실을 알리며 개혁을 추구하는 법률가들은 정책결정 과정에서 밀려나고 말았다.

현상 유지에 집착하는 성향을 깨뜨리고 재산을 형식화하기 위한 국가적인 정책을 시행하려면 정치 지도자는 반드시 이런 사람들을 선발해야 한다. 그러나 이 선발 작업은 순식간에 이루어지지 않는다. 법률가들을 세심하게 선별해 유기적인 조직을 구성해야 하기 때문이다. 그들은 선두에 나서며 동료 법률가들에게 개혁의 사례를 보여줄 것이다. 기존의 체제라는 거대한 공룡을 쓰러뜨리고 모든 국민에게 개방된 합법적인 통합 재산 체제를 구축하는 일이 자신들과 국가의 미래에 중요하다는 사실을 납득시킬 수 있는 사람들이 바로 그들이다. 오직 그들만이 기존의 합법적인 절차가 단순히 사소한 문제에 그치지 않고 전세계 대부분의 사람들에게 자본을 창출할 수 있는 기회를 차단하는 치명적인 장애가 된다는 사실을 알릴 수 있다. 법률가들도 인간이다. 일단 자신들이 지키는 체제가 시대에 뒤떨어진 무용지물이라는 사실을 알 수 있다면 그들도 긍정적으로 대응할 것이다.

보수적인 기술자 집단과 관료주의

개발도상국가들과 과거 사회주의국가들은 재산 체제를 근대화하기 위한 지도 제작과 전산화 작업에 수억 달러를 지출하고 있지만 아직까지도 불법적인 영역을 통합하지 못하고 있다. 재산 개혁의 중요성에 대해 진지하게 생각했던 사람들에게 이런 현실은 전혀 놀랄 만한 일이 아니다. 세계은행의 한 전문가는 "토지 소유권을 기술적인 문제로 생각하는 성향이 있다"고 경고했다. 이따금 지도가 제작되고 측량이 실시되면서도 체제 장애나 법적 문제로 인해 소유권은 발행되지 않는다.[23]

심지어 기술자들조차 경이로운 신기술에 자신들도 당황할 수 있다는 점을 걱정하고 있다. 캐나다에서 토지 및 정보체제의 한 최고 전문가는 일부 국가들의 정부가, 지도를 재산의 초석으로 여기고 있다는 사실을 염려했다.

> 현재 우리는 자원관리의 개념을 지리적 정보체제의 문제로 축소하려고 시도하면서 이런 잘못된 확신에 빠져들고 있다. 기술은 확실한 결과물을 창출한다는 측면에서 대단히 매혹적이다. 그러나 기술은 고작 해결책의 일부에 불과할 뿐이다. … 컨설팅회사들과 원조단체들은 해

당 국가들의 요구나 불만에 대한 충분한 사전 조사도 없이 그저 자신들에게 친숙한 체제(대체로 그들이 개발했거나 현재 운영하고 있는 체제)를 권장하고 있다. … 전문 컨설턴트들은 보다 신중하고 차분한 태도를 취해야 한다. 그들은 자신들이 항상 해결책을 제시할 수 없으며 자신들의 방식이 적합하지 않을 수도 있다는 사실을 인정해야 한다.[24]

만약 정부가 재산을 창출하는 데 오직 물리적인 측면에 익숙해지면 된다고 생각한다면, 다시 말해 물리적인 자산을 사진 찍고 측량하고 기록하고 자산 목록을 전산화하면 소유권을 발행하는 데 필요한 정보를 모두 확보한 것이라고 생각한다면, 재산창출 정책은 항상 실패로 끝나고 말 것이다. 그것만으로는 충분하지 않다. 사진과 목록은 그저 자산의 물리적인 상태를 나타낼 뿐이다. 그것들은 자산의 실제 소유주와 소유권을 통제하는 방식에 대해 아무런 정보도 제시하지 못한다. 전세계의 어떤 사진 자료와 전산 목록도 소유권을 시행하는 지역적인 규칙과 그 규칙을 유지하는 네트워크에 대한 정보를 알려줄 수 없다. 물리적인 자산이 어떤 재산으로 고정되는지 확인하기 위해서는 지도와 목록이 대단히 중요하지만 그것들도 합법적인 재산의 창출을 이끌어내는 국가적인 사회계약을 구축할 수 있는 방법을 제시하지 못한다.

일부 국가들에서 재산과 관련된 문제를 지도 제작과 정보기술 부서에 떠맡기는 성향은 재산의 본질을 왜곡했다. 재산은 물리적인 세계의 일부가 아니다. 그 근원지는 합법적 · 경제적 세계다. 재산은 육안으로 보이지 않는 것이지만 지도는 물리적인 실체를 나타낸 것이다. 지도는 자산의 물리적인 정보를 포착하지만 가장 중요한 사항을 포착하지 못한다. 불법적인 규약에 대한 제도적 · 경제적 정보가 없다면, 지도는 종모양 단지의 외부에서 일어나는 현실을 결코 포착할 수 없다. 따라서 지도는 본연의 임무를 수행할 수 없다. 요컨대 자산의 개념적 · 물리적 측면의 조화를 위해 재산으로서 자산을 물리적 실체로 고정시킬 수 없는 것이다.

합법적인 재산 체제를 가로막는 장애물이 제거되고 불법적인 규약이 법으로 대체될 때까지 사람들은 지도체제와 데이터베이스를 갱신하는 데 필요한 정보를 제공해야 할 이유를 찾지 못한다. 그들은 합법적인 재산 체제의 내부로 진입하기를 원치 않는다. 그러면 모든 정보가 기록되고 반드시 세금을 납부해야 하기 때문이다. 그들은 확실한 경제적 혜택이 보장되고 자신들의 권리가 지속적으로 보호될 경우에만 합법적인 재산 체제에 참여할 것이다.

불법적인 사회계약을 통해 이런 권리가 보호되는 한, 사람들은 자신들의 자산에 대한 어떤 변화도 당국에 알려야 할 필요를 느끼지 못한다. 오직 합법적인 체제가 불법적인 규약을 대신해 재산을 보호할 경우에만 사람들은 그 체제를 인정하고 지도와 기록의 갱신에 필요한 정보를 제공할 것이다. 결국 사회계약이 존재하는 곳에서 지도와 기록이 지속적으로 갱신될 수 있는 것이다.

이것은 결코 사소한 문제가 아니다. 기술적인 차원에서 시행된 소유권 정책은 물리적인 자산과 구식 토지대장 혹은 역사적인 유물을 확인하는 체제로 변질되는 성향이 있다. 그 결과로 지도제작 및 컴퓨터 산업이 손해를 입는다. 이런 정책의 예산은 새로운 방식을 통해 빈민층을 흡수할 수 있을 거라고 기대하는 정치인들이 승인하는 것이다. 그러나 이것이 효과가 없다는 사실을 깨달으면 그들은 즉시 예산을 삭감하거나 아예 그 정책을 중단해버린다. 나와 동료들은 이런 상황이 반복된다는 사실을 알 수 있었다.

선진국에서 이런 기술은 법적·정치적인 큰 변화가 없이도 대단히 뛰어난 효과를 발휘한다. 이미 한 세기 전에 그런 변화가 이루어졌기 때문에 재산에 대한 통합적인 사회계약이 확고하게 자리잡고 있다. 지난 30년 동안 데이터베이스와 지리적인 정보체제, 세계적인 확인체제를 비롯한 뛰어난 정보기술이 도입되어 그들은 통합적인 정보체제와 합법적인 기본 구조를 적절히 조화시킬 수 있었다. 따라서 확실한 명시화 도구뿐만 아니라 정보를 추적하고 관리하고 저장하는 시설을 더욱 효과적으로 활용할 수 있었다.

측량과 지도 제작, 등기와 같은 재산문서화에 대한 전문적인 서비스를 제공하는 모든 회사나 단체들이 재산 창출에 중요하지 않다고 말하는 것이 아니다. 오히려 그 반대라고 할 수 있다. 만약 대규모 등기체제를 불법적인 환경에서 운영하고 있다면, 그들은 정보의 처리와 통합뿐만 아니라 물리적인 실체와 위치의 파악을 위해서도 반드시 필요하다. 그들은 재산 개혁에 소요되는 대부분의 비용을 소비할 것이다. 그러나 먼저 불법적인 영역을 흡수하는 것과 관련된 법적·정치적 문제들이 반드시 해결되어야 한다.

진정한 정치 지도자만이 과거의 편견에 벗어나 현재를 인식하는 재산법을 이끌어낼 수 있다. 지나치게 기술에 집착하는 성향에서 탈피해 사회선을 추구하는 것이다. 기존의 제도는 현재 상황을 선호하거나 보호하려는 성향이 있다. 따라서 정치인들이 필요하다. 기술자들이 스스로를 극복하고 변화를 지지하도록 설득하는 것은 정치적인 과제다.

종 모양 단지의 내부에 존재하는 정부 조직들은 대체로 급진적이고 광범위한 개혁을 수행하지 않는다. 따라서 정치적인 개입이 필요하다. 그런 조직들은 선진국에 적합한 형태인 전문적인 부서로 설립되었다. 이런 선진국은 이미 법과 합법적인 체제가 기능을 수행하고 있기 때문에 그저 점진적인 변화로도 충분하다. 재산 창출은 1년에 고작 몇몇 자산들만 매각하는 정도에 그치는 민영화 정책과는 전혀 다르다. 재산 개혁의 목표는 수백만에 달하는 자산에 대한 재산권을 단기간에 수백만에 달하는 국민들에게 부여하는 것이다. 이 작업의 절반은 의사소통에 대한 문제다. 재산 개혁을 이끄는 지도자들은 대중적인 지지를 받는 자본주의가 수많은 이익집단에게 미치는 영향을 설명하고, 그 체제에서 그들에게 돌아갈 혜택을 보여주고, 그것이 사회의 모든 영역에 골고루 이익이 되는 정책이라는 사실을 설득해야 한다. 지도자들은 불법적인 영역에 대해 그들의 억압된 기업가적인 에너지를 해소해주고 새로운 합법적인 통합 체제의 장점을 그들에게 입증해야 한다. 더불어 합법적인 영역에 대해서는 개혁이 기존의 권리를 침해하지 않고 모든 이익집단들에게 골고루 혜택을 줄 것이라는 사실을 납득시켜야 한다.

모든 사람들이 접근할 수 있는 재산 체제를 창출하는 것은 본질적으로 정치적인 과제다. 그 이유는 재산 체제의 최종 목표가 지도 및 전산체제를 연계하는 우수한 법안을 제정하는 데 그치는 것이 아니라, 지속적으로 감시되어야 하는 것이기 때문이다.

6장

자본주의를 위한 변명

정보를 잃은 곳에서 우리는 지식을 얻었는가?

지식을 잃은 곳에서 우리는 지혜를 얻었는가?

T. S. 엘리어트

비서구 지역에서 자본주의는 위기를 맞고 있다. 그 이유는 국제적인 세계화가 실패하고 있기 때문이 아니라 개발도상국가들과 과거 사회주의국가들이 국내에서 자본의 '세계화'를 이룰 수 없기 때문이다. 이런 국가들에서 국민들은 대부분 자본주의를 오직 서구와 가난한 국가들의 종 모양 단지의 내부에 머무는 엘리트들에게만 혜택을 주는 개인적인 클럽이자 차별적인 체제라고 생각한다.

전세계적으로 수많은 사람들이 나이키 신발을 신고 번쩍이는 디지털 시계를 차고 있을 것이다. 서구의 제품을 소비하면서도 그들은 여전히 자신들이 자본주의라는 게임에서 변두리를 헤매고 있다는 사실을 너무나 잘 알고 있다. 그들은 자본주의와 아무런 이해 관계도 없다.

세계화가 단순히 극소수의 특권층이 머무는 종 모양 단지들을 연계하는 과정으로 변질되어서는 안 된다. 그런 세계화는 이미 시도된 적이 있었다. 19세기에 유럽의 왕족들은 사실상 하나의 거대한 가계를 이루고 있었다. 특히 영국, 프랑스, 네덜란드, 스페인, 러시아는 혈연 관계로 맺어져 지속적인 정치적·사교적 교류를 이어갔다. 19세기에 자본주의는 성공을 거두었고 러시아 혁명과 대공황이 일어나기 전까지 산업화된 세계에서 번영했다. 그러나 스페인의 오르테가 가세트Ortega Gasset와 미국의 위대한 석학 월터 리프먼Walter Lippman이 지적했던 것처럼, 정교하고 우월한 체제로 군림하고 있지만 자본주의는 항상 불안정하다. 1941년에 미국의 경제학자 레스터 서로Lester Thurow는 이렇게 지적했다.

> 미국과 영국은 본질적으로 지구상에 남은 유일한 자본주의국가다. … 다른 국가는 모두 파시즘이거나 사회주의거나 제3세계이다. 1920년대와 1930년대의 위기는 자본주의를 파멸의 순간까지 몰고갔다. 오늘날 너무나 막강해 보이는 자본주의도 고작 몇 번의 사소한 실수로 인해 소멸될 수 있는 것이다.[1]

남미의 사례는 재론할 필요도 없다. 1820년대 스페인에서 독립한 이래로 그들은 적어도 네 차례 이상 세계 자본주의의 일원이 되기 위해 노력했지만 그런 시도는 번번이 실패로 끝나고 말았다. 그들은 인플레이션의 억제, 무역자유화, 정부자산의 민영화, 세정 개혁을 통해 부채를 재조정하고 경제를 안정시켰다. 소비적인 측면에서 남미 사람들은 영국의 트위드 양복과 처치 구두에서 포드 자동차에 이르기까지 온갖 제품을 수입했고, 라디오와 음반을 통해 영어와 불어를 배웠으며, 치클릿 껌을 씹었다. 그러나 그들은 결코 충분한 자본을 창출하지 못했다.

이제 우리 모두는 정보통신혁명의 혜택을 누리고 있을지도 모른다. 하지만 전세계 200개국 가운데 확장된 세계시장에서 충분한 자본을 창출하는 국가는 고작 25개국에 불과하다. 자본주의의 원천은 인터넷이나 패스트푸드 체인이 아니다. 그것은 바로 '자본'이다. 오직 자본만이 확장된 시장에서 전문화와 자산의 생산과 교환을 이끌어낼 수 있는 수단을 제공한다. 또 생산성을 강화하고 국부를 증대하는 원동력도 바로 자본이다.

그러나 오직 서구 선진국들의 국민들과 개발도상국가들과 과거 사회주의국가들의 극소수 부유층만이 자산의 잠재력을 명시화할 수 있는 능력을 지니고 있다. 따라서 그들만이 자본을 창출하고 사용할 수 있는 것이다. 차별정책으로 인해 그 체제 내부로 진입하지 못하는 비서구 지역에서는 자본주의를 점차 적대적인 시각으로 바라보고 있다. 심지어 엘리트 계층에서도 만약 자신들이 영원히 자본을 창출할 수 없다면, 결코 세계 자본주의라는 게임에서 생산적인 주체가 될 수 없다는 인식이 확산되고 있다. 그들은 자신들의 운명을 스스로 개척할 수 없는 현실 때문에 점점 더 깊은 절망에 빠져들고 있다. 비서구 국가들은 국민들에게 자본을 창출할 수 있는 수단을 제공하지 않은 채

세계화에 뛰어들었기 때문에, 미국보다는 불법적인 활동으로 혼란스러운 남미에 더 가까운 모습이었다.[2] 10년 전에 구소련의 블록경제와 남미를 비교하는 사람은 거의 없었다. 그러나 오늘날 그들은 막강한 지하경제, 극심한 불평등, 만연한 마피아, 정치적인 불안, 자본의 유출, 고의적인 위법 행위에 이르기까지 놀랄 만큼 유사한 모습을 보이고 있다.

이것이 바로 비서구 지역에서 자본주의 옹호자들이 지적 기반을 잃고 있는 이유다. 불과 10년 전만 해도 막강한 세력을 과시했던 그들은 이제 비참하고 불평등한 현실에 대해 사죄하는 초라한 모습을 보이고 말았다. 일례로 1999년에 이집트 상원은 "정부가 더 이상 자본주의와 세계화의 요구에 현혹되어서는 안 된다"고 경고했다.[3] 재산에 대한 가장 중요한 문제를 잊고 있었던 자본주의 옹호자들은 그것이 차별정책이든 차별정책이 아니든 간에 맹목적으로 기존의 법을 시행하는 데 집착하면서 자신들이 현상유지에 앞장서는 사람들이라는 인식을 심어주었다.

그러나 이런 국가들의 법은 차별적인 성향을 보였다. 앞서 2장에서 언급했던 것처럼 그 국가들은 법이 합법적인 재산 체제에 대한 접근을 차단하고 있기 때문에, 인구의 80퍼센트가 자산에 생명을 불어넣을 수 없고 자산으로 자본을 창출할 수도 없다. 그들은 수조 원에 달하는 죽은 자본을 보유하고 있지만, 그것은 외딴 곳에 있는 여러 연못들의 물이 하나의 커다란 호수로 합쳐져 단일화된 재산 체제를 형성하고 자본을 창출할 수 있는 형태를 이루지 못하고 황량한 사막의 모래 속으로 사라진 것과 다름없는 상황이다. 사람들은 책임 범위가 해당 지역에 국한되는 수많은 불법적인 규약을 기반으로 자신들의 재산을 보유하고 사용한다. 합법적인 재산에 대한 단일화된 기준이 없다면, 그들은 자산에 대한 상호관계를 규정할 수 없다. 자본주의의 혜택이 그들에게 돌아올 때까지 그들에게 인내심을 갖고 기다리라고 강요할 수는 없다. 합법적인 재산에 대한 확고한 기반이 마련될 때까지 그들은 결코 자본주의의 혜택을 누릴 수 없다.

사회주의를 상대로 거둔 승리감에 도취해서 여전히 기고만장한 자본주의자들은 자신들의 거시경제학적인 개혁이 충분하지 않다는 사실을 인식해야 한다. 우리는 개발도상국가들과 과거 사회주의국가들이 국제무역과 개인투자를 강화하기 위한 규제를 마련하고 국내 통화를 안정시키면서 그들의 폐쇄된 경제를 개방했기 때문에 세계화가 진행되고 있다는 사실을 절대로 잊어서는 안 된다. 이 모든 현상은 아주 바람직한 것이다. 그러나 이런 개혁을 통해 이런 국가의 국민들이 이미 합법적인 통합체제를 구축하고 개방된 시장에서 자원을 사용할 수 있는 능력을 갖추었다고 생각하는 것은 바람직하지 않다. 그들은 아직 그런 수준에 도달하지 못했다.

앞서 2장에서 언급했던 것처럼 대부분은 확대된 시장에 참여할 수 없다. 그 이유는 그들이 합법적인 재산 체제에 접근할 수 없기 때문인데, 그 체제는 자산을 광범위한 거래에 적합한 다양한 형태로 전환하고 자산을 보유한 소유주들을 책임을 갖는 주체로 만든다. 대다수의 국민들이 보유한 자산이 적절한 형태로 문서화되고 재산권을 관리하는 관공서에 의해 추적되지 않는다면, 그 자산은 외부로 드러나지 않고 시장에서도 사용할 수 없다.

세계화주의자들의 거시경제학적인 정책은 규정에 따라 안정된 상태로 조정되면서 개발도상국가들의 경제 현실을 극적으로 합리화했다. 그러나 그런 규정은 대다수의 국민들이 재산권을 지니지 못했다는 사실을 언급하지 않기 때문에 총체적인 자본주의 체제와 시장경제를 창출하는 데 필요한 작업의 일부만을 수행할 뿐이다. 그들의 방식은 체계화된 법이 내부적으로 세계화된 국가들에서 효율적인 통화 및 투자 수단과 연계된 포괄적인 재산 체제가 제대로 운영될 경우에 효과를 발휘하도록 고안된 것이다.

너무나 많은 정책입안자들이 세계화 과정에 대해 근엄한 시각을 가지고 있었다. 합법적인 사업과 해외투자를 활성화하고 정통 경제학자들에게 국고 관리를 위임해 거시적인 차원의 안정을 이루고 나면, 그들은 자신들의 임무를 완수했다고 생각했다. 그들은 전체적인 부분을 다루는 정책에 집중하기 때문에 사람들이 확대된 시장에 참여할 수 있는 수단을 지녔는지 여부를 확인할 필요가 없었다. 그들은 국민들이 변화의 핵심적인 주체이며 항상 가난한 사람들에게 중점을 두어야 한다는 사실을 잊었다. 그들은 '계층'이라는 개념을 염두에 두지 않았기 때문에 그런 중요한 사안을 간과했다. 그들은 "아무리 사소한 것일지라도 다른 사람들의 삶의 방식을 이해하는 능력"을 갖추지 못했던 것이다.[4]

경제 개혁가들은 가난한 사람들을 위한 재산의 문제를 변화에 무관심한 보수적인 법 체제에 맡겼다. 결국 대다수 국민들이 보유한 자산은 불법적인 영역을 벗어나지 못하는 죽은 자본으로 남고 말았다. 이런 까닭에 세계화와 자유시장 개혁의 옹호자들은 종 모양 단지를 장악하고 있는 사람들의 이익을 지키는 수호자들로 인식되기 시작한 것이다.

마르크스의 부활

가난한 국가들에서 이루어지는 대부분의 경제개혁 정책은 지난날 마르크스가 예견했던 함정에 빠져들고 말 가능성이 있다. 자본주의 체제의 가장 치명적인 모순은 소수에게 자본이 집중되는 현상을 막을 수 없기 때문에 자본주의 체제가 자체적으로 붕괴된다는 것이다. 대다수의 국민들에게 확대된 시장에 접근할 수 있는 장치를 제공하지 못하기 때문에 이런 개혁은 비옥한 토지를 두고 벌어지는 계층 갈등으로 이어진다. 자신들의 재산권을 실용화할 수 있는 극소수에게는 자본주의와 자유시장경제의 혜택이 돌아가고, 자신들의 자산을 활용할 수 없는 자본이 충분히 공급되지 않는 영역에는 상대적인 빈곤이 기다리고 있다.

계층 갈등은 최근에 일어난 현상인가, 아니면 오래 전부터 있었던 현상인가? 이 개념은 베를린 장벽에서 비롯된 것은 아닌가? 불행하게도 그렇지 않다. 이것은 선진국에 거주하는 국민들이 이해하기 어려운 개념일 것이다. 서구에서 체제에 불만을 갖는 사람들은 '빈곤의 주머니pockets of poverty' 속에서 살고 있기 때문이다. 그러나 개발도상국가들과 과거 사회주의국가들의 비참한 현실은 주머니 속에 담겨지지 않는다. 사회 전체에 만연한 현상이기 때문이다. 서구에서 '최하층'이라고 불리는 계층이 이곳에서 대다수를 차지하고 있다. 과거 그들의 절실한 요구가 충족되지 않았을 때, 엄청난 분노에 사로잡힌 대다수의 빈민들은 막강한 엘리트들의 무릎을 꿇게 만들었다. 비서구 국가들의 정부는 엘리트들이 제공하는 중요한 정보에 의존하고 있으며 그들은 요새처럼 튼튼한 장벽 뒤편에 머물고 있다.

오늘날 선진국과 다른 세계의 차이는 합법적인 재산이 보편화된 국가와 재산권을 고정해 자본을 창출할 수 있는 계층과 그렇지 못한 계층으로 구분되는 국가의 차이라고 할 수 있다. 만약 불법적인 재산권이 수용되지 않는다면, 이런 사회는 법을 준수하는 합법적인 영역과 아주 빈곤한 불법적인 영역으로 나눠지는 이중적인 경제구조로 인해 혼란에 빠져들 것이다. 그러나 정보통신 기술이 꾸준히 개선되고 빈민층이 자신들의 권리를 잘 이해할 수 있다면, 합법적인 차별정책에 대한 반감은 더욱 증폭될 것이다. 결국 어느 시점에 이르면 종 모양 단지의 외부에 머무는 사람들은 기존의 체제에 반대하는 정치적 운동을 전개할 것이다. 세계경제포럼의 클라우스 슈와브Klaus Schwab는 이렇게 말했다. "만약 우리가 보다 포괄적인 세계화를 이루기 위한 방식을 고안하지 못한다면, 우리는 과거의 심각한 사회 갈등이 국제적 차원으로 확대되어 재현되는 현상을 피해갈 수 없다."[5]

이제 냉전은 종식되었지만 여전히 계층 갈등은 사라지지 않았다. 전세계적으로 파괴적인 행동과 인종적 · 문화적 갈등이 폭증하는 현상을 통해 사람들의 불만이 극에 달하면 그들은 유사한 고통을 겪는 부류로 나뉘어져 끊임없이 계층을 형성한다는 사실이 입증되었다. 〈뉴스위크〉는 "1980년대 이후로 아메리카 대륙에서 모든 계층은 서로 다른 투쟁을 벌였지만 모두가 동일한 적을 상대하고 있다"고 보도했다.[6] 바로 새로 부상한 남미의 자본주의였다. 이런 상황에서 마르크스주의자들의 방식은 계층 갈등에 대해 자본주의자들보다 탁월한 해답을 제시할 수 있었다. 자본주의자들은 비교 분석할 자료도 갖추지 못했고 심지어 불법적인 영역에 거주하는 빈민들에게 접근할 수 있는 전략도 마련하지 못했기 때문이다. 대체로 그들은 최하층 사람들이 거주하는 방식과 그들의 생활수준을 개선할 수 있는 방식에 대한 체계적인 설명을 제시하지 못했다.

우리는 마르크스주의자들의 통합 이론의 잠재력을 절대로 과소평가해서는 안 된다. 특히 아무런 희망도 없는 수많은 사람들이 절망적인 경제 현실을 타개하기 위해 통합적인 세계관을 찾으려고 하는 시기가 그런 경우다. 경제가 호황인 시기에 사람들은 깊이 생각하지 않는 성향이 있다. 그러나 위기는 질서와 안정을 요구하는 사람들을 강박관념에 사로잡히게 만든다. 마르크스주의자들의 견해는 그것이 어떤 형태로 표출되든 간에 비서구 지역의 자본주의의 정치적인 문제를 이해하는 데 있어 자본주의자들의 견해보다 훨씬 탁월한 개념을 제시한다.

최근에 조지 소로스George Soros는 "이따금 마르크스가 스미스보다 자본에 대해 훨씬 정교한 견해를 보였다"고 지적했다.[7] 소로스는 마르크스가 돈과 상품은 더 이상 자본이 아니라 생산과 생계를 위한 수단이라는 사실을 확실히 이해했다고 보았다. 그것들은 자본으로 전환되기를 원한다는 것이다.[8] 또 그는 만약 자산이 상품으로 전환되어 시장에서 거래될 수 있다면, 그 자산은 외부로 감지되지 않지만 임대료를 통해 가치를 표출할 수 있다는 사실도 알고 있었다. 마르크스는 재산을 중요한 문제로 생각했다. 그는 자산을 활용하는 사람들이 단순히 그 자산의 물리적 특성이 아니라 그 이상의 가치를 획득하는 것이라고 확신했기 때문이다. 그 결과 마르크스주의자들은 사유재산 체제가 가난한 사람들을 희생하면서 부자들의 손에 자산을 쥐어줄 수밖에 없는 이유를 설명하는 아주 강력한 반자본주의 방식을 남겨놓았다.

사람들이 이런 사실을 인식하지 못하는 사이에 반자본주의와 반세계화를 외치는 움직임이 점차 확산되고 있다. 오늘날 자본주의는 재산을 가난한 국가들에서 부유한 국가들로 이전한 체제라는 반자본주의자들의 주장을 뒷받침하는 확실한 통계 자료들이 속속 등장하고 있다. 개발도상국가들에 대한 서구의 개인 투자는 사실상 다국적인 차원에서 개발도상국의 엄청난 자원을 대규모로 인수하는 것이나 다름없다. 지난 10년 동안 대부분의 개발도상국가들과 과거 사회주의국가들에서는 값비싼 자동차와 화려한 주택과 대형 쇼핑몰의 수가 증가한 만큼 가난한 사람들의 수도 증가했을 것이다. 낸시 버드셀Nancy Birdsall과 후안 루이스 론도뇨Juan Luis Londono의 연구 결과는 지난 10년 동안에 가난은 급속도로 확산되고 부의 분배는 악화되었다는 사실을 보여주고 있다.[9] 1999년 UN의 〈인간개발 보고서*Human Develop Report*〉에 의하면, 1990년부터 1997년까지 독립국가연합의 국내총생산GDP은 41퍼센트나 감소하면서 수백 만에 달하는 러시아인들이 불법적인 영역으로 밀려났다고 한다. 러시아 남성들의 평균 수명은 58세로 무려 4년이 감소했다. 이 보고서는 자본주의로의 전환과 세계화의 결과를 비난하고 있다.

이런 연구 결과들은 우리에게 유익한 경고의 메시지를 전달하는 동시에 민영화와 세계자본주의 정책을 좌절시킬 수 있는 지적 기반을 구축하고 있다. 따라서 마르크스주의자들의 방식이 지닌 잠재력을 인식하고 마르크스가 사망한 이후에 우리가 습득한 지식을 추가하는 태도는 대단히 중요하다. 이제 우리는 마르크스가 자산에서 물리적인 삶과 더불어 경제적인 삶이 창출될 수 있다는 사실을 확실히 알고 있었지만, (마르크스는 이렇게 말한 바 있다. "인간 두뇌가 만들어낸 소산물은 삶을 부여받은 독립적인 존재처럼 보인다."[10]) 합법적인 재산이 단순히 자산을 활용하기 위한 도구가 아니라 사람들에게 부가적인 가치를 창출하도록 동기를 유발하는 수단이라는 사실을 전혀 이해하지 못했다는 사실을 입증할 수 있다. 더욱이 그는 재산 체제에 투자된 자산과 노동에 자본을 창출하는 데 필요한 형태를 부여하는 것이 바로 재산 체제에 내재된 메커니즘이라는 사실도 알지 못했다. 자산이 교환 가능한 형태가 될 경우에 초월적인 존재가 되어 사회적인 활용 가치가 극대화되는 방식에 대한 마르크스의 분석은 부를 이해하는 데 아주 중요하지만 그는 합법적인 재산 체제가 가치를 교환하는 데 결정적인 수단이 될 거라는 사실을 예견하지 못했다.

그 당시에 마르크스는 경제학에서 자원을 오직 물리적인 재산이라는 관점으로만 바라보는 것은 너무나 협소한 시각이라는 사실을 누구보다도 더 잘 알고 있었다. 또 자본은 "일종의 독립적인 실체로서 돈과 상품은 그 안에서 나타났다 사라지는 단순한 형태"에 불과하다는 사실도 파악하고 있었다.[11] 그러나 그는 합법적인 재산이 명시화를 통해 본래의 자원은 부가적인 기능을 하고, 명시화는 잉여가치를 창출한다는 것을 파악하지 못한 시대에 살고 있었다. 결국 마르크스는 재산의 혜택을 누릴 수 있는 범위를 확대하는 일에 사람들이 얼마나 많은 관심을 갖고 있는지 확인할 수 없었다. 재산에 대한 소유권은 점차 커지고 있는 합법적인 재산이라는 거대한 빙산에서 외부로 드러난 아주 작은 조각에 불과했다. 그 빙산의 나머지 부분은 자산의 경제적인 잠재력을 이끌어내기 위해 인간이 만들어낸 거대한 시설이다. 마르크스가 합법적인 재산이 자본을 고정시키고 유통하는 데 필수적인 과정이라는 사실을 완전히 이해하지 못했던 것도 바로 이런 이유 때문이다. 재산이 없다면 인류는 노동의 열매를 유동적인 형태로 전환할 수 없고, 결국 잉여가치를 창출하기 위해 자산을 조합하고 분할하고 투자할 수 없다. 그는 스위스 군용 나이프처럼 탁월한 합법적인 재산 체제가 '소유권'이라는 평범한 칼보다 훨씬 많은 메커니즘을 보유하고 있다는 사실을 깨닫지 못했다.

이제 마르크스의 사상은 시대에 뒤쳐진 것이 되었다. 오늘날의 현실은 그가 살았던 유럽의 상황과 똑같지 않기 때문이다. 잠재적인 자본은 더 이상 극소수만의 특권이 아니다. 마르크스가 사망한 이후 마침내 서구는 대부분의 사람들이 재산과 생산수단에 접근할 수 있게 하는 합법적인 구조를 확립했다. 어쩌면 마르크스는 개발도상국가들에서 대다수의 국민들이 억압된 합법적인 프롤레타리아가 아니라, 불법적인 영역에 존재하는 상당한 자산을 보유한 영세기업가들이라는 사실을 알고 깜짝 놀랄지도 모른다.

마르크스가 지적했던 것처럼, 합법적인 재산 체제가 탁월하다고 해서 이런 체제가 약탈에 활용될 수도 있다는 허점이 간과되어서는 안 된다. 이 세계는 항상 재산문서를 악용해서 순진한 사람들의 부를 갈취하려는 사기꾼들로 가득하다. 그러나 이런 이유로 합법적인 재산 체제에 반대하고 나설 수 있는 사람은 아무도 없다. 이는 범죄에 악용될 수 있다는 이유로 컴퓨터와 자동차를 없애자고 주장하는 사람이 없는 것과 같은 맥락이다. 만약 마르크스가 오늘날까지 살아서 철의 장막에서 자산이 악용되는 모습을 보았다면, 그는 재산의 유무 여부에 관계없이 충분히 약탈 행위가 일어날 수 있고 약탈을 억제하려면 재산보다는 무력에 의존해야 한다는 사실에 동의할 것이다. 더불어 그는 '잉여가치'에 대해 아주 명확한 정의를 내렸지만 그 의미는 결코 그의 저서 내용에 국한되지 않는다. 사람들은 피라미드와 성당을 건축하거나 대규모 군대를 조직하면서 항상 잉여가치를 창출해왔다. 오늘날 서구에서 창출되는 대부분의 잉여가치는 엄청나게 착취되는 노동시간에서 비롯된 것이 아니라 상품에서 부가적인 활동을 이끌어내는 메커니즘을 제공하는 재산 체제에서 비롯되었다.

우리 모두와 마찬가지로 마르크스도 그 시대의 사회 분위기와 기술의 수준에 영향을 받았다. 가난한 사람들의 생활수단을 약탈하고, 공유지를 무단점거하고, 원주민들을 노예로 만들고, 식민지를 약탈하고, 식민제도를 악용해 흑인들을 노예시장에 팔아 넘기는 행위는 모두 마르크스가 말했던 '자본의 원시적인 축적'에 이르는 필수조건들일지도 모른다. 오늘날 이런 조건들을 다시 적용하기란 대단히 어려운 일이다. 이제 약탈 행위와 노예 거래, 식민지주의는 정부가 금지하는 사항들이다. 대부분의 국가들은 세계인권선언과 같은 국제조약에 동참하고 있을 뿐만 아니라 헌법을 통해 재산권 접근에 대한 평등한 기회 부여를 인간의 기본권으로 규정하고 있다.

더욱이 앞서 5장에서 살펴보았던 것처럼 개발도상국가들의 정부는 더 이상 빈민층이 자산에 접근할 수 있는 정책을 시행하는 데 주저하지 않는다. 제2세계와 제3세계 도시들에 들어서는 수많은 불법적인 건물과 사업들에는 합법적인 소유권이 없을 수도 있지만 정부는 그들의 존재와 소유권 규약을 이미 인정하고 있다. 이 새로운 세기에 들어 수많은 개발도상국가들은 농촌개혁 정책의 일부로 방대한 토지를 가난한 농민들에게 제공했다. 또 그런 국가들의 정부는 재산 문제를 확정하기 위한 예산을 배정하는 데도 주저하지 않았다. 결국 소유권을 등록하는 업무와 관련된 비용으로 수십 억 달러에 달하는 천문학적인 금액이 지출되었다.

정신적인 개념, 자본

이 책을 통해 나는 이제 우리가 발전의 과정에서 실질적인 진보를 이루어낼 수 있는 충분한 증거를 확보했다는 사실을 입증하기 위해 노력했다. 이런 증거를 바탕으로 우리는 재산에 대한 '좌익 대 우익'의 논쟁을 초월해 그런 구태의연한 투쟁이 반복되는 악순환을 피할 수 있었다. 합법적인 재산은 단순한 소유권을 초월한 것이다. 앞서 2장에서 살펴보았던 것처럼 그것은 사람들이 자원에서 자본을 이끌어낼 수 있다는 생각에 집중하도록 유도하는 데 필수적인 과정으로 여겨져야 한다. 합법적인 재산은 자산에 대한 소유권 설정 및 등록, 자산의 소재 파악에 필요한 지도 제작 시스템에 한정되는 것이 아니다. 그것은 생각의 도구로 기능해 사람들이 잉여가치를 창출할 수 있는 방식으로 자산을 명시화한다. 합법적인 재산에 보편적으로 접근할 수 있어야 하는 것도 바로 이런 이유 때문이다. 모든 사람들을 하나의 사회계약의 테두리로 이끌어서 그들이 사회의 생산성을 증대하기 위해 협동할 수 있게 하는 것이다.

잘 정비된 합법적인 재산 체제의 두드러진 특징은 '정신적으로 친숙한 개념'을 제시한다는 것이다. 그것은 우리가 통제할 수 있는 형태로 등록된 자산에 대한 지식을 확보하고 조직한다. 또한 자산과 자산의 잠재력에 대한 자료뿐만 아니라 그것에 대한 우리의 생각까지도 수집하고 통합하고 조합한다. 요컨대 자본은 자원을 명시화하기 위한 재산 체제를 사용하는 서구의 능력에 의해 탄생한 결과물이다. 오직 인간의 정신을 통해서만 자산이 지닌 인류를 위한 의미를 확인하고 깨달을 수 있다.

통합적인 재산 체제는 기본적인 인식의 문제를 해결한다는 점에서 혁명적인 공헌을 했다. 우리는 오감만으로는 확대된 시장(세계화된 시장보다 협소한 의미)의 복잡한 현실을 제대로 파악할 수 없다. 따라서 우리 자신과 우리가 보유한 자원에 대한 정보를 쉽게 이해할 수 있도록 핵심적인 사항을 요약한 경제적인 자료가 필요하다. 우수한 재산 체제는 이런 기능을 수행한다. 그것은 우리가 여러 자산들의 공통점과 차이점을 구별하고 그것들이 다른 자산들과 연계되는 측면을 파악할 수 있는 형태로 자산을 변형시킨다. 또 우리가 자산을 쉽게 조합하고 분할하고 활용해 가치를 증대할 수 있도록 자산을 다양한 형태로 명시화한다. 우리가 더 유용하게 사용할 수 있도록 자산을 재조합할 수 있는 형태로 명시화하는 재산의 능력은 바로 경제성장의 원동력이다. 왜냐하면 경제성장이란 최소의 투자로 최대의 효과를 이끌어내는 것이기 때문이다.

우수하고 합법적인 재산 체제는 우리가 서로를 이해하고 자산의 생산성을 증대하기 위한 지식을 연계하고 공유할 수 있도록 유도하는 매개체다. 그것은 감각의 한계 너머의 현실을 나타내는 방식이다. 제대로 된 재산 명시화 문서는 자원의 경제적인 잠재력을 포착하며 잠재력을 키울 수 있다. 그것은 단순히 종이조각에 불과한 것이 아니라 겉으로 드러나지 않은 사항들에 대하여 명확하고 유용한 정보를 제공하는 효과적인 장치다.

재산 기록은 토머스 아퀴나스Thomas Aquinas가 말한 '궁수의 활시위를 떠난 화살'[12]처럼 목표를 향하는 것들에 대한 우리의 지식을 나타낸다. 또한 우리가 보유한 사물의 경제적인 측면을 명시화하고 그것을 빠르게 이해할 수 있는 범주로 구분한다. 따라서 재산문서는 자산 거래 비용을 절감하고 그만큼 자산의 가치를 증대한다. 자산 가치는 자산의 조회와 거래에 소요되는 비용이 절감되는 만큼 증가한다는 이 개념은 노벨 경제학상 수상자인 로널드 코즈Ronald Coase가 주장한 것이다. 그는 자신의 논문 〈기업의 본질*The Nature of the Firm*〉에서 기업은 관리와 통제를 통해 거래비용을 대폭적으로 절감할 수 있다는 사실을 확립했다.[13] 이런 맥락에서 재산 체제도 코즈의 '기업'과 마찬가지로 주변 환경을 통제해 거래비용을 절감할 수 있다.

자산에 내재한 자본을 표출하는 재산의 잠재력은 번영을 이룩하기 위해 주변 환경을 통제하는 인류 최고의 지적 전통에서 비롯되었다. 수천 년 동안 위대한 현자들은 삶은 눈에 보이지 않는 여러 다른 실체들로 구현된다고 말해왔다. 우리가 그것들에 접근할 수 있는 방법은 오직 명시화 장치를 구축하는 것뿐이라고 했다. 플라톤은 유명한 '동굴의 비유'에서 우리는 동굴의 입구를 등진 채 묶여 있는 죄수나 다름없기 때문에 우리가 볼 수 있는 세계는 고작 동굴의 벽에 비친 그림자뿐이라고 설명했다. 이 비유는 우리의 운명을 인도하는 수많은 사물과 현상들이 결코 명확하지 않다는 사실을 나타내고 있다. 바로 이런 까닭에 인간문명은 우리의 현실에서 일부를 차지하는 가상적인 부분에 접근하고 이해하기 위한 명시화 체제를 고안하고 그것을 우리가 이해할 수 있는 방식으로 나타내기 위해 그토록 노력하는 것이다.

마가렛 보덴Margaret Boden은 "인간이 창조한 가장 위대한 소산들 가운데 일부는 새로운 명시화 체제들이다"라고 말했다. 여기에는 아라비아 숫자, 화학식, 악보에 사용되는 음표 같은 기호 체계도 포함된다.[14] 수학과 통합적인 재산 체제 같은 명시화 체제는 우리가 다른 방식으로는 결코 이해하고 해결할 수 없는 복잡한 세계를 다루고 정리하는 데 도움을 준다. 이런 체제들을 철학자 대니얼 데닛Daniel Dennett은 '정신의 인위적 확장'이라고 불렀다.[15] 명시화를 통해 우리는 세계의 핵심적인 측면을 실체로 전환해 우리가 그것에 대해 생각하는 방식을 변화시켰다. 철학자 존 설John Searle은 어떤 현상의 고유한 물리적인 특성만으로 수행될 수 없는 또 다른 기능을 갖는 상태가 존재할 때 우리는 보편적인 합의를 통해 그런 일부 현상들에 대한 새로운 상태를 설정할 수 있었다고 지적했다.[16] 나는 이 견해가 합법적인 재산이 수행하는 기능과 아주 밀접한 관계가 있으리라고 생각했다. 재산은 사회계약을 통해 자산을 보편적인 개념으로 설정하는데, 이 상태에서 자산은 자본을 창출하는 기능을 수행할 수 있다.

우리가 개념의 세계에서 실체를 조직한다는 것은 철학의 핵심이다. 프랑스의 철학자 미셸 푸코는 이것을 '중간영역region mediane'이라고 명명했는데, 이 영역은 은밀한 네트워크를 구성하는 전환체제를 제공한다.[17] 그리고 그 네트워크에서 사회는 끊임없이 확장되는 잠재력의 범위를 규정한다. 나는 합법적인 재산이 자산의 잠재력을 확장할 수 있는 일종의 전환소라고 생각한다. 왜냐하면 우리가 자산을 축적할 때마다 자본은 점점 더 증가한다. 나는 인간 정신의 소산물이 우리가 물리적인 실체를 다룰 때 그 방식에 영향을 미치는 자율적인 존재가 된다는 칼 포퍼Karl Popper의 '세 번째 세계World 3'라는 개념에서 영감을 얻었다.[18] 물질적인 물체들의 첫 번째 세계와 정신적인 영역의 두 번째 세계에서 분리된 실체가 세 번째 세계이다. 합법적인 재산이 우리를 인도하는 곳이 바로 이 개념의 세계다. 서구는 이 세계에서 자산에 대한 지식을 조직하고 자산에서 자본을 창출하기 위한 잠재력을 이끌어 낸다.

결국 합법적인 재산은 이처럼 아주 특별한 것으로 단순한 소유권보다 훨씬 더 규모가 크다. 자신의 영역을 지키기 위해 강력한 이빨을 지닌 호랑이나 늑대와 달리 육체적으로 아주 약한 동물인 인간은 자신의 영역을 지키기 위한 합법적인 환경을 창출하기 위해 정신을 활용했다. 모든 사람들이 이 사실을 알고 있다면, 토지에 대한 분쟁을 해결하기 위해 서구가 창조한 명시화 체제는 마침내 자체적인 삶을 시작하면서 자본을 파악하고 고정하는 데 필요한 지식 기반과 규칙을 제공할 것이다.

명시화 체제의 적

아주 우습게도 자본주의의 적들은 언제나 자본의 가상적인 기원에 대해 자본주의자들보다 훨씬 더 잘 알고 있는 듯했다. 그들이 너무나 위험하다고 생각하는 것도 바로 자본주의의 이런 가상적인 측면이다. 비비안 포레스터Vivane Forrester는 저서 《경제적 공포》에서 자본주의를 비판하며 이렇게 말했다. "자본주의는 물질의 공간뿐만 아니라 가상의 공간까지도 모두 침범했다. … 그것은 역사상 유례없이 부를 몰수하고 은닉했다. 몰수한 부를 기호의 형태로 은닉해 사람들이 접근할 수 없게 만들었던 것이다. 기호는 오직 가상의 세계에서만 일어나는 추상적인 교환의 주체가 되었다."[19] 의식적이든 무의식적이든 포레스터는 전통적으로 가상현실에 대한 경제적인 명시화를 불편하게 여기는 사람들 가운데 한 명이었다.[20]

자본의 가상적인 측면에 대한 이런 두려움은 충분히 이해할 수 있는 것이다. 인류 문명이 물질적인 세계를 운영하기 위한 명시화 체제의 새로운 사용 방식을 고안할 때마다 사람들은 항상 의구심을 품었다. 마르코 폴로가 중국에서 돌아왔을 때 유럽인들은, 중국인들이 금속이 아닌 종이 화폐를 사용한다는 소식을 듣고 깜짝 놀랐다. 유럽인들은 이내 그것을 연금술이라고 비난했다. 유럽은 19세기까지 명시화된 화폐를 사용하지 않았다. 최근에 등장한 대용화폐들, 이를테면 신용카드나 전자화폐도 공식적인 인정을 받기까지 상당한 시간이 소요되었다. 가치의 명시화가 물질적인 차원을 초월해 가상적인 차원으로 전환되면서 사람들은 회의적인 태도를 보이고 있다. 예를 들면 담보를 통한 저당 따위의 새로운 형태의 대용재산은 부가적인 자본의 형성에 기여할 수도 있지만 동시에 경제생활에 대한 이해를 더욱 복잡하고 어렵게 만들 수 있다. 사람들은 컴퓨터 속 가상현실의 공간에서 소유권과 주식과 채권을 거래하는 자본주의자들보다 땀흘려 일하는 소련의 노무자들과 들판에서 소변을 보거나 공장에서 기계를 돌리는 남미 노동자들의 모습에서 훨씬 더 편안한 기분을 느끼는 성향이 있다. 마치 명시화 문서를 다루는 작업이 먼지가 날리고 기름이 튀는 작업보다 훨씬 더럽게 느껴지는 것이다.

문서에서 돈과 사이버 기호에 이르기까지 다른 모든 명시화 체제와 마찬가지로 재산문서도 수많은 지식인들에게 사기와 부정의 수단으로 여겨졌다. 명시화에 대한 부정적인 태도는 정치인식의 형성에 막강한 영향력을 행사한다. 프랑스의 철학자 자크 데리다Jacques Derrida는 그의 저서 《그라마톨로지》에서 장 자크 루소가 글은 불평등을 유발하는 가장 중요한 요인이라고 주장했다는 사실을 재차 강조했다. 루소는 글에 대한 지식을 갖춘 사람들은 성문법과 합법적인 문서를 통제할 수 있기 때문에 다른 사람들의 운명을 통제할 수도 있다고 생각했다. 클로드 레비스트로스Claude Levi-Strauss도 "글을 통한 의사소통의 기본적인 기능은 쉽게 복종시키기 위한 것"이라고 주장했다.[21]

나는 명시화 체제, 특히 자본주의의 명시화 체제가 개척과 정복에 사용되었던 방식과 그것이 대다수의 운명을 극소수의 손에 쥐어주었던 방식에 대해 반자본주의자들보다 훨씬 더 잘 알고 있다. 이 책에서 나는 합법적인 문서가 명백한 정복 활동에 사용되었던 방식에 대해 논의했다. 그러나 명시화의 기술은 근대사회의 초석이다. 글과 전자화폐, 사이버 기호와 재산문서를 아무리 비난하고 혹평한다고 해도 결코 그것들은 사라지지 않을 것이다. 우리는 명시화 체제를 더욱 단순하고 보다 투명하게 만들고 사람들이 그것을 이해할 수 있도록 부단히 노력해야 한다. 그렇지 않으면 합법적인 차별정책은 끊임없이 지속되고 부를 창출할 수 있는 수단은 종 모양 단지의 내부에 머무는 사람들의 손에서 움직이지 않을 것이다.

문화적 편견

전세계에서 가장 성공한 최고의 기업가 빌 게이츠에 대해 생각해보자. 그의 천재성을 제외하면 그가 거둔 성공에서 문화적 배경과 프로테스탄트 윤리가 차지하는 비중은 과연 어느 정도인가? 또 미국의 합법적인 재산 체제는 그의 성공에 어느 정도 영향을 미쳤는가?

만약 특허권이 없었다면 과연 그 많은 소프트웨어 혁신을 이룰 수 있었을까? 만약 시행이 가능한 계약이 없었다면 그 많은 거래와 장기적인 프로젝트를 수행할 수 있었을까? 유한책임 체제와 보험 정책이 없었다면 초창기에 얼마나 많은 위험을 감수해야 했을까? 자본을 고정하고 저장하는 재산기록이 없었다면 과연 얼마나 많은 자본을 축적할 수 있었을까? 적절한 형태로 명시된 재산이 없이 얼마나 많은 자원을 유치할 수 있을까? 만약 스톡옵션이 없었다면 그 많은 사람들을 백만장자로 만들 수 있었을까? 곳곳에 산재한 영세산업을 조합할 수 없는 상황에서 어떻게 그 방대한 규모의 사업을 운영할 수 있었을까? 재산을 상속할 수 없다면, 그는 어떻게 자신의 제국에 대한 권리를 자녀들과 동료들에게 물려줄 수 있단 말인가?

나는 강력한 통합적인 사회계약에 근거한 재산 체제가 없었다면 빌 게이츠를 비롯한 서구의 모든 기업가들은 결코 성공할 수 없었을 거라고 생각한다. 따라서 특권층이 자본주의에서 성공하려면 특정한 문화적 배경이 필요하다고 주장하기 전에 따져볼 것이 있다. 먼저 개발도상국가와 과거 사회주의국가에서 모든 국민들이 자본을 창출할 수 있는 재산 체제가 확립된다면 어떤 현상이 벌어지는지 살펴보아야 한다.

역사적으로 사람들은 잉여가치를 창출하기 위해 물려받은 명시화 도구의 효율성과 자신들의 문화에 내재된 가치를 혼동해왔다. 그들은 종종 특정 집단이 특권을 획득하는 힘이 다른 문화에서 개발된 명시화 체제를 혁신적으로 사용한 데서 비롯된다는 사실을 잊고 있다. 예를 들면, 서구에서는 국가를 조직하기 위해 고대 로마의 법률제도를 모방하고 정보의 전달과 유지를 위해 알파벳과 아라비아 숫자를 도입했다. 오늘날 서구사회에 엄청난 혜택을 가져다준 것이 바로 합법적인 재산 체제라는 사실을 아는 사람은 거의 없다. 결국 수많은 서구인들은 이처럼 자본주의가 성공을 거둘 수 있었던 요인으로 자신들이 물려받은 노동윤리나 종교에서 비롯된, 존재에 대한 고뇌를 손꼽았다. 그러나 전세계적으로 사람들은 모두 열심히 일하고 있으며 존재에 대한 고뇌나 삶의 근원도 칼뱅주의나 유대교에만 있을 리는 없다. 따라서 자본주의가 비서구 지역에서 실패하는 이유를 설명하는 데 필요한 연구 항목은 대부분 검증되지 않았을 뿐만 아니라 도저히 실험할 수 없는 '문화'라는 제목의 가설로 남아 있는데, 그 문화의 혜택은 우월감에 사로잡힌 이 세계의 소수 특권계층에게만 돌아가고 있다.

언젠가 우수한 정치제도와 재산법의 도입으로 인한 확실한 효과가 입증되면 이 문화에 대한 논쟁은 이내 사라질 것이다. 한편 《포린 어페어스*Foreign Affairs*》에서 파리드 자카리아Fareed Zakaria는 이런 견해를 제시했다.

> 문화는 대단히 어려운 문제다. 여기서 문화란 바그너와 추상적 표현주의(그것들은 항상 어려웠다)를 말하는 것이 아니라, 사회 현상에 대한 설명을 위한 문화를 말하는 것이다. … 문화적인 설명은 꾸준히 지속되는데, 그 이유는 지식인들이 그 방식을 좋아하기 때문이다. 더불어 사회 현상에 대한 연구가 신비하고 복잡한 작업이라는 환상을 더하기까지 한다. … 그러나 문화는 자체적으로 형성되고 변화된다. 수많은 문화적 태도, 취향, 기호의 이면에는 그것들을 형성하는 정치적·경제적 힘이 내재되어 있다.[22]

이 말은 결코 문화가 중요하지 않다는 의미는 아니다. 전세계적으로 사람들은 모두 문화적인 것이라고 간주할 수 있는 고유한 취향과 기술과 행동 양식을 지니고 있다. 여기서 문제는 이런 특징들 가운데 어떤 것들이 변하지 않는 본질적인 것이고, 어떤 것들이 경제적·법적 환경에 의해 형성된 것인지 파악하는 일이다. 그러면 이집트와 페루에서 일어나는 부동산에 대한 무단점거가 오랜 유목생활을 했던 아랍인들과 안데스산맥에서 경작생활을 했던 케추아족의 전통에서 비롯된 현상인가? 아니면 이 두 나라에서 부동산에 대한 합법적인 재산권을 획득하는 데 공통적으로 15년 이상이 소요되기 때문이란 말인가? 내 경험으로 판단한다면, 무단점거가 일어나는 원인은 대체로 후자 때문이다. 만약 사회계약을 반영하는 안정된 메커니즘을 통해 토지에 정착할 수 있다면, 사람들은 대부분 합법적인 경로를 사용할 것이다. 이런 상황에서도 불법적인 경로를 고수하는 사람들은 소수에 불과할 것이다. 오늘날 문화적인 요소라고 여겨지는 대부분의 행동은, 사람들의 인종적·개인적 특성으로 인해 나타나는 필연적인 결과가 아니라 합법적인 재산 체제에 진입하는 데 따른 상대적인 비용과 그 혜택에 대한 이성적인 판단에 의한 결과다.

합법적인 재산은 문화에 관계없이 모든 개인들에게 권한을 부여한다. 그리고 나는 재산이 그 자체로 어떤 특정한 문화에 대해 모순된 측면을 갖는다고 생각하지 않는다. 베트남과 쿠바, 인도의 이주민들은 미국 재산법을 적용하는 데 사실상 아무런 문제가 없었다. 만약 올바른 이해가 뒷받침된다면, 재산법은 모든 문화를 초월해 서로 다른 문화들 간에 신뢰를 증대할 수 있을 뿐만 아니라 동시에 물리적인 재산과 지적인 재산을 조합하는 비용까지도 절감할 수 있다.[23] 합법적인 재산은 서로 다른 문화들 간의 교환비율을 설정하기 때문에 경제적인 측면에서 공통된 기준을 제시한다. 이런 기준이 있기에 그들은 서로 비즈니스를 수행할 수 있는 것이다.

자본주의의 한계

자본주의는 개발도상국가들과 과거 사회주의국가들에서 나아갈 방향을 잃었다. 그러나 그것은 공평하지 않다. 가장 다수의 구성원이 되어야 할 사람들의 접근을 허용하지 않을 뿐만 아니라 모든 사람들에게 균등한 기회를 보장하지 않고 오히려 이기적인 비즈니스 길드와 그들을 비호하는 관료들의 대의명분처럼 여겨지고 있다. 그러나 만약 정부가 다음 사항들을 인정한다면, 이런 상황은 비교적 쉽게 바로잡을 수 있을 것이다.

1. 가난한 사람들의 상황과 그들이 지닌 잠재력을 더욱 자세하고 확실히 파악해 문서화해야 한다.
2. 모든 사람들은 저축할 수 있는 능력이 있다.
3. 가난한 사람들에게 필요한 것은 그들이 보유한 노동력과 저축한 자산을 자본으로 전환할 수 있는 합법적인 통합 체제다.
4. 오늘날 시민들과 마피아들의 위법행위는 결코 주변적인 현상이 아니라 수십억 명에 달하는 사람들의 생활권이 소규모에서 대규모로 급속히 전환되면서 발생한 결과다.
5. 이런 맥락에서 생각하면, 가난한 사람들은 문제가 아니라 답이다.
6. 자본을 창출할 수 있는 재산 체제를 시행하는 것은 정치적인 과제다. 그것은 사회계약을 이해하고 법 체제를 면밀히 조사하면서 사람들과 접촉하는 것이기 때문이다.

사회주의에 대해 승리를 거둔 이후로 경제 진보를 위한 자본주의의 낡은 방식은 효력을 상실했다. 이제 새로운 방식이 필요하다. 경제개혁이 오직 소수의 세계화된 엘리트에게만 문호를 개방하고 대다수를 배제하는 현실을 타개하지 않고 끊임없이 개방경제를 강조하는 것은 아무런 의미도 없다. 현재 자본주의의 세계화는 종 모양 단지의 내부에 머물고 있는 엘리트들만을 연계하는 수준에 그치고 있다. 종 모양 단지를 들어올리고 차별적인 재산 체제를 폐지하기 위해서는 기존의 경제학과 법의 경계를 동시에 초월할 수 있어야만 한다.

나는 맹목적인 자본주의 광신도가 아니다. 나는 자본주의를 신탁으로 여기지도 않는다. 내게 더욱 중요한 사항은 가난한 사람들에 대한 배려와 자유이고, 사회계약과 동등한 기회에 대한 존중이다. 그러나 이런 목표를 달성할 때까지 자본주의는 그저 특정 계층을 위한 게임에 불과하다. 그것은 대규모의 잉여가치를 창출하는 데 필요한 도구를 제공하는, 우리가 알고 있는 유일한 체제다. 나는 제3세계를 사랑한다. 그들은 시장에 기반을 둔 자본주의 체제로의 전환이라는 엄청난 도전을 대표하기 때문이다. 그것은 바로 사람들의 기대와 믿음을 존중하는 체제다. 언젠가 서구뿐만 아니라 다른 모든 곳들에서도 자본이 성공적인 모습을 보이는 시기가 오면 우리는 물리적인 세계의 한계를 초월하고 우리의 정신으로 미래를 향해 나아갈 수 있을 것이다.

주

1장 사라진 정보의 미스터리

1. Donald Pisani, Water, Land, and Law in the West:The Limits of Public Policy, 1850-1920 (Lawrence:University Press of Kansas, 1996), p.51.
2. Comments by the architect and urbanist Albert Mangonese in Conjonction, No. 119, February-March 1973, p. 11.
3. Leonard J. Rolfes, Jr, "The Struggle for Private Land Right in Russia", Economic Reform Today, No. 1, 1996, p.12.

2장 자본의 미스터리

1. Adam Smith, The Wealth of Nations (Lodon:Everyman's Library, 1977), former Vol. I, p.242.
2. Ibid., p. 295.

3. Simonde de Sismondi, Nouveaux principles d'economic politique (Paris:Calmann-Levy, 1827), p.81.
4. Jean Baptiste Say, Traite d'economic politique (Paris:Deterville, 1819), Vol. Ⅱ, p. 429.
5. Karl Marx, Frederick Engels, Collected Works (New York: International Publishers, 1996), Vol. XXXV, p. 82.
6. Smith, The Wealth of Nations, former Vol. I, p.242.
7. Ibid., p. 286.
8. Herbert L. Dreyfus and Paul Rainbow, Michel Foucault: Beyond Structuralism and Hermeneutics (Chicago: Harvester, University of Chicago, 1982), p. 211.
9. George A. Miller and Phillip N. Johnson-Laird, Language and Perception (Cambridge, MA : Harvard University Press, 1976), p. 578.
10. Gunnar Heinsohn and Otto Steiger, "The Property Theory of Interest and Money", October 1998, p.22.
11. Ibid., p.43.
12. Ibid., p.38.
13. Tom Bethell, The Noblest Triumph, (New York: St Martin's Press, 1998), p. 9.
14. Fernand Braudel, The Wheels of Commerce (New York: Harper and Row, 1982), p. 248.

3장 정치의식의 미스터리

1. "Survey the Internet", The Economist, 1 July 1995, p. 4.
2. Jeb Blount, "Latin Trade", News Finance, 20 January 1997.
3. Tony Emerson and Michael Laris, "Migration", Newsweek, 4 December 1995.
4. Henry Boldrick, "Reaching Turkey's Spontaneous Settlements", World Bank Policy, April-June 1996.
5. "Solving the Squatter Problem", Business World, 10 May 1995.
6. Newsweek, 23 March 1998.
7. The Economist, 6 June 1998.
8. Manal El-Batran and Ahmed El-Kholei, Gender and Rehousing in Egypt (Cairo: The Royal Netherlands Embassy in Cairo, 1996), p.24.
9. Gerard Barthelemy, "L'extension des lotissements sauvages a usage populaire en milieu urbain ou Paysans, Villes et Bidonvilles en Haiti: Aper us et reflexions", Port-au-Prince, offprint, June 1996.

10. Blount, "Latin Trade".
11. Rolfes, "The Struggle for Private Land Rights in Russia".
12. Official journal of the National Geographic Society (Millennium in Maps), No. 4, October 1998.
13. Donald Stewart, AIPE, December 1997.
14. Matt Moffett, "The Amazon Jungle Had an Eager Buyer, But Was It For Sale?", The Wall Street Journal, 30 January 1997.
15. Simon Fass, Political Economy in Haiti : The Drama of Survival (New Brunswick, NJ: Transaction Publishers, 1998), pp. xxiv-xxv.
16. Ahmed M. Soliman, "Legitimizing informal housing: accommodating low-income groups in Alexandria, Egypt", Environment and Urbanization, Vol. 8, No. 1, April 1996, p. 190.
17. Reuters, printed in Financial Review, 11 May 1992, p.45.
18. Mavery Zarembo, Newsweek, 7 July 1997.
19. The Economist, 5 March 1994.
20. Ibid., 6 May 1995.
21. "Terrenos de Gamarra valen tres veces mas que en el centro de Lima", El Comercio, 25 April 1995.
22. Jan De Vries, Economy of Europe in an Age of Crisis, 1600-1750 (Cambridge: Cambridge University Press, 1976); D.C. Coleman, Revisions in Mercantilism (London: Methuen and Co., Ltd, 1969); J.H. Clapham, The Economic Development of France and Germany, 1815-1914 (Cambridge: Cambridge University Press, 1963); Eli Heckscher, Mercantilism, ed. E.F. Soderland (London: Allen & Unwin, 1934).
23. Joseph Reid, Respuestas al primer cuestionario del ILD (Lima: Meca, 1985).
24. D.C. Coleman, The Economy of England 1450-1750 (Oxford: Oxford University Press, 1977), p. 18.
25. Ibid., p.58.
26. Heckscher, Mercantilism, Vol. 1, p. 323.
27. Ibid., p. 241.
28. Robert B. Ekelund, Jr. and Robert Tollison, Mercantilism as a Rent Seeking Society (College Station: Texas A&M University Press, 1981), Chapter 1.
29. Heckscher, Mercantilism, Vol. 1, p. 239.
30. Coleman, The Economy of England, p. 74.
31. Heckscher, Mercantilism, Vol. 1, p. 244.
32. Clapham, The Economic Development of France and Germany, p. 323.

33. Joseph Reid responds to the second questionnaire submitted by the ILD, typewritten memoranda, ILD Library, 1985; Heckscher, Mercantilism, Vol. 1, p. 247, 251.
34. Charles Wilson, Mercantilism (London: Routledge & Kegan Paul, 1963), p. 27.
35. Coleman, The Economy of England, p. 105.

4장 미국 경제사의 미스터리

1. Francis S. Philbrick, "Changing Conceptions of Property Law", University of Pennsylvania Law Review, Vol. 86, May 1938, p. 691.
2. Bernard Bailyn, The Peopling of British North America: An Introduction (New York: Knopf, 1986), p. 5.
3. Peter Charles Hoffer, Law and People in Colonial America (Baltimore: Johns Hopkins University Press, 1998), p. 1.
4. Ibid., p. xii.
5. David Thomas Konig, "Community Custom and the Common Law: Social Change and the Development of Land Law in Seventeenth-century Massachusetts", in Land Law and Real Property in American History: Major Historical Interpretations, ed. Kermit Hall (New York: Garland Publishing, 1987), p. 339.
6. Ibid., p. 319.
7. Ibid., p. 320.
8. Ibid., P. 323.
9. Ibid., p. 324.
10. Ibid., p. 349.
11. Hoffer, Law and People in Colonial America, p. 15.
12. Amelia C. Ford, Colonial Precedents of our National Land System as it Existed in 1800 (Philadelphia: Porcupine Press, 1910) p. 112.
13. Ibid., p. 114.
14. Konig, "Community Custom", p.325.
15. Ibid., p. 325.
16. Aaron Morton Sokolski, Land Tenure and Land Taxation in America (New York: Schalkenbach Foundation, 1957), p. 191.
17. Ibid., p. 191.
18. Henry W. Tatter, The Preferential Treatment of the Actual Settler in the Primary Disposition

of the Vacant Lands in the United States to 1841, Ph.D. dissertation, Northwestern University, 1933, Tatter, The Preferential Treatment, p. 273.

19. Ibid., p. 23.
20. Ford, Colonial Precedents, p. 103.
21. Ibid., p. 103.
22. Ibid., p. 89.
23. Ibid., p. 126.
24. Ibid., p. 126.
25. Ibid., p. 128.
26. Ibid., p. 129.
27. Ibid., p. 130.
28. Tatter, The Preferential Treatment, p. 40.
29. Quoted in Stanley Lebergott, "'O'Pioneers': Land Speculation and the Growth of the Midwest", in Essays on the Economy of the Old Northwest, ed. David C. Klingman and Richard K. Vedder (Athens, OH: Ohio University Press, 1987), p. 39.
30. Ford, Colonial Precedents, p. 103.
31. Sokolski, Land Tenure and Land Taxation in America, p. 192.
32. Ibid., p. 193.
33. Ibid.
34. Quoted in Pisani, Water, Land, and Law, p. 51.
35. Sokolski, Land Tenure and Land Taxation in America, p. 193.
36. Lebergott, "'O'Pioneers'", p. 39.
37. Ibid.
38. Ibid., p. 40.
39. Act XXXIII, March 1642, The Statutes at Large, Being a Collection of all the Laws of Virginia from the First Session of the Legislature, ed. William Henning (New York, 1823), p. 134.
40. Richard E. Messick, "A History of Preemption Laws in the United States", draft prepared for ILD, P. 7.
41. Ford, Colonial Precedents, p. 124.
42. Ibid., p. 124.
43. Ibid., p. 132.
44. Ibid., p. 134.
45. An Act for Adjusting and Settling the Titles of Claimers to Unpatented Land under the

Present and Former Government, Previous to the Establishment of the Commonwealth's Land Office, The Statutes at Large, Being a Collection of all the Laws of Virginia, ed. William Henning (Richmond, 1822), p. 40.

46. Douglas W. Allen, "Homesteading and Property Rights"; "How the West was Really Won", Journal of Law & Economics 34 (April 1991), p. 6.

47. Richard Current et al, Eds., American History: A Survey, 7th edition (New York: Knopf, 1987), p. 150.

48. Terry L. Anderson, "The First Privatization Movement", in Essays on the Economy of the Old Northwest, p.63.

49. Current, American History, p. 150.

50. Roy M. Robbins, "Preemption–A Frontier Triumph", Mississippi Valley Historical Review, Vol. 18, December 1931, p. 333.

51. Ibid.

52. Ford, Colonial Precedents, p. 117.

53. Lebergott, "'O'Pioneers'", p. 40.

54. Ibid., p. 40.

55. Messick, "A History of Preemption", p. 9.

56. Quoted in Tatter, The Preferential Treatment, p. 91.

57. Messick, "A History of Preemption", p. 10.

58. Act of 18 May 1796, Public and General Statutes Passed by the Congress of the United States of America: 1789 to 1827 Inclusive, ed. Joseph Story (Boston, 1828).

59. Tatter, The Preferential Treatment, p. 118.

60. Quoted in ibid., p. 125.

61. Patricia Nelson Limerick, The Legacy of Conquest: The Unbroken Past of the American West (New York: W.W. Norton & Company, 1987), p. 59.

62. Ibid.

63. Ibid., p. 140.

64. Lebergott, "'O'Pioneers'", p. 44.

65. Ibid.

66. Ibid.

67. Richard E. Messick, "Rights to Land and American Economic Development", draft prepared for ILD, p. 44.

68. Richard White, It's Your Misfortune and None of My Own: A New History of the American West (Norman: University of Oklahoma Press, 1991), p. 146.

69. Ibid.

70. Stephen Schwartz, From West to East (New York: The Free Press, 1998), p. 105.

71. Quoted in Lebergott, "'O'Pioneers'", p. 40.

72. Quoted in Anderson, "The First Privatization Movement", p. 63.

73. Paul W. Gates, Landlords and Tenants on the Prairie Frontier (Ithaca: Cornell University Press, 1973), p. 13.

74. Ibid., p. 16.

75. Quoted in ibid.

76. Quoted in ibid., p. 24.

77. Lawrence M. Friedman, A History of American Law, 2nd edition (New York: Simon & Schuster, 1986), p. 241.

78. Quoted in ibid., p. 242.

79. Ibid.

80. G. Edward White, The American Judicial Tradition: Profiles of Leading Judges (New York: Oxford University Press, 1976), p. 48.

81. Quoted in Ford, Colonial Precedents, p. 129.

82. Gates, Landlords and Tenants, p. 27.

83. Green v. Biddle, 8 Wheaton 1 (1823).

84. Ibid., p. 33.

85. Ibid., p. 66.

86. Gates, Landlords and Tenants, p. 37.

87. Current, American History, p. 149.

88. Quoted in ibid., p. 31.

89. Quoted in ibid.

90. Tatter, The Preferential Treatment, p. 265.

91. Gates, Landlords and Tenants, p. 33.

92. Bodley v. Gaither, 19 Kentucky Reports 57, 58 (1825).

93. M'Kinney v. Carrol, 21 Kentucky Reports 96, 96 (1827).

94. White, It's Your Misfortune, p. 139.

95. Gates, Landlords and Tenants, p. 46; Congressional Record, 43 Congress, I Session, 1603 (18 February 1874).

96. Pisani, Water, Land, and Law, p. 63.

97. Tatter, The Preferential Treatment, p. 154.

98. Gates, Landlords and Tenants, p. 44.

99. Paul W. Gates, "California's Embattled Settlers", The California Historical Society Quarterly, Vol. 41, June 1962, p. 115.

100. Messick, "A History of Preemption", p. 17.

101. Quoted in ibid.

102. Ibid., p. 19.

103. Act of 29 May 1830, Public Statutes at Large of the United States of America, Vol. 4 (Boston, 1846).

104. Act of 4 September 1841, Public Statutes at Large of the United States of America, Vol. 5 (Boston, 1845-1867).

105. Messick, "A History of Preemption", p. 26.

106. Pisani, Water, Land, and Law, p. 69.

107. Allan G. Bogue, "The Iowa Claim Clubs: Symbol and Substance", in The Public Lands: Studies in the History of the Public Domain, ed. Vernon Carstensen (Madison: University of Wisconsin Press, 1963), p. 47.

108. Pisani, Water, Land, and Law, p. 53.

109. Ibid., p. 63.

110. Bogue, "The Iowa Claim Clubs", p. 51.

111. Ibid., p. 50.

112. Quoted in ibid., p. 52.

113. Tatter, The Preferential Treatment, p. 276.

114. Bogue, "The Iowa Claim Clubs", p. 54.

115. White, It's Your Misfortune, p. 141.

116. Tatter, The Preferential Treatment, p. 280.

117. Terry Anderson and P.J. Hill, "An American Experiment in Anarcho-capitalism: The Not So Wild West", Journal of Libertarian Studies, Vol. 3, 1979, p. 15.

118. Ibid.

119. Bogue, "The Iowa Claim Clubs", p. 50.

120. Ibid., p. 51.

121. Quoted in ibid., p. 54.

122. White, It's Your Misfortune, p. 141.

123. Bogue, "The Iowa Claim Clubs", p. 55.

124. Tatter, The Preferential Treatment, p. 273.

125. Ibid., p. 287.

126. John Q. Lacy, "Historical Overview of the Mining Law: The Miner's Law Becomes Law",

The Mining Law of 1872 (Washington, DC: National Legal Center for the Public Interest, 1984), p. 17.

127. Robert W. Swenson, "Sources and Evolution of American Mining Law", in The American Law of Mining, ed. Matthew Bender (New York: Rocky Mountain Mineral Law Foundation, 1960), p. 100.

128. Gates, "California's Embattled Settlers", p. 100.

129. Harold Krent, "Spontaneous Popular Sovereignty in the United States", draft prepared for ILD, P. 2.

130. Pisani, Water, Land, and Law, p. 52.

131. Limerick, The Legacy of Conquest, p. 65; also see White, It's Your Misfortune, p. 147.

132. Pisani, Water, Land, and Law, p. 69.

133. Ibid.

134. Gates, "California's Embattled Settlers", p. 100.

135. Ibid., p. 22.

136. Lacy, "Historical Overview of the Mining Law", p. 26.

137. Quoted in Charles Howard Shinn, Mining Camps: A Study in American Frontier Government (New York: Alfred A. Knopf, 1948), p. 107.

138. Gore v. McBreyer, 18 Cal. 582 (1861), quoted in Lacy, "Historical Overview of the Mining Law", p. 22.

139. Ibid., p.21.

140. Ibid., p. 24.

141. Swenson, "Spontaneous Popular Sovereignty", p. 3.

146. Lacy, "Historical Overview of the Mining Law", p. 35.

147. 14 Stat. 252 (1866).

148. Swenson, "Sources and Evolution".

149. Lacy, "Historical Overview of the Mining Law", p. 36.

150. Quoted in Krent, "Spontaneous Popular Sovereignty", p. 3.

151. Lacy, "Historical Overview of the Mining Law", p. 37.

152. Jennison v. Kirk, 98 U.S. 240, 243 (1878).

153. Swenson, "Sources and Evolution", p. 27.

154. Messick, "Rights to Land and American Development", p. 45.

155. White, It's Your Misfortune, p. 143.

156. Ibid., p. 145.

157. Wood, "Inventing American Capitalism", p. 49.

158. White, It's Your Misfortune, p. 270.

159. White, The American Judical Tradition, p. 48.

160. Philbrick, "Changing Conceptions", p. 694.

5장 실패한 법 체제의 미스터리

1. C. Reinold Noyes, The Institution of Property (New York: Longman's Green, 1936), p. 2, 13.
2. For a very lucid and current discussion on this subject, see William M. Landes and Richard A. Posner, "Adjudication as a private Good", Journal of Legal Studies, Vol. 8, March 1979, p. 235.
3. Noyes, The Institution of Property, p. 20.
4. John C. Payne, "In Search of Title", Part 1, Alabama Law Review, Vol. 14, No. 1, 1961, p. 17.
5. Andrzej Rapaczynski, "The Roles of State and the Market in Establishing Property Rights", Journal of Economic Perspectives, Vol. 10, No. 2, Spring 1996, p. 88.
6. See Robert C. Ellickson, Order without Law: How Neighbors Settle Disputes (Cambridge, MA: Harvard University Press, 1991) for a most interesting discussion of how extralegal regulation governs property relationships in the United States.
7. See Richard A. Posner, "Hegel and Employment at Will: A Comment", Cardozo Law Review, Vol. 10, March/April 1989.
8. Harold J. Berman, Law and Revolution: The Formation of the Western Legal Tradition (Cambridge, MA: Harvard University Press, 1983), p. 555.
9. Ibid., p. 557.
10. Robert Cooter and Thomas Ulen, Law and Economics, an Economic Theory of Property (Reading, MA: Addison-Wesley, 1997), p. 79.
11. Margaret Gruter, Law and the Mind (London: Sage, 1991), p. 62.
12. Bruce L. Benson, The Enterprise of Law (San Francisco: Pacific Research Institute for Public Policy, 1990), p. 2.
13. For an account of how informal organizations try to graduate into the formal sector see Hernando de Soto, The Other Path: The Invisible Revolution in the Third World (New York: Harper & Row, 1989).
14. Bruno Leoni, Freedom and the Law (Los Angeles: Nash Publishing, 1972), p. 10.

15. See Robert Sugden, "Spontaneous Order", Journal of Economic Perspectives, Vol. 3, No. 4. Fall 1989, especially p. 93. Also see F.A. Hayek, Law, Legislation and Liberty, Vols I-Ⅲ (London: Routledge & Kegan Paul Ltd, 1973).
16. Payne, "In Search of Title", p. 20.
17. See John P. Powelson, The Story of Land (Cambridge, MA: Lincoln Institute of Land Policy, 1988).
18. Richard Pipes, The Russian Revolution (New York: Vintage Books, 1991), p. 112.
19. Samar K. Datta and Jeffrey B. Nugent, "Adversary Activities and Per Capita Income Growth", World Development, Vol. 14, No. 12, 1986, p. 1458.
20. S. Rowton Simpson, Land, Law and Registration (Cambridge: Cambridge University Press, 1976), p. 170.
21. Peter Stein, Legal Evolution: The Story of an Idea (Cambridge: Cambridge University Press, 1980), p. 53.
22. Ibid., p. 55.
23. Lynn Holstein, "Review of Bank Experience with Land Titling and Registration", working papers, March 1993, p. 9.
24. J.D. McLaughlin and S.E. Nicholas, "Resource Management: The Land Administration and Cadastral Systems Component", Surveying and Mapping, Vol. 49, No. 2, 1989, p. 84.

6장 자본주의를 위한 변명

1. Lester Thurow, The Future of Capitalism (New York: Penguin Books, 1996), p. 5.
2. Hernando de Soto, The Other Path.
3. "Side Effects of Egypt's Economic Reform Warned", Xinhua (CNN), 4 February 1999.
4. George F. Will, The Pursuit of Virtue and Other Troy Notions (New York: Simon & Schuster, 1982).
5. Klaus Schwab and Claude Smadja, "Globalization Needs a Human Face", International Herald Tribune, 28 January 1999.
6. Tim Padgett, Newsweek, 16 September 1996.
7. George Soros, The Crisis of Global Capitalism: Open Society Endangered (New York: Public Affairs, 1998), p. xxvii.
8. Eugene Kamenka, ed., The Portable Marx (New York: Viking Penguin, 1993), p. 463.
9. Nancy Birdsall and Juan Luis Londono, "Assets in Equality Matters", American Economic

Review, May 1997.

10. Kamenka, ed., The Portable Marx, p. 447.

11. Karl Marx, "Capital", Collected Works, Vol. XXVIII, P. 235.

12. Thomas Aquinas, Summa Theologica, Part I of Second Part Q. 12, Art. 4 (London: Encyclopedia Britannica, 1952), p. 672.

13. Ronald H. Coase, "The Nature of the Firm", Economica, November 1937.

14. Margaret Boden, The Creative Mind (London: Abacus, 1992), p. 94.

15. Daniel C. Dennett, "Intentionality", in The Oxford Companion to the Mind, ed. Richard L. Gregory (Oxford: Oxford University Press, 1991), p.384.

16. John R. Searle, The Construction of Social Reality (New York: The Free Press, 1995), p. 46.

17. See Michel Foucault, Les Mots et les Choses (Saint Amand: Gallimond, 1993).

18. Karl Popper, Knowledge and the Body-Mind Problem (London: Routledge, 1994).

19. Viviane Forrester, L'horreur economique (Paris: Fayard, 1996), p. 61.

20. Karl Marx in Kamenka, ed., The Portable Marx, p. 444.

21. Claude Levi-Strauss, Tristes Tropiques (Paris: Plon, Terre Humaine/Poche, 1996), p. 354.

22. Fareed Zakaria, 'The Politics of Port', Slate Magazine, Internet, 16 March 1999.

23. Crucial reading regarding the phenomenon of trust and social cooperation is, of course, Francis Fukuyama's Trust (New York: The Free Press, 1995).

자본의 미스터리

초판 1쇄 발행 2003년 9월 10일
개정판 1쇄 발행 2022년 6월 23일
5쇄 발행 2024년 8월 15일

지은이 에르난도 데소토
옮긴이 윤영호
펴낸이 오세인 | 펴낸곳 세종서적(주)

주간 정소연
편집 김재열 | 표지디자인 섬세한곰 | 본문디자인 김진희
마케팅 조소영, 유인철 | 경영지원 홍성우
인쇄 천광인쇄 | 종이 화인페이퍼

출판등록 1992년 3월 4일 제4-172호
주소 서울시 광진구 천호대로132길 15, 세종 SMS 빌딩 3층
전화 (02)775-7011 | 팩스 (02)319-9014

홈페이지 www.sejongbooks.co.kr | 네이버 포스트 post.naver.com/sejongbooks
페이스북 www.facebook.com/sejongbooks | 원고 모집 sejong.edit@gmail.com

ISBN 978-89-8407-985-4 03320

• 잘못 만들어진 책은 바꾸어드립니다.
• 값은 뒤표지에 있습니다.